KB142460

2017 기대 아티스트 **지코**

"지코라는 뮤지션이 음악을 통해 해석되고 기억되고 싶다"

과거와 현재는 미래를 비추는 거울이다.

지코에게 2016년은 특별하다. 2011년 아이돌그룹 블락비로 데뷔해 5년 만에 비로소 최고의 프로듀서, 래퍼, 아티스트로 거듭난 원년이 됐다. 2017년이 가장 기대되는 아티스트로 지코가 손꼽히는 배경이다. 25년간 수많은 히트곡을 써낸 박근태 작곡가의 이야기이다.

"지코는 지금 보여주는 모습이 전부가 아니라 앞으로 보여줄 것이 훨씬 많은 뮤지션인 것 같다. 분명 앞으로도 새로운 음악적인 성장을 하나씩 펼쳐보일 영악한 뮤지션일 것이다."

지코의 음악적 재능은 데뷔 초반부터 음악 관계자들 사이에서 주목을 받았다. 하지만 대중에게 각인되기까지 적잖은 장애물과 맞서야 했다. 음악보다 소속사 갈등, 해외 활동 논란 등 주변 문제가 더 많이 부각됐다.

빛을 발하기 시작한 시점은 2015년 Mnet 〈쇼미더머니4〉 출연이었다. 프로듀서로 등장해 '말해 Yes or No' '보이즈 앤 걸스Boys And Girls' '유레카' 등으로 인기를 한 몸에 받았다.

2016년부터 본격적인 질주가 펼쳐졌다. 1월에 발매한 '너는 나 나는 너'와 '사랑이었다'는 상승기류를 탄 지코의 영향력을 대변했다. 그동안 단단하고, 센 힙합과 180도 다른 감성에도 사람들은 열광했다.

가온차트에 따르면 지코는 2016년 상반기 디지털차트 100에서 7곡을 진입시켰다. 지코의 7곡 스트리밍 횟수를 모두 합치면 2억 4,459만 8,000여 건이다.

그사이 음악, 태도, 스타일링 등 지코가 하는 모든 것에 '크리에이티브'라는 수식어가 따라붙었다. 그는 트렌드를 이끄는 아이콘으로 자리매김했다.

최근 발표한 싱글 〈버뮤다 트라이앵글〉은 정점에 오른 기량을 보여줬다. 딘, 크러쉬 등과 손잡고 실험적이었지만 세련된 음악을 완성했다. 결과는 8개 음원차트 '올킬', 2016년에 발매한 곡 모두 차트 1위라는 대기록을 썼다.

예능 프로그램에서 '뚝딱' 하고 만든 곡도 지코의 브랜드 파워가 빛났다. 아이오아이, 구구단의 김세정에게 선물한 '꽃길'은 정식 음원으로 발매돼 큰 인기를 모으고 있다.

시상식마다 지코의 이름이 빠지지 않았다. '제5회 가온차트 K-POP 어워드' 올해의 가수상 음원 부문 11월상을 수상했고, '제8회 멜론뮤직어워드'에서 핫트렌드상, 톱10, 랩·힙합 부문 등 3관왕을 차지했다. 또 '2016

MAMAMnet Asian Music Awards'에서 남자 가수상을 수상하며 전성시대를 열었다.

2017년의 지코는 더 높은 곳을 바라보고 있다. 그동안 잘 닦아놓은 길을 따라 속도를 높이는 일만 남았다. 블락비, 솔로, 여러 아티스트와 협업, 그 어느 것 하나 놓치지 않기 위해 지코는 오늘도 작업실을 떠나지 않고 있다.

1월부터 쉼 없이 달린 1년이다. 2016년은 지코에게 어떤 해였나.

정말 과분한 사랑을 받았다. 눈코 뜰 새 없이 바쁘게 사는 건 변함없었다. 하지만 노력한 만큼의 무언가를 많은 분들에게 보상받았던 무척 성취감 있는 한 해였다.

가장 기억에 남는 순간을 꼽자면.

'멜론뮤직어워드'에서 세 개 부문 수상한 것과 '2016 MAMA'에서 '올해의 남자 가수상'을 받은 것이다. 믿기 어려운 일이 벌어졌다. 매우 기쁘고 영광스럽고 뿌듯했다.

무엇보다 뮤지션으로서 한 단계 도약한 느낌인데 본인은 어떤 생각인지.

'지코'라는 캐릭터를 아티스트로 인식시키는 기회를 잘 활용할 수 있었다. 하지만 안주하기에는 이르다. 스스로 뮤지션으로 도약을 했다고 자

부하기에는 아직도 부족한 점이 너무 많다.

사실 〈쇼미더머니4〉 전까지만 해도 아이돌 이미지가 강했다.

항상 팀으로 활동했기 때문에 나의 의미와 아이덴티티가 확실하지 않았던 것 같다. 그래서 개인적인 트레이닝을 많이 했다. 나에 대한 평가 절하가 많았기 때문에 〈쇼미더머니〉는 그것을 뒤집을 수 있는 기회였고, 그 기회를 나름대로 지혜롭게 잘 활용한 것 같다.

편견을 부수고 나서도 마냥 즐겁지는 않을 것 같다. 가령 창작의 부담감이라든지.

편견이라는 것은 다수에게 긍정적인 평가를 받고 있을 때 오히려 더 생겨나는 것 같다. 그래서 요즘 신경 쓰는 부분이 있다. 내 창작물을 다른 사람의 시선으로, 객관적으로 접근하려고 노력 중이다.

창작하면서 벽에 부딪히고 고갈되는 느낌도 많이 받았을 텐데.

사실 항상 고민되는 부분이다. 창작은 엄청난 행복과 성취감, 포만감을 준다. 하지만 때로는 가장 큰 스트레스로 다가온다. 창작을 통해 어떻게 하면 내가 더 새로워질 수 있을까 늘 고민한다. 매 순간 아이디어와의 싸움이다.

국내 음악의 트렌드를 이끄는 이미지가 강한데 이러한 얘기를 들으면 어떤가.

나를 인정해주시는 분들이 많이 생겼다는 점에서 무엇보다도 감사하다. 내가 만드는 음악, 진행하는 콘텐츠들에 대한 사람들의 믿음에 매우 감사하고, 앞으로 더 열심히 해야겠다는 생각이 든다. 감사와 동시에 부담감 또한 느껴진다.

주로 어디서 영감을 받나.
주위 모든 사람들과의 대화, 좋은 글귀나 독서에서 많이 얻는다.

큰 시장의 흐름을 좇을지, 나만의 색을 만들지, 그 사이에서 고뇌가 클 수도 있는데.
물론 큰 시장의 흐름을 읽지만 그것 때문에 계획 중인 방향을 전부 틀어버릴 정도로 영향을 받지 않는다.

딘, 크러쉬와의 협업에 대한 관심이 뜨겁다. 어떻게 뭉치게 됐고, 어떤 욕심이 있나.
평소에 자주 뭉쳐 다니는 동갑내기 친구들이다. 음악적인 얘기도 하고 사적인 얘기도 하면서 서로에게 의지하는 매우 편하고 가까운 사이이다. 딘이라는 친구를 작년에 알고나서 원래 친하게 지내던 크러쉬가 바로 떠올랐다. 이렇게 훌륭한 집단을 그저 사적으로 소비시키기에는 각자 자기 영역에서 영향력이 있었다. 어느 시기에는 꼭 재미있는 무브먼트를 보여줘야겠다는 생각을 가지고 타이밍을 기다렸다. 때가 왔다고 느꼈을 때 바로 〈버뮤다 트라이앵글〉을 작업했다.

내가 만드는 음악, 진행하는 콘텐츠들에 대한
사람들의 믿음에 매우 감사하고,
앞으로 더 열심히 해야겠다는 생각이 든다

앞으로도 세 사람의 협업은 계속되나. 그렇다면 어떤 그림을 꿈꾸나.

어떤 그림을 그릴지는 미지수다. 그만큼 틀이 없는 창작을 하는 집단이다. 앞으로 셋의 협업을 언제 보여드릴 수 있을지 모르겠지만 언제가 됐든 새로운 시도를 할 것임은 분명하다.

요즘 아이돌 음악, 힙합 음악 트렌드에 대한 견해가 있다면.

딱히 견해가 있지는 않다. 오히려 최대한 견해를 갖지 않으려고 노력한다. 요즘에는 연구하기에 앞서 청자의 입장으로 즐기며 듣는 편이다. 도모 제네시스라는 아티스트와 앤더스 팩의 앨범을 즐겨 듣고 있다.

지코의 음악, 패션, 라이프스타일을 정의하자면.

시기별 나의 감성을 간접적으로 표현해주는 수단인 것 같다.

강하고 무거운 음악, 가볍고 말랑말랑한 음악, 올해 매우 넓은 음악적 스펙트럼을 보여줬다.

그렇다. 나 스스로 음악에 대한 편식을 갖고 있지 않다. 어느 하나에 갇혀 있지 않고 가능하면 다양한 장르를 하고 싶은 마음이다. 그렇게 하기 위해서 지금도 열심히 공부하고 노력하고 있다.

지코는 언제나 당당하고 자신감 넘치며 자유분방한 모습이다. 화려한 조명이 꺼진 뒤에도 그러한가.

집에 들어오면 공허해져서 한숨 쉬는 일이 많다. 지코는 당당하지만 우지호(본명)는…. 잘났든 못났든 그래도 공인이라서 마음 놓고 여유를 만끽할 수 없는 한계가 있다. 그 순간을 체험할 때마다 조금씩 공허해지곤 한다. 감사함과 행복함 사이에 이유 모를 괴리감이 있다.

많은 아이돌이 뮤지션으로 한 단계 도약하길 꿈꾼다. 자신을 롤모델로 삼고 있는 이들에게 조언해준다면.

무언가에 대해 열정을 가지고 공부하며 몰두하는 건 참 아름다운 모습이다. 여러 분야에 아낌없는 도전을 펼치는 것도 좋지만, 그 전에 자신이 가장 잘하는 게 무엇인지 빨리 깨달았으면 한다. 그것을 먼저 아는 게 더욱 현명한 선택일 것이다.

2017년은 어떻게 보내고 싶나.

내가 존재하는 이유는 내 음악을 들어주는 분들이 있기 때문이다. 지코라는 뮤지션이 음악을 통해 해석되고 기억되고 싶다. 나뿐만 아니라 내 주변 사람들에게도 좋은 소식이 많은 한 해가 되었으면 좋겠다.

훗날 지코는 사람들에게 어떤 존재로 기억되고 싶나.

언더와 오버 시장(언더그라운드와 메이저 음악시장)의 경계를 허물어놓은 뮤지션 하면 1순위로 떠오르는 인물이 되고 싶다.

블락비, 솔로,
여러 아티스트와 협업,
그 어느 것 하나
놓치지 않기 위해
지코는 오늘도 작업실을
떠나지 않고 있다

가장 핫한 트렌드의 최전선

대중문화
트렌드
2017

가장 핫한 트렌드의 최전선

대중문화 트렌드

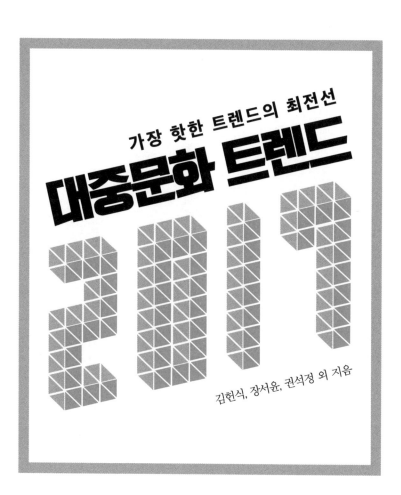

김헌식, 장서윤, 권석정 외 지음

마리북

공감과 파급력을 지닌
대중문화가 곧 경쟁력인 시대

2016년 10월, 스웨덴 한림원에서는 노벨문학상의 역사에서 가장 이례적인 일이 일어났다. 제116회 노벨문학상 수상자로 대중가수 밥 딜런을 선정한 것이다. 이 소식에 전 세계 대중음악 팬들은 설레었고, 문학인들은 '문학이 대중가요보다 못하단 말인가!' 하는 탄식을 했을지도. 대중음악 가수가 노벨문학상을 받는 시대, 어느덧 대세가 된 대중문화의 위력을 느끼지 않을 수 없다.

파급력과 결집력은 또 어떠한가. 2016년 한국 드라마 〈태양의 후예〉는 14억 중국인들의 마음을 사로잡았다. 1990년대 영국 록의 전설 오아시스 Oasis의 멤버였던 노엘 갤러거Noel Gallagher는 최근 내한 공연을 가지고, 그 후 캐나다의 한 방송 인터뷰에서 인상적이었던 한국 팬들에 대한 이야기를 남겼다.

"한국, 엄청 먼 나라다. 공연장에 10대 소녀로 보이는 4,000~5,000명이 가득 찼다. 그런데 그들이 내 노래를 다 따라 불렀다. 정말 멋진 경험이었다. 지구 반대편에 있는 10대 소녀들이 내 노래를 그렇게 다 따라 부를 거라고 생각했다면 나는 아마 무서워서 음악을 못했을 것 같다."

초고속 인터넷 시대, 대중문화는 국경도 사상도 언어도 초월해 전 세계 인들을 결집시키는 막강한 힘을 지녔다. 이제 한국 아이돌그룹 엑소의 팬미팅이나 공연 소식은 더 이상 국내만의 관심사가 아니다. 전 세계 K-POP 팬들의 관심사로 공연장이나 행사장은 마치 전 세계인이 모이는 축제의 현장과도 같다. 이것이 지금 대중문화의 현주소이다.

대중문화를 아는 게
개인의 역량인 시대

대중문화를 알아야 하는 것은 이 때문만은 아니다. 대중은 이 시대를 이끌어나가는 주체이다. 다시 말해, 이 시대의 주요 의식, 라이프스타일, 문화를 주도하는 사람들이자 그것을 소비하는 사람들이다. 그런 만큼, 그들의 생각과 관심사를 담은 요체라고 할 수 있는 대중문화를 아는 것은 중요하다. 대중음악, 방송·예능, 영화·드라마로 대변되는 대중문화는 그 무엇보다 나이, 성별, 공간을 초월해 가장 빨리 거부감 없이 대중에게 도달하는 힘을 지녔다. 이는 반대로 그토록 많은 사람들에게 공감할 수 있는 파급력을 지닌 요소를 담고 있다는 이야기이기도 하다.

하루에도 수없이 쏟아지는 대중문화 관련 소식들, 그중에서 사람들의 관심을 끌고 이슈가 되기 위해서는 짧은 시간 동안 강렬하게 다가가야 한다. 대중문화 분야에서 시도하고 있는 대중과의 소통 방식, 콘텐츠를 만드는 기획·제작 방식, 대중에게 다가가는 홍보·마케팅 방식 등을 잘 파악하면, 단순한 트렌드 세터 차원을 넘어 무엇보다 큰 개인의 핵심 역량이 될 수 있다.

특히 트렌드란 소수의 사람들이 관심을 가지는 현상이 아니라 불특정 다수의 많은 사람들이 공감에 공감을 거듭해 형성되는 것이다. 트렌드 중에서도 대중문화 트렌드는 그야말로 트렌드의 최전선에 있다. 가장 새로운 시도와 새로운 움직임이 제일 먼저 감지되는 분야다. 특히 한국은 TV나 인터넷 같은 매체의 영향력이 큰 곳이다. 따라서 이러한 현상들은 방송과 인터넷 포털, SNS를 타고 엄청 빠른 속도로 확산되어나가므로 더욱 큰 경쟁력이 될 수 있다.

더욱이 '4차 산업혁명 시대'로 대변되는 지금, 곧 닥칠 미래는 창의적인 소프트파워가 주도하는 세상이다. 이러한 때 전 세계 가장 까다로운 소비층을 상대하고 있는 한국 대중문화를 다양한 각도에서 짚어보는 것은 의미 있는 일이다. 이 책에서는 한국 대중문화의 창작, 산업, 홍보·마케팅, 글로벌 협업과 생존 전략 등을 들여다보았다. 이는 점점 빨라지고 광범위해지는 경쟁의 밀림에서 새로운 기회를 차지하기 위한 전략을 찾는 방법일 것이다. 또한 1인 창작의 시대이자 누구나 대중문화 크리에이터인 시대에 기획·제작, 홍보·마케팅 역량을 키울 수 있는 방법이기도 하다. 매년 그해의 트렌드를 정리하다 보면 한국 대중문화의 흐름을 한눈에 파악하는 힘이 길러지고, 나아가서 세상의 흐름을 자연스럽게 파악하고 예측할 수 있다.

변화와 파괴,
뉴미디어·뉴콘텐츠와의 결합

～～～～

작년 《대중문화 트렌드 2016》에서는 K-POP을 중심으로 한 대중문화 현상을 짚어보았다. 올해 《대중문화 트렌드 2017》에서는 K-POP을 중심으로 하되 외연을 좀 더 넓혀서 대중문화 전반의 트렌드를 짚어보았다. 방송, 예능, 영화, 드라마 분야에서 새롭게 등장하는 뉴미디어 문화현상들 중에서 올해 가장 두드렸던 현상이나 키워드를 다루었다.

이와 함께 대중문화 각 분야에서 왕성한 활동을 펼치고 있는 주요 인물들을 인터뷰해서 생동감 넘치는 현장의 모습과 그들의 생각을 담고자 했다. '여름에는 하夏정우'라는 공식을 낳으며 흥행불패를 이어가고 있는 영화 〈터널〉의 남우주연배우 하정우, 2016년 극장가에 '일제강점기' 바람을 몰고 온 영화 〈동주〉의 이준익 감독을 비롯해, 한국 방송 예능의 산증인 김영희 PD, 〈태양의 후예〉 신드롬을 낳은 서우식 제작자, 한국 가요계의 중심에 있는 박근태 작곡가와 서지음 작사가의 인터뷰를 실었다. 2016년 아이돌에서 프로듀서, 래퍼, 아티스트로 거듭난 지코를 2017년 기대 아티스트로 선정해 그의 이야기도 들어보았다. 지금 보여주는 모습이 아니라 앞으로 보여줄 모습이 더욱 많은 아티스트라는 게 그 선정 이유이다.

'PART 1 대중문화 K-POP 트렌드'에서는 '변화와 파괴' 현상이 가장 크게 감지되었다. 뉴미디어의 등장으로 홍보·마케팅력이 있는 대형기획사 소속 아이돌뿐만 아니라, 음악성 있는 비아이돌의 음악이 음원차트에서 1위를 차지하는 현상이 두드러졌다. 기획형 아이돌 음악 일색이었던 과거와 비교했을 때 의미 있는 음악적 변화라 할 수 있다. 그만큼 다양성에 대한 욕구들이 반영되고 있기 때문이다.

이에 맞서 한국을 넘어 전 세계 팬들을 겨냥하는 SM·YG·JYP 메이저 기획사들이 '탈' 움직임을 보였다. 그동안 협업을 하지 않기로 유명했던 세 회사가 기존 방식에서 벗어나 다른 아티스트 또는 회사들과 본격적인 컬래버레이션을 진행했다. 이러한 현상은 다름 아닌 생존 때문이며, 2017년에 더욱 가속화될 것으로 보인다.

'PART 2 대중문화 방송·예능 트렌드'에서는 '뉴미디어·뉴콘텐츠와의 결합' 현상이 두드러졌다. 여기서는 현재의 방송 시스템을 넘어서서 미래의 플랫폼으로 각광받고 있는 MCNMulti Channel Network의 현재와 미래를 정리해보고, 웹과의 적극적인 결합을 통해 스마트모바일 시대라는 환경에 맞게 예능 프로그램들이 어떤 변화를 시도하면서 호응을 받고 있는지 주목해보았다. 다양화된 매체로 인해 경쟁이 더욱 격화되고 있는 예능 프로그램에서 예능 MC들이 자신만의 색깔 변화를 어떻게 새로운 방식으로 시도하고 있는지도 짚어보았다. 또한 점점 복잡해져가는 세상 속에서 그동안 억눌려왔던 인간 내면 깊은 곳에 깔린 꾸미지 않은 본연의 모습인 '날것' 코드가 각광받는 현상, 달달한 케미를 원하는 대중들의 심리가 '브로맨스' 현상을 통해 강화되고 있음을 살펴보았다.

'PART 3 대중문화 드라마·영화 트렌드'에서는 불안한 현 시국을 여실히 반영하듯 '현실과 판타지 사이'를 오가는 작품들이 많았다. 그간 상대적으로 '부끄러움의 역사'로 치부되며 덜 다뤄져왔던 일제강점기는 2016년 들어 많은 영화들로 재조명되었다. 따라서 영화 콘텐츠에서는 일제강점기 코드를 분석해보았다. 이는 일제강점기 코드가 갖고 있는 사회문화적인 가치만이 아니라 현재 왜 그 시기가 다시 주목되는가에 대한 맥락도 이해할 수 있게 한다.

헬조선과 관련해 대중문화콘텐츠들은 현실이 문화콘텐츠에 어떤 식으로 반영되고 변화를 만들어내는가를 확인할 수 있게 한다. 현실의 결핍을 판타지를 통해 채우려는 욕망들이 드라마 코드들 속에서 다양한 형태로 발견되었다. 결여된 사회정의에 대한 문제를 판타지를 통해 해소해보려는 욕망, 그리고 초현실적 판타지를 갖는 드라마 속 인물들을 통해 힘겨운 현실을 잠시 잊고 빠져들려는 욕망이 드라마들에 투영되었다. 영화든 드라마든 당대 현실이 가진 대중정서의 흐름이 작품의 성패를 좌지우지하는 힘으로 발휘되었다는 점에서 두 장르의 트렌드가 시대를 읽어내는 키워드가 될 수 있음을 확인할 수 있었다.

이 한 권의 책에 최근 감지되고 있는 대중문화 현상들을 다 담았다고는 생각하지 않는다. 하지만 중요한 것은 이러한 현상들에서 감지되는 흐름이다. 이 책에 담긴 대중문화 현상과 정보만 잘 알고 있어도, 언제 어디서나 환영받는 공감력과 파급력을 지닌 트렌드 세터로 거듭날 수 있을 것이다.

2016년 12월
저자 일동

PART 1

대중문화 K-POP 트렌드
변화와 파괴

PART2
대중문화 방송·예능 트렌드
뉴미디어·뉴콘텐츠와의 결합

PART3
대중문화 드라마·영화 트렌드
현실과 판타지 사이

Pop Culture Trend 2017

PART 1

대중문화
K-POP
트렌드

변화와 파괴

비非아이돌,
음원차트 1위를 차지하다

2016년 가요계에서 가장 주목해야 할 트렌드의 변화는 바로 음원차트에서 나타난다. 그동안 차트에서 소외받았던 '비非아이돌' 계열의 가수들, 인디뮤지션들이 깜짝 1위를 하는 상황이 자주 연출됐기 때문이다. 김나영, 십센치, 어반자카파, 한동근, 스탠딩 에그, 볼빨간사춘기가 그 깜짝 1위의 주인공들이다. 이들은 감성적인 포크, 발라드 등의 음악을 통해 차트 1위에 장기간 머무르며 가요 트렌드의 변화를 주도했다. 무명이었거나 인디 신에서 잘 팔리는 가수 정도로 분류됐던 이들이 새로운 차트의 강자로 떠오르자 가요 관계자들은 긴장하기 시작했다.

이러한 변화의 조짐은 2016년 첫 주부터 보였다. 무명에 가까웠던 가수 김나영의 노래 '어땠을까'가 차트 1위에 오른 것이다. 공중파에서 홍보하지 않은 김나영의 노래가 1위를 차지한 것은 이변이었다. 당시 업계에서는 김나영의 1위 비결이 페이스북 페이지 같은 SNS상에서의 홍보라고 분석했다. 하지만 과연 그것만이 이유였는지에 대해서는 의문부호가 남았다. 전문가들은 그 원인 찾기에 분주했다.

요 몇 년 사이 새로운 차트 강자로 떠오른 이들은 힙합, 그리고 R&B 계열의 가수들이었다. 2014년경부터 정기고, 자이언티, 크러쉬, 범키 등 R&B 싱어송라이터들의 음원이 차트 상위권에 올랐다. 이들 중 자이언티와 크러쉬는 2015년을 기점으로 음원차트 1위의 단골손님으로 급부상하고, 이로써 가요기획사들은 제2, 제3의 자이언티와 크러쉬를 찾아 나서게 된다. 이러한 흐름을 이어간 것이 바로 2016년 최고의 대어로 꼽히는 딘 Dean이다.

2016년 음원차트 최대의 이변, 스탠딩 에그와 볼빨간사춘기

R&B 싱어송라이터들이 대세로 떠오른 뒤 약 2년이 흘렀다. 그다음 주자는 인디 신에서 활동하던 스탠딩 에그, 볼빨간사춘기와 같은 뮤지션들이었다. 이 두 팀의 음원차트 1위는 2016년 가요계 최대 이변 중 하나로 꼽힌다. 십센치, 어반자카파, 한동근의 1위는 어느 정도 설명이 가능한 것이었다. 십센치는 '봄이 좋냐?'로, 어반자카파는 '널 사랑하지 않아'로 멜론차트 1위에 처음으로 올랐다. 두 팀은 이미 대중적으로 상당한 인지도를 쌓

2016년 가요계를 발칵 뒤집어놓은
스탠딩 에그의 <여름밤에 우린>

은 상황이었다. 다시 말해 이전에도 차트 성적이 좋았으므로 노래가 좋고 시기를 잘 탄다면 1위에 오르는 것이 충분히 가능했다. '이 소설의 끝을 다시 써보려 해'로 역주행해 1위에 오른 한동근의 경우 적절한 시기에 방송을 탔다. SNS를 통해 알려지기 시작한 이 노래는 한동근이 〈복면가왕〉 〈듀엣가요제〉 등의 TV 프로그램에 출연했던 것을 기점으로 차트 1위까지 오르게 된다. 여기까지는 충분히 설명이 가능하다.

하지만 스탠딩 에그와 볼빨간사춘기는 여전히 연구 대상이다. 스탠딩 에그는 2016년 8월 '여름밤에 우린'으로 전 음원 사이트의 정상에 오르는 기염을 토했다. 에그 1호, 에그 2호, 에그 3호로 이루어진 스탠딩 에그는 작사, 작곡은 물론 프로듀싱과 매니지먼트까지 본인들이 직접 독립적으로 하는, 그야말로 인디뮤지션이다. 2010년에 데뷔한 이들은 꾸준히 음원을 발표했지만 방송에는 일절 나가지 않았고 공연을 통해 팬들과 만나며 오랫동안 신비주의 노선을 걸어왔다. 그랬던 스탠딩 에그가 1위에 오르자 가요계는 발칵 뒤집어졌다. 일각에서는 이들의 1위를 납득할 수 없었는지 사재기 등의 음모론을 제기하기도 했다.

깊게 좋아하는 소수보다
얕게 좋아하는 다수

~~~~~~~~

스탠딩 에그는 〈여름밤에 우린〉 앨범 발매에 대한 그 어떤 마케팅도 하지 않았다. 인스타그램에 직접 밝힌 바와 같이 그들에게는 소속사나 특별히 홍보를 도와주는 직원이 없고, TV를 비롯해 뉴미디어 등에도 나가지 않았다. 김나영을 비롯해 십센치, 어반자카파는 SNS 등의 뉴미디어를 통한 마케팅을 했기 때문에 업계에서는 이들의 1위에 대해 '뉴미디어의 홍보가 강력한 힘을 발휘했다'는 식으로 분석했다. 그런데 스탠딩 에그는 멜론의 메인 페이지에 걸렸던 것 외에는 뉴미디어는커녕 그 어떤 미디어의 도움도 없이 1위에 올랐다.

여러 정보를 종합해보면 스탠딩 에그는 자력으로 1위를 한 것으로 보인다. 이들은 원래 소위 인디로 분류되는 아티스트 중 음원차트 파워가 가장 셌다. 또한 비록 그들의 얼굴을 아는 사람들은 많지 않고 음악방송에 나온 적도 없지만 이미 아는 사람은 다 알고, 그 음악만은 귀에 익숙한 팀이었다. 멜론에서의 스탠딩 에그 팬 수는 2016년 11월 10일 기준 6만 6,113명인데, 이는 웬만한 인기 아이돌그룹의 팬 수보다 많은 수치다. 음원차트 상위권에 오를 만한 여러 요건을 가진 팀이었던 것이다. 또한 '여름밤에 우린'은 음원 발표 시기가 절묘했다. 당시는 올림픽을 앞둔 시점이라 다른 팀

적극적인 프로모션을 펼친 볼빨간사춘기, <우주를 줄게>

들이 음원을 발표하지 않았고, 이 때문에 상위권에 오르기가 한층 수월한 상황이었다.

볼빨간사춘기는 아무런 홍보가 없었던 스탠딩 에그와는 정반대로 매우 적극적인 프로모션에 나섰다. 안지영, 우지윤 두 명으로 이루어진 볼빨간사춘기는 2014년에 방영된 <슈퍼스타K6>에 출연하며 대중에게 얼굴을 알렸다. 이후 이들은 2016년 컴백을 앞두고 페이스북 페이지를 통해 티저 영상 시리즈를 릴리즈했다. 모바일 트렌드에 잘 맞게 제작된 이 티저 영상들은 예쁘장한 외모를 지닌 안지영의 연기와 함께 소비자의 눈을 끌기에 충분했다.

이어 볼빨간사춘기는 1위에 오른 '우주를 줄게'를 홍보하기 위해 방송에서 적극적인 프로모션을 펼쳤다. KBS 순위 프로그램 <뮤직뱅크>를 통해 '우주를 줄게'의 라이브를 처음으로 공개한 데 이어 <유희열의 스케치북>에도 출연했고, 뉴미디어인 피키캐스트를 통해 라이브 영상을 제작 및 공개하기도 했다. 현 시점에서 가수가 할 수 있는 홍보를 총동원한 셈이다. 하지만 이렇게 홍보를 열심히 한다고 해서 누구나 1위에 오를 수 있는 것은 절대 아니다.

결국 스탠딩 에그와 볼빨간사춘기의 1위 이유는 '달라진 소비 성향'의 관점에서 파악해야 한다. 음원시장은 본래 '깊게 좋아하는 소수'보다 '얕게 좋아하는 다수'의 영향력이 큰 곳이다. 큰 팬덤을 가진 아이돌가수가 최근 들어 유독 음원차트에서 힘을 못 쓰는 이유도 바로 이 때문이다. 얕은 시장이기에 스탠딩 에그, 볼빨간사춘기처럼 누구나 쉽게 좋아할 수 있는 음악이 1위를 할 수 있는데, 이 얕은 수요가 표면적으로 드러난 시기가 바로 2016년인 것이다.

**듣기 편한 멜로디와 가사로
10~20대 여성들에게 어필**

〜〜〜

스탠딩 에그와 볼빨간사춘기를 즐기는 연령대는 어떻게 될까? 이들은 주로 10~20대 여성들에게 어필하고 있다. 아이돌그룹을 좋아하는 10~20대 여성들이 볼빨간사춘기의 가사에도 공감하고 있는 것이다. 스탠딩 에그, 볼빨간사춘기는 절대로 실험적이거나 음악적인 도전을 하는 팀이 아니라서 대중이 듣기 편안한 멜로디와 가사를 추구한다. 때문에 10~20대 외에도 다양한 연령층이 즐길 수 있다. 이것은 과거 허밍 어반 스테레오 같은 인디레이블에서 제작된 음악이 싸이월드 BGM으로 큰 인기를 누렸던 것과 일맥상통하는 현상이라 볼 수 있다. 예전 같으면 카페 또는 개인적인 공간에서 BGM으로 쓰였을 곡들이 이제는 음원차트를 점령해나가기 시작한 것이다.

　스탠딩 에그, 볼빨간사춘기와 같은 뮤지션들이 돈을 벌면 제작자들은 이쪽으로 눈을 돌리기 마련이다. 제작자들의 투자가 이루어지면 트렌드는 또 다른 방향으로 나아갈 여지가 생긴다. 2017년에는 더 다양한 아티스트들을 음원차트에서 만날 수 있을 것이다. 이러한 음원차트의 변화는 음악적 다양성 측면에서 매우 고무적이라 할 수 있다. 이제는 어떤 가수가 1위를 해도 이상하지 않은 세상이 됐다. 스탠딩 에그, 볼빨간사춘기처럼 듣기 편안한 음악을 추구하는 뮤지션들은 우리 주변에 꽤 많다. 우효, 잔나비, 페퍼톤스, 어쿠루브, 스웨덴 세탁소, 치즈, 바닐라 어쿠스틱, 오왠, 슈가볼, 제이래빗, 옥상달빛, 가을방학, 정준일 등이 그러한 뮤지션들이다. 이제는 처음 보는 아티스트가 1위를 해도 놀라지 말길 바란다.

뉴미디어,
음악시장의 판을 바꾸다

2015년 11월, 한 여고생이 세계적인 가수 아델의 노래 'Hello'를 커버한 영상이 화제가 됐다. 풋풋한 소녀가 교복을 입고 열창을 하는 이 영상은 당시 SNS 채널 '일반인의 소름 돋는 라이브(이하 일소라)' 유튜브에 공개된 지 일주일 만에 1,000만 뷰를 돌파하는 폭발적인 조회 수를 기록했다. 해외에서도 이목을 끈 이 영상의 주인공 이예진 양은 급기야 미국 NBC의 유명 토크쇼 〈엘렌 드제너러스 쇼〉의 초대를 받았다. 제2의 싸이에 목말랐던 한국 언론은 이 상황을 앞다퉈 보도하기 시작했다. 이예진 양은 '여고생 아델'이란 수식어로 졸지에 유명인이 됐다.

이는 '뉴미디어의 폭발력'을 상징적으로 보여준 사건이었다. 과거에는 가수가 음악을 알리기 위해 방송과 언론의 힘을 빌리는 것이 일반적이었다. 하지만 뉴미디어의 등장으로 판도가 바뀌기 시작해서, 이제 사람들은 TV보다 스마트폰을 들여다보는 데 더 많은 시간을 할애한다. 덕분에 뮤지션들은 홍보를 위해 공중파 방송의 높은 문턱을 넘으려 애쓰지 않아도 됐다. 짤막한 모바일용 콘텐츠를 만들어서 페이스북에 띄우는 것만으로 홍보가 가능한 시대가 왔기 때문이다. 먹방, 쿡방 등의 스낵 콘텐츠가 강세를 보였던 SNS 채널은 2016년 들어 점차 음악을 홍보하는 플랫폼으로 정착해갔다.

모바일 콘텐츠,
뉴미디어의 중심에 서다

2015년은 국내에 모바일 콘텐츠 기반의 뉴미디어가 폭발한 원년이었고, 2016년은 그 영향력이 공고해진 한 해였다. 기존에도 아프리카TV 등의 뉴미디어는 존재해왔다. 2015년의 변화라면, 스마트폰 세대를 겨냥한 모바일 콘텐츠가 뉴미디어의 중심에 서기 시작했다는 것이다. 피키캐스트, 딩고 뮤직, 네이버 V앱 등 모바일을 타깃으로 한 플랫폼들은 대중의 인기를 얻으며 이러한 트렌드에 불을 지폈다. 이들은 아이돌가수부터 인디뮤지션에 이르기까지 다양한 아티스트의 콘텐츠를 자체 제작하면서 음악을 선보이는 새로운 플랫폼으로 각광받았다. 가요기획사들은 이 플랫폼들을 자신들의 홍보 수단으로 삼기 위해 부지런히 뛰기 시작했다.

이러한 뉴미디어들은 2016년의 가요 트렌드가 바뀌는 데 적잖은 영향을 끼쳤다. 그 영향력에 대해 살펴보려면 앞에서 언급한 세 개의 모바일 친화적인 뉴미디어 '피키캐스트' '딩고뮤직' '네이버 V앱'에 대해 인지할 필요가 있다. 피키캐스트는 자체 플랫폼을 통해 다양한 영상, 움짤, 카드 뉴스 등을 선보이며 뉴미디어 콘텐츠의 트렌드를 선도하고 있다. 앱 다운로드 1,600만 건, 일간 사용자 수 120만 명 등 콘텐츠 앱으로는 최대 수요를 지닌 피키캐스트는 뮤지션의 라이브를 자체 제작하는 '피키라이브', 음악 큐레이션 '꿀DJ' 및 영상 인터뷰 등의 콘텐츠를 통해 음악을 소개했다.

딩고뮤직은 종합 모바일 방송국 '메이크어스'의 음악 채널 브랜드 명칭이다. 메이크어스는 자체 플랫폼이 아닌 다양한 페이스북 페이지 및 유튜브를 통해 자체 제작한 영상 콘텐츠를 전파한다. 메이크어스가 가진 페이스북 페이지의 월 평균 조회 수는 3억 건 정도인 것으로 알려져 있다. 딩고뮤직에서는 '세로라이브' '이슬라이브' '노래방어택' 등의 음악을 활용한 영상 콘텐츠들을 자체 제작하고 있다.

모바일 친화적인 뉴미디어

피키캐스트	• 자체 플랫폼에서 다양한 영상, 움짤, 카드 뉴스 등을 선보임. • 앱 다운로드 1,600만 건, 일간 사용자 수 120만 명 • 뮤지션의 라이브 자체 제작 '피키라이브', 음악 큐레이션 꿀DJ, 영상 인터뷰 형식으로 음악 소개
딩고뮤직	• 모바일 방송국 '메이크어스'의 음악 채널 브랜드 명칭 • 페이스북 페이지, 유튜브를 통해 자체 제작 영상 콘텐츠 전파 • 세로라이브, 이슬라이브, 노래방어택 등의 음악을 활용한 영상 콘텐츠 자체 제작
네이버 V앱	• 모바일을 타깃으로 한 생방송 플랫폼 • 네이버가 가지고 있는 네트워크를 이용해 급성장

강력한 자체 플랫폼을 가진 피키캐스트와 페이스북 페이지에서 강세를 보인 메이크어스가 뉴미디어의 강자로 떠오르자, 여기에 위기감을 느낀 네이버는 2015년 9월 모바일을 타깃으로 한 생방송 플랫폼 V앱을 론칭했다. V앱은 네이버가 가지고 있는 네트워크를 이용해 급성장하게 된다. 이후 이 세 개의 뉴미디어가 서로 경쟁하듯 다양한 음악 콘텐츠를 생산하면서 모바일에서 뮤지션을 만나는 기회 역시 빠른 속도로 늘어났다.

뉴미디어의 수혜층은
비아이돌 계열의 가수들

가수들은 자신들의 홍보에 이 뉴미디어들을 활용하기 시작했다. 컴백 시기에 맞춰 피키캐스트, 딩고뮤직, V앱 등을 통해 자신들의 콘텐츠를 순차적으로 공개한 것이다. 이것이 음원차트 및 네이버 실시간검색(이하 실검) 등에 영향을 주면서 뉴미디어의 영향력이 점차 확대되었고, 이로써 방송 출연이 여의치 않은 뮤지션들은 뉴미디어로 발길을 돌리게 된다. 동방신기 출신이자 JYJ의 멤버인 김준수는 음악방송 출연이 막혀 있는 대표적인 가수로 잘 알려져 있다. 김준수는 EP 〈꼭 어제〉의 타이틀곡 '꼭 어제'의 라이브를 피키캐스트의 라이브 채널 '피키라이브'를 통해 최초로 공개하는 파격적인 프로모션을 감행했다. 이것은 김준수의 라이브 영상에 목말라 있던 팬들의 절대적인 지지를 얻었고, 라이브 공개 당시 피키캐스트는 네이버 실검 1위에 오르기도 했다.

2016년 첫 멜론 차트 1위의 주인공
김나영의 <어땠을까>

2016년 첫 멜론 차트 1위의 주인공은 무명에 가까웠던 가수 김나영이
었다. 김나영의 노래 '어땠을까'는 2015년 12월 30일 정오에 음원이 공개돼
차트에 30위권으로 진입한 뒤, 이후 순위가 점점 상승해 31일 새벽 1시에
는 1위에 올랐다. 유명하지 않은 가수의 깜짝 1위는 가요계를 혼란에 빠트
렸다. 〈슈퍼스타K5〉 출신인 김나영은 버스킹을 중심으로 활동해왔는데, 앨
범도 발매하지 않은 신인에 가까운 인물이 멜론 차트 1위에 오르자 일각에
서는 음원 사재기에 대한 의혹을 내비치기도 했다. 하지만 1위의 비결은 딩
고뮤직의 '세로라이브' 덕분인 것으로 알려졌다. 30일 오후 7시에 페이스북
페이지에 공개된 '어땠을까' 세로라이브는 31일에 100만 뷰, 3만 5,000건의
'좋아요', 2만 건의 공유를 기록하면서 노래가 알려지는 데 크게 일조했다.

뉴미디어의 수혜를 특히 많이 받은 층은 그동안 방송에서 소외돼왔던
'비아이돌' 계열의 가수들이었다. 2016년에 깜짝 1위를 했던 십센치, 어반자
카파, 볼빨간사춘기, 한동근 등은 모두 뉴미디어를 적절하게 활용한 뮤지

션들이다. '널 사랑하지 않아'로 1위에 오른 어반자카파는 딩고뮤직을 통해 대대적인 프로모션을 진행했다. 역시 '우주를 줄게'로 1위에 오른 볼빨간사춘기는 피키캐스트를 통해 라이브 콘텐츠를 내보냈다. 역주행의 아이콘이 된 한동근의 '이 소설의 끝을 다시 써보려 해'는 '일소라'를 통해 멜론 차트 90위권에 처음 진입한 것으로 알려져 있다. 이 외에도 피키캐스트, 딩고뮤직에 소개된 인디뮤지션이 멜론 실검 1위에 오르는 일이 빈번히 일어났다. 이러한 움직임은 막강한 팬덤을 지닌 아이돌가수가 아닌 인디 계열의 가수들도 노래만 좋다면 음원차트 1위에 오를 수 있다는 것을 보여준 유의미한 사건이라 할 수 있다.

음악 콘텐츠, 무한 경쟁 시대가 열리다

이처럼 뉴미디어의 영향력이 데이터로 증명되자 기존의 전통적인 가요 홍보 방식에도 변화가 생겼다. 어떤 가수가 새 앨범을 발매할 경우, 과거에 일반적으로 가장 먼저 이루어졌던 일은 해당 가수의 매니저들이 방송국 PD와 만나는 것이었다. 하지만 뉴미디어가 새로운 흐름을 만들고 사람들이 여기에 눈과 귀를 기울이기 시작하자 인기 아이돌그룹들부터 중견가수, 실력 있는 인디뮤지션에 이르기까지 다양한 아티스트가 피키캐스트와 딩고뮤직을 찾았다.

이와 달리 인기 아이돌가수에 집중했던 네이버 V앱은 빅뱅, 엑소, 방탄

소년단, 트와이스 등 매머드 급 아이돌그룹의 채널을 만들어서 이들의 콘텐츠를 집중적으로 내보냈다. 이는 네이버가 그동안 구축해온 엔터테인먼트 업계에서의 강력한 파워 덕분에 가능한 것이었다. V앱은 해외에 팬들이 있는 아이돌그룹을 통해 해외에도 알려지게 된다.

피키캐스트와 딩고뮤직, V앱은 치열하게 경쟁하며 모바일에 적합한 콘텐츠를 새롭게 만들어냈다. 이것이 대중적으로 반향을 일으키자 수많은 아류 플랫폼들이 생겨났고, 기존 미디어였던 방송국과 언론사가 역으로 뉴미디어를 벤치마킹하기도 했다. KBS의 '예띠스튜디오', MBC의 '엠빅TV', SBS의 '모비딕'이 그것이다. 이 외에도 뮤지션이 직접 모바일에 알맞은 콘텐츠를 제작해 자신들의 채널에 올리는 사례들도 늘어나게 된다. 음악 콘텐츠 무한 경쟁 시대가 열린 것이다.

앞서 말한 뉴미디어들은 2016년에 가요계에서의 영향력을 증명해냈다. 하지만 이들은 현재 수익창출이라는 과제에 당면해 있다. V앱의 경우 네이버의 막대한 투자를 등에 업고 있기 때문에 수익창출 면에서 비교적 자유롭지만 피키캐스트와 메이크어스의 경우는 아직 스타트업에 가깝다. 이들이 안정된 수익을 거두지 못한다면 그 영향력의 지속성에 의문을 제기할 수밖에 없다. 2017년은 이들이 뮤지션들과 상생하면서 앞으로 꾸준히 나아가는 방법을 모색하는 한 해가 되어야 할 것이다.

걸그룹 세대교체,
'섹시' '예쁜 애' 코드를 벗어나다

2016년은 걸그룹의 세대교체가 이루어진 해로 기억될 것이다. 기존의 매머드급 걸그룹들이 해체 및 멤버 탈퇴의 내홍을 겪는 사이 신인 걸그룹들의 성장이 두드러졌다. 포미닛이 해체한 데 이어 최근 2NE1도 해체를 발표했고 시크릿, 미쓰에이가 멤버 탈퇴로 사실상 활동을 멈췄으며 AOA, 에이핑크, 레인보우, 달샤벳, 나인뮤지스 등 기존 걸그룹들이 예전만큼 힘을 못 쓰는 사이 신진 세력들이 무섭게 치고 올라오기 시작했다. 트와이스, 마마무, 여자친구, 레드벨벳, 오마이걸, 러블리즈 등의 신인들은 인지도를 끌어올렸고 여기에 Mnet 〈프로듀스 101〉로 화제를 모은 프로젝트 그룹 아이오아이까지 가세하며 완전한 세대교체를 이루는 것으로 보인다. 기존 걸그룹 중 자존심을 지킨 것은 원더걸스, 씨스타 정도에 불과했다. 여기에서 각기 다른 매력으로 새로운 트렌드를 선보임과 동시에 큰 인기를 모은 세 팀 트와이스, 여자친구, 마마무의 인기 비결을 살펴본다면 K-POP 시장의 새로운 트렌드를 알 수 있을 것이다. 이 세 팀은 과거의 걸그룹과 몇 가지 면에서 달랐다.

무국적 걸그룹 트와이스, 노래와 안무로 정면 돌파

올 한 해 트와이스는 천국과 지옥을 동시에 경험했다. 대만 출신 쯔위가 〈마이 리틀 텔레비전〉에서 대만 국기인 청천백일만지홍기를 흔든 것이 외교문제로까지 번진 '쯔위 사태'를 겪었을 때만 해도 트와이스의 활동에 빨간불이 들어오는 것으로 보였다. 하지만 지옥은 머지않아 천국으로 바뀌었다. 부정적인 시각은 곧 잠잠해졌고, 쯔위에 대한 동정의 여론이 강하게 남았다. 위기를 이겨낸 트와이스는 승승장구하게 된다.

2016년에 트와이스 열풍은 대단했다. 트와이스는 시작부터 순탄한 그룹은 아니었다. 2015년 10월 발표된 싱글 'OOH-AHH하게'는 발매 당시 큰 인기를 누리지 못했지만, 이후 역주행으로 1위에 오른 뒤 차트에서 롱런했다. 2016년에 나온 'Cheer Up'은 2016년 멜론 최장시간 1위를 비롯해 싸이 이후 아이돌 최단기간 뮤직비디오 유튜브 5,000만 뷰 돌파, 2016년 걸그룹 중 최다 앨범 판매, 공중파 가요 순위 프로그램 석권 등 여러 기록을 세웠다. 소녀시대 이후 새로운 대세 걸그룹의 탄생이었다.

2016년 멜론 최장시간 1위, 최단기간 뮤직비디오 유튜브 5,000만 뷰 돌파 등의 기록을 세운 트와이스의 <Cheer Up>

트와이스는 K-POP 아이돌이 팬덤을 만들어가는 정석 코스를 밟았다. 이들은 Mnet의 서바이벌 프로그램 〈식스틴SIXTEEN〉을 통해 치열한 경쟁을 거쳐 세상에 등장함으로써 데뷔 전부터 대중에게 다가갈 수 있었다. 사실 이러한 서바이벌은 여타 아이돌그룹도 마케팅을 위해 통상적으로 시도하는 것들 중 하나다. 트와이스가 데뷔 당시 더욱 눈길을 끌 수 있었던 것은 다른 걸그룹보다 외모가 조금 더 예뻤기 때문이다. 쯔위만 예쁜 게 아니라 예쁜 애 옆에 예쁜 애, 또 예쁜 애 옆에 예쁜 애가 있는 비주얼 최강 걸그룹으로 그 이름을 널리 알려나가기 시작했다. 그런 트와이스를 정상의 위치로 끌어올린 원동력은 다름 아닌 노래였다.

블랙아이드필승이 만든 'Cheer Up'은 아홉 소녀의 캐릭터를 잘 살려준 곡이었다. 화제가 됐던 사나의 '샤샤샤'가 그 대표적인 대목이다. 또한 멤버들의 미모를 잘 살린 안무의 짜임새도 탁월했다. 걸그룹 역사상 최고의 히트곡 중 하나로 꼽히는 'Gee'가 소녀시대 아홉 명의 매력을 일깨워줬듯이 'Cheer Up'도 트와이스에게 그러한 역할을 한 것이다. 트와이스는 운이 좋게도 인생곡(인생 최고의 곡)을 일찍 만난 것일까?

덧붙여 트와이스는 '무국적 아이돌'이라 할 수 있다. 풀어서 설명하자면 특정 콘셉트에 갇히지 않는다는 것이다. 트와이스는 여타 걸그룹처럼 '섹시함' '귀여움' 등의 특정한 콘셉트를 정하고 나오지 않았고, "이번 콘셉트는 무엇입니다"라고 자세히 설명하지도 않는다. 'OOH-AHH하게'와 'Cheer Up' 두 곡의 무대 및 뮤직비디오를 보면 이것을 잘 알 수 있다. 각 멤버들은 각자가 가장 예쁘게 보일 수 있는 의상과 콘셉트로 무장하고 있고, 이 무국적인 것들은 바로 노래를 통해 조화를 이룬다. 때문에 팬들은 트와이스 각 멤버의 매력에 보다 쉽게 다가갈 수 있다. 우리가 영상을 보면서 마냥 예쁘다고 여기는 이면에는 나름의 계산이 깔려 있는 것이다. 또한 트와이스는 멤버 각각의 매력을 어필하는 데 네이버 V앱 같은 뉴미디어 채널을 적절히 이용했다.

여자친구,
오로지 '청순' 한길만 파다

～～～

트와이스가 무국적 걸그룹이라면, 여자친구는 초지일관 하나의 콘셉트에 집중한 콘셉트돌의 끝판왕이라 할 수 있다. 여자친구 이전까지의 걸그룹은 '섹시' 혹은 '큐티'를 반복하거나 늘 새로운 콘셉트를 시도하기 위해 노력했다. 하지만 여자친구는 노골적으로 '청순' 그 한길을 팠고, 결국 그 초지일관의 자세로 음원차트를 휩쓸며 새로운 대세로 떠올랐다. 이제는 다른 걸그룹들이 여자친구의 청순함을 따라 하기 시작했다.

여자친구의 데뷔는 사실 순탄치 않았다. 여자친구의 데뷔 전, 팀 이름을 묻는 기자의 질문에 홍보 담당자는 쉽게 대답하지 못했다. '여자친구'라는 이름을 입에 올리기가 차마 부끄러웠을 것이다. 처음 들은 사람들은 대개 팀 이름을 바꾸길 권유했다. 일단 포털에서 이름을 검색해 찾기도 힘들

'청순' 한길만 판
콘셉트돌의
끝판왕 여자친구

특정 멤버를 내세우지 않고 팀의 콘셉트로 승부한 걸그룹 여자친구

뿐더러, 그 이름을 기억하기가 쉽지 않다는 의견이 분분했다. 하지만 소속사는 뜻을 굽히지 않았다.

여자친구의 데뷔곡 '유리구슬'이 알려진 것은 소녀시대의 '다시 만난 세상'과 비슷한 것이 화제가 되면서다. 노래와 콘셉트가 매우 유사해 당시 유튜브에는 '다시 만난 세계'와 '유리구슬'의 비교 영상이 돌기도 했는데, 워낙 화제가 되어 다음과 같은 장면이 연출되기도 했다.

선배: 야, 오랜만에 소녀시대의 '다만세(다시 만난 세계)'가 식당에서 나오네? '토토가(토요일 토요일은 가수다)' 덕분인가?

후배: 선배⋯. 저 노래 '다만세' 아니고요, 신인 걸그룹 여자친구의 '유리구슬'이란 노래인데요, '다만세'랑 비슷해서 커뮤니티 사이트에서는 '다시 만난 구슬'이라고 불러요.

이러한 '베끼기' 이슈가 여자친구의 이름을 알리는 데 일조한 것은 사실이다. 하지만 대중은 부정적인 이슈보다 여자친구의 '파워청순' 콘셉트에 집중했다. 어여쁜 소녀들이 고난이도 칼군무를 소화해내는 모습은 상당한 매력으로 다가왔다. 이어 2015년 9월, 여자친구가 모 행사에서 '오늘부터 우리는'을 노래하다가 아홉 번 넘어지고 다시 일어서는 일명 '꽈당영상'이 화제가 되면서 드라마틱한 역주행이 시작됐다. 천운이었을까? 하지만 단지 천운만으로 대세가 결정되지는 않는다. 이후 2016년 1월에 나온 '시간을 달려서'가 음원차트와 가요 순위 프로그램을 석권하면서 그야말로 여자친구의 전성시대가 시작됐다. 6월에 발표된 첫 정규앨범 〈너 그리고 나〉에서도 여자친구의 청순한 콘셉트는 그대로 이어졌다. 이것은 매우 중요한 지점이다.

여자친구가 소비되는 지점은 기존 걸그룹, 그리고 동시대의 걸그룹과도 다르다. 기존의 걸그룹은 특별하게 예쁘거나 섹시한 개별 멤버의 매력 어필로 팬덤몰이를 시작하는 것이 보통이었다. 하지만 여자친구는 그와 달리 특정 멤버를 내세우지 않고 팀의 콘셉트로 승부했다. 사람들은 멤버 이름 대신 여자친구라는 팀명을 기억했고, 여자친구 멤버의 얼굴은 몰라도 노래는 알았다. 이것이 여자친구의 힘이었다.

마마무, 예쁘지 않은 걸그룹이
뜰 수 있을까

~~~~~~~

마마무가 데뷔했을 때 사람들 반응은 이랬다.

"세상에나 예쁜 애가 한 명도 없다."

맞는 말이었다. 마마무에는 다른 걸그룹처럼 눈부시게 예쁜 멤버가 없었다. 마마무 홍보 담당자는 각 방송 채널이나 언론 관계자들을 만나면 멤버들의 프로필 사진을 보여주기 전에 노래를 먼저 들려줬고, 이야기하는 내내 실력을 강조했다. '예쁘지 않은 걸그룹이 뜰 수 있을까?' 하는 의문이 들었지만 마마무는 결국 해냈다.

트와이스가 비주얼 담당 아홉 명이 모인 팀이라면, 마마무는 메인보컬 네 명이 뭉친 팀이라고 할 수 있을 것이다. 그러니 실력은 기본이었다. 마마무의 진짜 매력은 각 멤버들이 지닌 장난기, 비글미였다. 여성들이 좋아할 만한 장난스러운 행동들을 마마무는 너무나 자연스럽게 해냈다. 이것은 이전의 엄정화나 이효리처럼 여성들이 '동경'하는 이미지와는 또 다른 캐릭터였다. 마마무는 걸그룹 최고 비글미의 탄생이었고, 이것은 여덕몰이로 이어졌다.

이러한 마마무의 매력을 잘 보여준 곡이 바로 '음오아예Um Oh Ah Yeh' 였다. 이 곡에서 마마무는 남장 콘셉트를 통해 대놓고 여덕몰이에 나섰다. 음악적인 면에서도 상당한 완성도를 보여줬지만 이 곡을 살린 것은 다른 무엇보다 마마무의 탁월한 보컬이었다. 마마무는 이 노래를 부르는 무대에서 가사를 자유자재로 바꿔 부르고 뮤지컬 같은 연출을 함으로써 인형

처럼 움직이는 여타 걸그룹과는 전혀 다른 매력을 선사했다.

　마마무 역시 뉴미디어 채널을 적절하게 활용했다. 마마무는 여러 편의 짧은 영상들을 통해 주체할 수 없는 끼를 선보였고, 다른 걸그룹은 차마 시도할 수 없는 망가지는 모습도 피하지 않았다. 마마무 멤버들이 재밌는 '짤'을 따라 하며 마음껏 망가진 피키캐스트의 콘텐츠 '짤짤짤'은 무려 100만 뷰를 넘어서며 팬들 사이에서 화제가 되기도 했다. 이후 2016년에 발표한 첫 정규앨범 〈Melting〉으로 각종 차트를 휩쓸며 걸그룹 시장의 한쪽을 점령하게 된다. 비글, 여덕몰이계의 1인자가 된 것이다. 그리고 이제는 얼굴까지 예뻐졌다.

비덕, 여덕몰이계의 1인자가 된 마마무. 2016년에 발표한 첫 정규앨범
〈Melting〉으로 각종 차트를 휩쓸며 걸그룹 시장의 한쪽을 점령하다.

콘텐츠 스타일이
확실한 팀만 살아남는다

~~~~~~~

　여자친구, 마마무처럼 '콘셉트'와 '실력'에서 우세를 보이는 걸그룹의 강세는 계속될 것으로 보인다. 현재 가요계에서 걸그룹의 수는 과거보다 늘었지만 걸그룹을 소비하는 시장까지 커졌다고는 보기 힘든 상황이다. 한국에서 걸그룹이 가장 핫했던 시기는 소녀시대와 원더걸스가 경쟁하던 2000년대 후반이라 할 수 있다.

　지금처럼 경쟁이 더 심해진 상황에서는 콘텐츠의 스타일이 확실한 팀들이 살아남을 수밖에 없다. 일단은 실력이다. '콘셉트돌'의 최고봉이었던 크레용팝이 '빠빠빠' 외의 다른 히트곡을 못 내고 있는 것을 우리는 알고 있다. 하지만 트와이스, 마마무, 여자친구는 다르다. 앞으로는 이들처럼 실력을 바탕으로 매 곡마다 자신들의 스타일을 확대, 발전시켜가는 팀들이 꾸준히 강세를 보일 것이다. 이미 대중은 걸그룹을 통해서 여러 가지를 봤다. 한 팀이 섹시, 청순을 모두 다 가질 필요는 없어졌다. 대신 다른 팀이 쉽게 따라 할 수 없는 확실한 콘셉트를 선보여야 하는 더 큰 숙제를 안게 됐다.

컬래버레이션,
탈 SM·탈 YG·탈 JYP

2016년은 국내 가요계의 3대 기획사인 SM엔터테인먼트(이하 SM), YG엔터테인먼트(이하 YG), JYP엔터테인먼트(이하 JYP)가 각기 다른 방향성을 고민하며 변혁을 꾀한 해였다. SM은 매주 음원을 발표하는 주간 프로젝트 SM스테이션SM Station을 통해 기존에 선보이지 않았던 다양한 스타일의 음원을 공개했다. YG의 경우 본래 YG 소속이 아니었던 젝스키스를 성공적으로 컴백시키는 등 외연을 넓히는 행보를 보였고, JYP는 박진영 대표 프로듀서의 색을 덜어내고 소속 가수들의 정체성을 살려주는 음원을 연달아 발표해 음원차트에서 선전했다. 종합적으로 봤을 때 이 3사는 기존까지 다소 배타적이었던 자세를 버리고 여타 기획사와 적극적으로 협업하는 모습을 보였다. 요약하자면 2016년은 '탈 SM, 탈 YG, 탈 JYP'가 이루어진 한 해였다.

SM스테이션,
1년 52주 동안 특정 요일에 신곡 발표

~~~~~~~

이수만 SM 대표 프로듀서는 2016년 1월 27일 삼성동 SM타운 코엑스 아티움에서 기자회견을 열고 회사의 새로운 전략을 발표했다. 이날 음악 팬들의 가장 큰 관심을 끈 것은 새로운 형태의 아이돌그룹 NCT였다. 하지만 정작 업계 관계자들의 이목이 집중된 내용은 따로 있었다. 바로 매주 음원을 발표하는 주간 프로젝트 'SM스테이션'(이하 스테이션)이 그것이었다. 업계 1위 기업 SM이 매주 쉬지 않고 음원을 발표한다니, 이것은 경쟁업체들에게는 절망의 종소리와도 같았다. 매주 SM과의 싸움을 피할 수 없게 된 셈이기 때문이다.

스테이션은 SM이 1년 52주 동안 매주 특정 요일에 신곡을 발표하는 프로젝트로, SM 소속 아티스트 간의 컬래버레이션을 비롯해 외부 아티스트, 프로듀서, 브랜드들과 협업 형태로 구성한다는 기획이었다. 이수만 대표 프로듀서의 포부이다.

"정통적 음원 발매 형식에서 벗어나 디지털 싱글 형식 음원을 자유롭고 지속적으로 발표해 음반뿐만 아니라 음원에서도 활발한 활동을 펼쳐 보이겠다."

스테이션은 여러 가지로 의미하는 바가 컸다. 그간 SM은 타 레이블이나 뮤지션들과의 협업에 배타적인 자세를 견지해왔다. 자사 아티스트의 브랜드 및 음악 스타일을 매우 중시했기 때문이다. 따라서 특별한 이벤트를 제외하고 SM 아티스트가 외부와 컬래버레이션을 하는 경우는 극히 드물었다. 그러나 SM은 2015년을 기점으로 외주에 대한 관점에 변화의 조짐을 보였고, 2016년에는 스테이션을 통해 외부 아티스트들과 본격적인 협업을 꾀하기 시작했다. 이것은 SM의 문호개방과 동시에 음악의 확장을 의미하는 것이었다.

SM이 스테이션을 통해 선보인 장르는 다양하다. 트로트(윤정수·김숙의 '너만 잘났냐'), 프로그레시브 메탈(인레이어의 'MINDJACK')까지 싱글로 낸 것은 꽤 파격적인 행보였다. 그런데 사실 SM은 기존의 아이돌그룹 앨범에서도 록, 메탈, 재즈, R&B 등 다양한 장르적 요소를 혼합해 곡을 만들었다. 그것이 '아이돌'이라는 프레임에 가려 드러나지 않았을 뿐이었다. 스테이션은 외부 아티스트들과의 협업을 통해 SM이 그룹의 프레임을 벗어나는 효과를 가져왔고, 컬래버레이션을 통해 멤버들이 그룹에서 펼치지 못한 각각의 개성을 선보이는 기회 또한 부여했다.

SM이 기존의 기조를 바꾸면서까지 스테이션을 론칭한 이유는 뭘까? 이것은 차트에서의 위기감과 SM 사운드의 확장 두 가지로 분석해볼 수 있

새로운 형태의
SM 아이돌그룹, NCT

SM 스테이션 제작발표회를 하는
이수만 대표 프로듀서

다. 지난 몇 년간 SM 소속 아티스트들은 앨범에서는 타의 추종을 불허하
는 판매량을 자랑했지만, 음원차트에서는 유독 저조한 성적을 거뒀다. 소
녀시대를 모방한 여자친구가 오히려 소녀시대보다 음원차트에서 강세를 보
이는 기현상이 나타나기도 했다. 이는 SM의 고급화 전략이 대중적인 인기
와 정비례하지 않음을 방증하는 것이다. SM을 벤치마킹한 후발주자들의
승승장구는 SM에게 큰 자극이 됐을 것이다. 이로써 SM은 자신들이 만들
어온 기존의 견고한 틀을 자신들의 손으로 직접 허무는 파격적인 정책을
내놓게 된다.

　이수만 대표 프로듀서의 스테이션 선포 이후 한때 업계에는 위기감이
팽배해졌지만, 음원차트에서 스테이션이 차지하는 영향력은 그다지 강력하
지 않았다. SM의 신곡이 매주 차트 상위권을 점령하는 일은 벌어지지 않았
고, 여타 기획사들은 안도의 한숨을 내쉬었다. 하지만 SM은 눈앞의 성공보
다 스테이션을 통해 미래를 내다봤다. 그런 측면에서 SM 스테이션은 더욱
의미를 지닌다.

　최근 미국 팝계 최고의 신인으로 떠오른 R&B 싱어송라이터 갈란트

Gallant는 보아와 협업을 하고 싶다는 의견을 SM 측에 전달했다. 갈란트는 어린 시절 K-POP을 좋아했고, 특히 보아의 팬이었다고 인터뷰에서도 밝힌 바 있다. 만약 둘의 듀엣이 스테이션을 통해 이루어진다면 이는 미국 팝 아티스트가 원해서 한국 가수와 협업을 한 첫 번째 사례가 될 것이다. 물론 그 곡이 차트에서 높은 순위에 오를지는 알 수 없지만 말이다.

오리무중인 YG의
'포스트 빅뱅' 찾기

~~~~~

지금 YG의 최대 숙제는 '포스트 빅뱅' 만들기다. 빅뱅으로 모멘텀을 마련했고, 빅뱅을 통해 글로벌 K-POP 기업으로 성장한 YG는 3사 중 특정 아티스트에 대한 의존도가 가장 높다. 사실 이것은 크나큰 약점이라 할 수 있다. 하지만 2016년에도 제2의 빅뱅이 나올 조짐은 보이지 않았다. 아이콘, 위너 등 새로 선보인 팀들이 애초 기대했던 것만큼 치고 올라오지 못했기 때문이다. 그래서였을까? YG는 자사 아티스트보다 오히려 새로 영입한 젝스키스의 컴백에 정성을 쏟았다.

젝스키스의 컴백은 2016년 가요계 최고의 핫 이슈 중 하나임과 동시에 '뜨거운 감자'이기도 했다. 2012년 방영된 드라마 〈응답하라 1997〉로부터 시동이 걸렸다. 젝스키스의 컴백에 대한 팬들의 열망은 대단했다. 이후 MBC 〈무한도전—토토가 2〉를 통해 젝스키스 재결성이 이루어지면서 국민적인 관심까지 쏠렸다. 여기에 어린 연령층이 새로운 팬으로 가세하면서 전성기에 버금가는 인기를 모았다. 이러한 인기에는 젝스키스 멤버들의 변하지 않은 외모가 크게 한몫했다.

젝스키스가 '뜨거운 감자'였던 이유는 컴백을 위해 넘어야 할 고비가 한두 개가 아니었기 때문이다. 흩어진 멤버들을 한곳에 모으는 일부터가 강성훈의 MBC 출연정지, 전 소속사 DSP미디어와의 관계 등을 명쾌하게 풀어야만 가능한 것이었는데, 이 모든 문제는 〈무한도전〉 한 방으로 깔끔하게 풀렸다. 이어 YG가 계약을 한 뒤부터 재결합 콘서트에서 신곡 발표까지 일사천리로 진행이 됐다. 체조경기장에서 이틀간 열린 컴백 콘서트의 표는 매진을 기록했고 신곡 '세 단어'는 음원차트 1위에 올랐다.

양현석 YG 대표 프로듀서는 젝스키스의 영입과 컴백을 진두지휘한 것으로 알려져 있다. 이처럼 양 대표가 젝스키스의 행보에 발 벗고 나선 것은 과거를 돌아봤을 때 이례적인 일이었다. YG 역시 SM과 마찬가지로 자사 브랜드를 중시했기 때문에 그전까지 여타 기획사 및 외부 아티스트들과의 협업에 대해 배타적인 자세를 취해왔다. 과거 엄정화의 EP 〈D.I.S.C.O〉의 프로듀싱을 YG가 맡았던 것 외에는 그런 작업이 전무했다.

젝스키스 컴백은 크게 두 가지 반응을 이끌어냈다. 젝스키스 팬들은 엄청난 찬사를 쏟아냈지만 기존 YG 팬들은 섭섭함을 감추지 못했다. 10주년을 맞이한 빅뱅을 비롯해 컴백해야 할 가수가 한둘이 아닌 상황이었기 때문이다. 이로써 YG의 포스트 빅뱅 만들기는 한 뼘 더 멀어졌다.

'탈박' JYP, 아티스트의
정체성 살려주기로 알짜배기 장사

～～～

2016년에 3사 중 가장 알짜배기 장사를 한 것은 JYP였다. 2016년 한 해 동안 JYP는 그간 강하게 드리워졌던 박진영의 그림자를 싹 걷어내고 각 아티스트의 정체성을 살려주는 기획을 선보였는데, 이것이 음원차트에서도 강세를 보이면서 각각의 가수들이 대중에게 존재감을 각인시키는 계기가 되었다. 이러한 홀로서기의 성공은 곧 JYP의 확장으로 이어졌다.

박진영, 원더걸스, 트와이스, 2PM, 갓세븐, 백예린, 백아연, 박지민, 지소울, 준케이, 조권, 페이, 데이식스, 버나드박, 혜림 등 JYP 소속사 가수들은 2016년에 그야말로 총출동해 앨범 및 싱글을 발표했다. 성적도 화려했다. 상

탈박진영 프로젝트로 성공한 JYP 소속 밴드 데이식스

2015년에 이어 2016년 화려한 성적을 받은 JYP 소속 아티스트 갓세븐

반기에 차례로 나온 트와이스의 'Cheer Up', 원더걸스의 'Why So Lonely', 백아연의 '쏘쏘' 등이 연달아 음원차트 1위를 찍으며 JYP의 대세를 증명했다. 이 세 곡 전부 JYP의 대표 프로듀서 박진영의 곡이 아니었음은 주목할 만한 점이다. 원더걸스의 'Why So Lonely'는 멤버들의 자작곡이고 백아연의 '쏘쏘'는 김원 작곡에 백아연이 작사에 참여한 곡이다. 트와이스의 'Cheer Up'은 'OOH-AHH하게'를 만든 바 있는 블랙아이드필승의 곡이었다. 이러한 성공적인 A&R Artist and Repertoire(아티스트 앤 레퍼토리)은 JYP가 박진영의 주도하에 있던 회사 내 의사결정 구조를 수평적으로 변환한 결과이다.

이것은 소속 아티스트의 정체성의 발현으로 이어졌다. 백예린은 '우주를 건너'의 뒤를 이어 'Bye Bye My Blue'를 통해 탁월한 음색을 대중에게 각인시켰다. 2PM의 멤버 준케이는 본인의 솔로앨범에서 작사와 작곡, 프로듀싱까지 소화하는 의욕을 보였다. JYP의 대표 보이그룹 2PM 역시 앨범 제작에서의 멤버 참여도가 늘어났다. 이제 JYP는 소극적인 아이돌이 아닌 적극적인 아티스트를 키우는 회사로 진화해나가고 있는 것이다.

생존, 3사의
이유 있는 변신

3사는 앞서의 사례들 외에도 파격적인 컬래버레이션을 2016년에 진행했다. JYP와 SM의 최고 스타인 수지(미쓰에이)와 백현(엑소)이 듀엣으로 뭉쳐 내놓은 'Dream'이 대표적인 예다. 양쪽 회사 대표선수의 협연은 예전 같으면 꿈도 꾸지 못할 일이다. 'Born to Be Wild'처럼 효연(소녀시대), 민(미쓰에이), 조권(2AM)과 박진영이 적극적으로 컬래버레이션을 한 곡도 선보였다.

3사가 이 같은 컬래버레이션을 시도하는 이유는 생존 때문이다. 과거에는 자신들의 브랜드를 지키면서 음원차트에서 선전하는 것이 가능했다. 하지만 지금은 여타 레이블의 아이돌가수들이 차트에서의 인기뿐만 아니라 음악적 완성도에 있어서도 3사를 위협하거나 앞서곤 한다. 이로 인한 위기의식이 3사의 방향에 전환을 가져온 것이다. 이러한 컬래버레이션은 단순히 아이돌 팬덤을 대상으로 하는 공략을 넘어 일반인들에게도 어필할 수 있다는 강점이 있다. 때문에 비록 당장은 큰 히트를 기록하지 않는다 해도 장기적인 측면에서 아이돌의 성장을 기대해볼 수 있는 부분이기도 하다.

외국인 아이돌,
팀의 중심이 되다

JYP엔터테인먼트 소속 걸그룹 트와이스의 인기가 식을 줄 모른다. 2016년 4월 신곡 'Cheer Up'을 발매한 트와이스는 컴백과 동시에 각종 실시간 음원차트 1위를 휩쓸었고 발매 5주 차까지 정상을 지켰다. 하루에도 몇 번씩 실시간 음원차트가 요동치는 것이 보통인 최근 가요계 트렌드를 생각해보면 한 달 넘게 차트 1위를 기록한 트와이스의 인기 행진은 신드롬으로 평가받아도 무리가 없다.

트와이스는 2016년 10월에 발표한 신곡 'TT'를 통해서도 뜨거운 인기를 증명했다. 이 곡의 뮤직비디오는 발표 114시간 만에 유튜브 조회 수 2,000만 뷰를 돌파했는데 이는 K-POP 아이돌그룹 사상 최단기간 기록이다. 트와이스는 음원과 음반 차트에서도 1위를 차지하며 승승장구했다. 홍미로운 점은 국내 멤버가 아닌 외국인 멤버들이 트와이스의 이 같은 폭발적인 인기행진을 이끌고 있다는 것이다.

소속팀을 알리는 역할을
톡톡히 하는 외국인 멤버들

트와이스는 2015년 10월에 열린 데뷔 쇼케이스를 통해 첫선을 보였다. 이 자리에서 대중들의 시선을 확 사로잡은 주인공이 대만 출신의 쯔위였다. 당시 쯔위의 이름은 각종 포털사이트의 실시간 검색어에 올랐는데 이유는 '너무 예뻐서'였다. 1999년생으로 팀의 막내인 쯔위는 인형 같은 외모를 자랑한다.

이후 쯔위는 대중의 뜨거운 관심을 받으며 맹활약을 펼쳤다. 특히 쯔위는 2016년 들어 LG유플러스의 초저가 스마트폰 Y6 광고모델로 발탁돼 눈길을 끌었다. 이는 '설현폰'으로 큰 성공을 거둔 SK텔레콤에 맞서 LG유플러스가 던진 승부수였다. SK텔레콤 광고 출연 후 입간판과 브로마이드가 도난될 정도로 큰 인기를 누렸던 AOA 설현의 대항마로 쯔위가 낙점된 것이다. LG유플러스는 쯔위의 광고 영상이 공개 이틀 만에 10만 뷰를 넘어서는 등 '쯔위 효과'를 톡톡히 누렸다.

일본인 멤버 사나 역시 트와이스의 인기행진에 힘을 보탰다. 'Cheer Up'이 발표됐을 당시 '샤샤샤 열풍'이 트와이스의 인기 고공행진에 결정적인 영향을 미쳤다. '샤샤샤'는 'Cheer Up' 중 사나가 부른 파트에 포함돼 있는 가사다. 원래의 가사는 '친구를 만나느라 샤이 샤이 샤이shy shy shy'이지만 사나가 부정확한 발음 탓에 '샤이 샤이 샤이'를 '샤샤샤'라고 부르면서 귀여운 매력을 뿜냈고, 이것이 온라인상에서 화제가 됐다. 네티즌들은 '샤샤샤'의 각종 패러디물을 내놓으면서 뜨거운 반응을 보였다.

추석에는 또 다른 외국인 아이돌이 깜짝 스타로 떠오르며 소속팀을 알리는 역할을 톡톡히 했다. 주인공은 걸그룹 우주소녀의 중국인 멤버 성소였다. 성소는 추석 연휴 전 방송된 MBC 〈마이 리틀 텔레비전〉에 출연해 서핑을 선보이며 뛰어난 운동신경과 빼어난 외모로 시청자들의 시선을 사로잡았고, 추석 연휴 동안 방송된 파일럿 프로그램 MBC 〈아이돌스타 육상 선수권대회〉와 SBS 〈내일은 시구왕〉에 출연하며 단 1주일 만에 '대세 아

중국인 멤버 성소의 활약으로 통신사, 게임 등 광고 러브콜을 맡고 있는 우주소녀

이돌'로 급부상했다.

현재 중국의 각종 예능프로그램으로부터 뜨거운 러브콜을 받고 있는 성소는 광고계에서도 가장 핫한 아이돌 스타 중 한 명으로 떠올랐고, 성소가 인기 행진을 펼치자 소속팀인 우주소녀 역시 업계와 대중의 관심을 받기 시작했다. 성소가 '대세 아이돌'이 된 뒤 우주소녀에 대한 통신사, 게임, 화장품 등 광고 러브콜이 폭주하고 있다는 것이 회사 측의 이야기이다.

해외 팬들로부터 빠른 반응을
이끌어낼 수 있기 때문

과거 국내 가요기획사들의 외국인 멤버 영입은 구색 맞추기에 가까웠다. 일부 아이돌그룹이 색다른 매력을 지닌 외국인 멤버들을 내세워 대중의 시선 뺏기에 성공했고 이것이 가요계에 유행처럼 퍼졌다. 하지만 외국인 멤버들이 팀 내에서 차지하는 비중은 제한적이었고, 이들의 인기는 국내 멤버들에 미치지 못했다.

그러나 최근 들어 외국인 아이돌의 위상은 사뭇 달라지고 있다. 국내 아이돌그룹의 해외 진출이 가속화되면서부터다. 기획사의 입장에서는 시장 규모가 작은 국내에서 의미 있는 수익을 기대하기가 힘들다. 국내에서 소속 아이돌의 데뷔 프로모션을 한 이후 해외 시장에 진출해 콘서트 투어와 MD 판매 등을 통해 막대한 매출을 올리는 것이 아이돌 기획사들이 그릴 수 있는 가장 이상적인 그림이다. 이와 같은 상황에서 최근 아예 해외 진출을 염두에 두고 탄생한 팀들이 가요계에 등장하기 시작했고, 해외 시장 공략 과정에서 중심 역할을 맡게 된 외국인 멤버들의 팀 내 위상은 자연스럽게 높아졌다.

트와이스와 우주소녀 역시 해외 시장을 겨냥해 만들어진 팀들이다. 트와이스는 쯔위 외에도 일본 출신인 사나, 모모, 미나가 포함되는 등 아홉 명 중 절반에 가까운 네 명이 외국인 멤버다. 우주소녀는 태생부터 '글로벌'이다. 씨스타, 케이윌 등이 소속돼 있는 이 기획사가 중국의 위에화 엔터테인먼트와의 합작 프로젝트를 통해 탄생시킨 걸그룹인 우주소녀는 총 열세 명의 멤버 중 성소, 선의, 미기 등 세 명이 중국인이다.

가요기획사들이 외국인 멤버 영입을 통해 얻을 수 있는 효과는 명확하

대만 출신인 쯔위와 일본 출신인 사나, 모모, 미나가 포함된 트와이스

다. 외국인 멤버가 있다는 사실만으로도 해외 팬들로부터 빠른 반응을 이끌어낼 수 있고, 이를 통해 해외 시장에서의 기반을 좀 더 쉽게 다질 수 있다는 것이 관계자들의 설명이다. 해외 시장에서뿐만 아니라 국내 시장에서도 활용도가 높다는 점에서 외국인 멤버 영입은 기획사의 입장에서 손해 볼 것 없는 장사다.

이처럼 외국인 멤버들의 팀 내 비중이 커지고, 국내에서 활동하는 외국인 아이돌들이 늘어나다 보니 매체 노출 빈도도 높아지기 시작했다. 또 과거 구색 맞추기를 위해 외국인 멤버들을 끼워 넣었던 기획사들이 최근 들어 외국인 멤버 선발에 더욱 주의를 기울이면서 대중의 시선을 사로잡을 만한 외모와 실력을 갖춘 외국인 아이돌들이 늘기 시작했고, 이에 따라 자연스럽게 그들에 대한 팬들의 관심도 높아지고 있다. 여기에 국내 팬들이 외모 면에서 이질감을 느끼지 않을 만한 중국 또는 일본 멤버들이 가요계에서 활발하게 활약하고 있다는 점 역시 '외국인 아이돌 전성시대'의 이유 중 하나로 작용하고 있다고 보인다.

진정한 글로벌화를
이뤄낼 수 있는 K-POP 현지화

국내 아이돌그룹들은 해외에서 뜨거운 반응을 얻고 있다. K-POP은 유튜브, SNS 등 글로벌 온라인 트렌드를 이끄는 중요한 현상 중 하나가 됐다. 국내에서 제작된 음악 콘텐츠가 국내에서만 유통되던 과거에는 상상도 못했던 일이다.

　시장이 확대되고, 타깃 소비자가 달라지면 콘텐츠도 달라져야 한다. 이에 따라 최근 국내 가요계는 해외의 인재 풀pool로 시선을 돌리기 시작했다. 가요기획사들은 정기 혹은 비정기적으로 해외 오디션을 실시하고 있다. 이를 통해 글로벌 팬들에게 사랑을 받고, K-POP 시장을 이끌어나갈 만한 숨은 원석을 발굴해내겠다는 것이 기획사들의 계산이다. 국내 기획사들이 글로벌 시장으로 눈을 돌리면서 인재 풀이 넓어진 만큼 재능 있고, 매력적인 외국인 아이돌이 K-POP을 대표하는 스타로서 인기몰이를 할 가능성은 더욱 커졌다.

　최근 들어 음반 제작자들의 아이돌그룹에 대한 인식이 전환되기 시작했다는 점도 눈에 띈다. 아이돌그룹의 음반 제작을 '수출'이 아닌 '현지화'의 관점에서 보는 제작자들이 하나둘 늘어가는 중이다. 우리의 노하우와 크리에이티브를 바탕으로 해외의 인재를 발굴해 이들이 중심이 된 아이돌그룹을 만든다면 그것 역시 K-POP 콘텐츠이며, 이를 통해 진정한 글로벌화를 이뤄낼 수 있다는 것이 'K-POP 현지화'의 관점이다. 이에 따르면 굳이 국내 멤버들이 주축이 된 아이돌그룹을 제작할 필요가 없다. 외국인 아이돌들의 활약이 더욱 활발해지고, 팀 내 비중이 확대될 것이라는 예측이 가능한 이유다.

　그런 가운데 최근 가요계에서는 아이돌그룹의 인원 수와 관련해 변화의 움직임이 감지되고 있는데, 이 역시 아이돌그룹 내 외국인 멤버의 역할 및 비중 변화에 영향을 미칠 것으로 보인다.

　최근 몇 년간 가요계에서는 열 명 내외의 멤버들을 앞세운 대규모 아이돌그룹들이 잇따라 데뷔했다. 이는 슈퍼주니어, 소녀시대, 엑소 등 대규모 아이돌들을 앞세워 시장을 선점한 SM엔터테인먼트를 중소기획사들이 벤치마킹하면서 생긴 현상이다.

하지만 최근 데뷔한 대규모 아이돌그룹 중 일부를 제외하고는 큰 성공을 거두지 못했다. 멤버 수가 워낙 많다 보니 멤버 개개인의 매력을 어필하기가 쉽지 않을 뿐더러 기획사의 입장에서 팀 제작과 유지를 위해 상대적으로 많은 비용을 지출해야 한다는 점이 문제였다. 서로 다른 성향의 다양한 멤버들이 한 팀에 모여 있는 탓에 팀워크를 유지하기가 힘들다는 점 역시 고민거리였다.

상황이 이렇다 보니 음반 제작자들 사이에서 나오는 이야기이다.

"대규모의 아이돌그룹을 제작해 투자비용 이상의 효과를 얻을 수 있을지 의문이다."

향후 국내 아이돌그룹들의 인원 수가 축소될 가능성이 제기되는 가운데 아이돌그룹의 '필수 구성 요소'가 돼버린 외국인 멤버의 팀 내 역할과 비중은 상대적으로 커질 것으로 전망된다.

NCT,
'개방형 아이돌'의 등장

화제의 신인 보이그룹 NCT가 2016년 4월 베일을 벗었다. 동방신기, 슈퍼주니어, 샤이니, 엑소 등 인기 아이돌그룹을 배출한 SM이 새롭게 선보이는 팀인 만큼 전 세계 음악팬들의 이목이 집중됐다. 특히 가요계 관계자들은 그어느 때보다도 뜨거운 관심을 보였는데, 이는 NCT가 '개방형 아이돌'이라는 전무후무한 콘셉트를 내세운 보이그룹이라는 점 때문이었다.

데뷔 음원인 '일곱 번째 감각'과 'Without You'를 부른 NCT U의 멤버 구성을 살펴보면 NCT의 '개방형 아이돌'로서의 특징이 잘 드러난다. '일곱 번째 감각'은 재현, 마크, 텐, 태용, 도영 등 다섯 명의 멤버가 부른 반면 'Without You'에는 태일, 재현, 도영 등 세 명의 멤버가 참여했다. NCT는 중국 심천에서 열린 '제16회 음악 풍운방 연도성전'에 출연하기도 했는데 당시에는 재현, 마크, 텐, 태용, 도영과 함께 중국인 멤버 윈윈이 무대에 올라 총 여섯 명의 멤버가 '일곱 번째 감각'의 공연을 선보였다. 또 태일, 재현, 도영과 함께 중국인 멤버 쿤이 'Without You'를 부르기도 했다.

이처럼 NCT는 새로운 멤버의 영입이 자유롭고 멤버 수의 제한도 두지 않기 때문에 때에 따라 3인조, 4인조, 5인조, 6인조 등으로 변신하며 변화무쌍한 팀 구성을 선보인다. 또한 NCT의 노래를 부르는 모든 멤버들은 NCT의 멤버인 동시에 NCT U의 멤버다. 'NCT U'는 경우에 따라 멤버 구성에 변화를 주는 NCT의 유닛Unit을 통칭하는 말이다.

SM은 지난 7월과 8월, NCT U의 변형된 형태인 NCT 127과 NCT DREAM을 선보였다. NCT 127은 여러 팀의 NCT 가운데 서울을 기반으로 활동을 펼치는 팀이며, 팀명의 127은 서울의 경도를 뜻한다. NCT의 10대

NCT U는 경우에 따라 멤버 구성에 변화를 주는 NCT 유닛을 통칭하는 말이다.

청소년 연합팀인 NCT DREAM에는 만 14세에 불과한 지성과 더불어 중국 출신인 천러과 런쥔, 캐나다 출신인 마크 등 다양한 해외 멤버들이 속해 있다.

'무국적성'을 추구하는
NCT의 음악

세계 각국에서 발매되는 곡들에는 각 나라 특유의 문화적 정서와 음악적 색깔이 담겨 있다. 국내 가수들이 발표하는 노래에는 한국인이 아니면 표현하기 어려운 정서가 녹아 있는 것이 보통이다.

NCT 127의 힙합과 트랩 기반에 뭄바톤의 리듬 요소를 섞은 퓨전 장르의 곡 '소방차'. NCT 127은 서울을 중심으로 활동하는 팀으로 127은 서울의 경도를 나타낸다.

NCT의 10대 연합팀인
NCT DREAM

　하지만 NCT U의 데뷔곡인 '일곱 번째 감각'에서는 이와 같은 정서가 느껴지지 않는다. 국내 음원차트에서 사랑을 받는 아이돌 음악에서 공통적으로 발견되는 '흥행 공식'이 담긴 노래도 아니다. 대신 전 세계 어느 나라의 음악팬이라도 거부감 없이 즐길 수 있을 만한 색깔의 세련된 음악이라는 점이 눈에 띈다.

　NCT 127의 '소방차' 역시 아이돌 음악의 전형성을 비껴가는 곡이다. 힙합과 트랩 기반에 뭄바톤Moombahton의 리듬 요소를 섞은 퓨전 장르의 곡인 '소방차'는 파워풀한 베이스와 리드미컬한 타악기 소스들의 조합이 인상적인 노래다. NCT 127은 아이돌 음악의 '필수 요소'인 자로 잰 듯한 군무, 귀에 감기는 후크hook 대신 멤버 개개인의 다채로운 매력을 앞세워 가요계에 도전장을 내밀었다.

　NCT U와 NCT 127이 '일곱 번째 감각' '소방차'를 발매할 당시 전혀 다른 색깔의 곡들을 함께 선보였다는 점도 눈에 띈다. 화려한 댄스와 랩 퍼포먼스 위주의 노래인 '일곱 번째 감각'과 함께 NCT U가 발매한 'Without You'는 밴드 사운드를 기반으로 멤버들의 보컬 역량을 뽐내는 데 초점을 맞춘 노래다. 또 '소방차'가 실린 NCT 127의 첫 미니앨범에는 1990년대 사운드를 현대적인 느낌으로 재해석한 복고풍 사운드가 돋보이는 'Once Again', 일렉트로닉 팝 장르의 몽환적인 느낌의 노래 'Wake Up', 어반 팝 장르의 'Paradise' 등 다양한 장르의 음악이 수록됐다.

이처럼 폭넓은 음악적 스펙트럼 때문에 NCT는 '댄스 그룹' 혹은 '힙합 그룹' 등 기존 아이돌그룹을 구분하던 타이틀로 규정하기 힘들다. 여기에는 NCT를 국내뿐 아니라 해외 시장, 또 힙합이나 댄스 음악 외 다른 장르의 음악시장에서도 사랑받는 팀으로 키워내겠다는 SM의 의도가 깔려 있는 것으로 풀이된다.

국경 없는 콘텐츠, 한류의 현지화를 위한 야심찬 계획

이수만 SM 대표 프로듀서는 2016년 1월 서울 삼성동 SM타운 코엑스 아티움에서 열린 SM의 프리젠테이션 쇼 'SM타운: 뉴컬처테크놀로지, 2016(SMTOWN: New Culture Technology, 2016)'의 무대에 올랐다. 지난 1995년 주식회사가 된 SM이 설립 21년째를 맞아 성인식을 마치고 한 단계 더 도약하겠다는 포부를 드러내는 자리였다.

이 자리에서 이수만 대표 프로듀서는 SM이 새해를 맞아 다섯 가지 신규 프로젝트를 진행한다고 밝혔다. 디지털 음원 공개 채널 '스테이션'과 EDM 레이블인 '스크림 레코즈ScreaM Records'의 론칭, '에브리싱Everysing' '에버샷Everyshot' '바이럴Vyrl' 등 세 가지 모바일 어플리케이션과 참여형 어플리케이션인 '루키즈 엔터테인먼트Rookies Entertainment' 서비스, 스타가 직접 참여하는 MCNMulti Channel Network 콘텐츠 및 플랫폼 사업 등이 그것이었다.

이수만 대표 프로듀서는 이 프로젝트들을 하나로 묶는 키워드로 '소통interactive'을 꼽았다. 다섯 가지 신규 프로젝트를 통해 언제, 어디서든, 누구나 SM의 콘텐츠를 즐길 수 있게 하겠다는 것이 그의 의도다. 그는 "전 세계 팬들이 즐길 수 있는 연중무휴 디지털 놀이터를 만들 것"이라고 강조했다. 이수만 대표의 포부이다.

"전 세계가 함께 즐길 수 있는 국경 없는 콘텐츠를 만들겠습니다. 아시아는 물론 글로벌 마켓에서 사랑받는 콘텐츠들을 만들 수 있게 하겠습니다. 아주 재밌을 겁니다. 음악을 가장 잘 만드는 회사인 SM엔터테인먼트가 멀티 콘텐츠도 가장 잘 만드는 곳이 되도록 하겠습니다."

이 대표 프로듀서가 선보이고자 하는 '국경 없는 콘텐츠'의 일부가 바로 NCT다. 그리고 NCT를 문화 수출의 첨병으로 내세워 다양한 음악적 시도를 통해 진정한 의미의 '한류 현지화'를 이뤄내겠다는 것이 그가 그리고 있는 큰 그림이다. SM은 K-POP의 발원지인 서울을 중심으로 활동하는 NCT 127에 이어 중국, 일본, 라틴 아메리카 등 전 세계 각 도시를 베이스로 둔 팀들을 순차적으로 공개할 예정이다.

SM이라서 가능한
개방형 아이돌

~~~~~~~

NCT U, NCT 127, NCT DREAM은 현재까지 네 장의 싱글과 한 장의 미니앨범을 발매했다. 하지만 음원 성적은 기대에 미치지 못한 것이 사실이다. 음원차트 상위권을 유지하며 뜨거운 반응을 받았던 곡이 없었던 것이다. 대형기획사인 SM의 신인 아이돌그룹이라는 점을 감안하면 대중적 인지도도 실망스럽다. 이런 이유로 "SM의 NCT 프로젝트는 이미 실패한 것이 아니냐"는 말도 들리곤 한다.

하지만 속사정을 들여다보면 이야기가 달라진다. NCT U는 토요일이었던 2016년 4월 9일에 '일곱 번째 감각'을, 그다음 날인 4월 10일 일요일에 'Without You'를 발표했고, NCT 127 역시 첫 번째 미니앨범을 일요일에 발표했다. 아이돌그룹의 신곡, 그것도 신인 그룹의 데뷔곡을 대중의 관심이 상대적으로 덜 쏠릴 수밖에 없는 주말에 발표하는 것은 상식을 벗어나는 일이다. SM이 NCT의 데뷔를 앞두고 대중의 폭발적인 반응을 즉각 이끌어내거나 음원차트에서 높은 성적을 기록하는 데 큰 욕심을 내지 않았음을 엿볼 수 있는 대목이다. 대신 SM은 네이버 V앱 생방송을 통해 NCT의 데뷔무대를 선보이며 영상과 음악이 하나가 된 완성된 콘텐츠를 보여주는 데 집중했다. 이를 통해 SM은 전 세계 팬들에게 NCT를 소개하고, NCT의 방향성을 제시하는 데 초점을 맞췄다.

흥미로운 점은 국내 음원시장에서 다소 부진한 NCT가 글로벌 시장에서는 가파른 상승세를 나타내고 있다는 것이다. '일곱 번째 감각'은 2016년

4월 미국에서 가장 많이 본 K-POP 뮤직비디오 1위에 오르고 전 세계 차트 2위를 차지하는 등 해외에서 뜨거운 반응을 얻었다. 'Without You'의 뮤직 비디오 역시 미국 차트와 전 세계 차트에서 4위를 기록했다. NCT는 적어도 데뷔 후 한 달간의 유튜브 조회 수 성적 면에서는 데뷔 초기의 엑소를 뛰어넘는 결실을 얻었다. 이만하면 나쁘지 않은 성적이다. '개방형 아이돌'이라는 콘셉트를 대중들이 여전히 생소하게 받아들인다는 점, '무국적성'을 지닌 그들의 음악이 앞으로 국내 음원차트에서 어느 정도의 성적을 올릴지 미지수라는 점 등 때문에 아직까지는 NCT의 성공을 확신할 수 없지만, SM의 미래를 책임질 유망주로서의 성장 가능성은 여전히 유효하다.

그러나 업계 관계자들 사이에서 나오고 있는 전망이다.

"'개방형 아이돌'이 가요계의 보편적인 트렌드로 자리 잡기는 쉽지 않을 것이다."

경우에 따라 팀 구성원이 바뀌는 개방형 아이돌의 특성이 충성도 높은 팬덤 확보가 필수적인 보이그룹에게는 치명적인 약점으로 작용할 수 있다. 그런데다 전 세계 음악시장을 겨냥한 개방형 아이돌그룹을 키워내는 것은 충분한 자금력이 뒷받침돼야 하는 장기 프로젝트이기 때문이다.

한 가요 관계자의 이야기이다.

"'개방형 아이돌'을 제작하는 것은 대형기획사라서 가능한 일이다. 소속사의 브랜드 파워 덕을 톡톡히 볼 수 있는 NCT는 팬덤이 약화될 걱정도할 필요가 없다. 하지만 중소기획사들의 입장에서는 당장의 손해를 감수하면서 미래의 큰 그림을 그릴 만한 충분한 자금력이 없을 뿐더러 '개방형 아이돌' 콘셉트를 어설프게 따라 했다가는 아류라는 소리만 들을 수 있다."

힙합 팬덤,
공고화와 세분화로

힙합의 강세는 최근 가요 트렌드 중 가장 주목할 만한 움직임이다. 지난 몇 년간 언더그라운드에 머물렀던 아티스트들이 수면 위로 떠오르며 힙합은 이제 어엿한 메이저 장르로 자리하며 많은 앨범들이 발매되었다. 거기에 전 국민적으로 주목을 받았던 '컨트롤 비트 디스전'('컨트롤'은 미국 래퍼 빅 션의 곡인데, 이 곡으로 역시 미국의 래퍼 켄드릭 라마가 디스 랩을 했다. 한국 래퍼들이 이 '컨트롤' 비트에 맞춰 서로를 디스한 것이 전국적으로 화제가 되었던 사건), 자극적인 내용으로 연일 도마 위에 올랐던 Mnet의 〈쇼미더머니〉 등도 힙합 붐에 힘을 보태서, 이제는 힙합 뮤지션들이 아이돌가수들 이상으로 음원차트에서 영향력을 행사하기 시작했다.

2016년 힙합 키워드는 팬덤의 공고화 및 세분화라 할 수 있다. 본래 마니아들 사이에서만 주로 사랑받았던 힙합은 2016년을 기점으로 국민적 관심을 받는 하나의 놀이 문화가 됐다. 기존의 힙합 팬덤은 외국 힙합과 국내 언더그라운드 힙합을 골고루 듣는 마니아들, 그리고 래퍼 빈지노를 좋아하는 소위 '얼빠'(얼굴을 보고 좋아하는 팬)들로 양분돼 있었는데, 최근에는 초중고 남학생 팬들과 20~30대 여성들까지 가세하면서 팬덤이 세분화됐다. 이로써 힙합은 아이돌그룹 다음으로 큰 음악시장이 되기에 이르렀다.

시장 형성은
아티스트가 존재하기 때문

이처럼 다양한 계층이 단지 힙합의 '스웩'을 넘어서 '랩' 자체의 어법에 관심을 갖게 됐다는 것은 의미 있는 일이다. 〈쇼미더머니 5〉가 끝나면 마니아가 아닌 일반인들이 "○○○ 랩 죽이더라" 하며 출연진의 랩에 대해 평하는 모습을 어렵지 않게 볼 수 있었다. 이것은 한때 〈나는 가수다〉를 통해서 일반 시청자들이 편곡에 대해 논하게 된 풍경과 매우 유사하다.

이러한 일반인들의 관심이 있기까지 〈쇼미더머니〉가 어느 정도의 역할을 한 것은 사실이다. 〈쇼미더머니 5〉는 예전 시즌과 달리 음악에 집중하는 모습을 보이며 호응을 얻었다. 〈쇼미더머니〉 시즌 1이 시작됐을 때만 해도 힙합 팬들의 불만은 상당했다. 디스 같은 선정적인 부분만 강조해 힙합의 본질을 훼손시켰다는 것이 가장 큰 이유였다. 2015년 시즌 4에서 스눕 독을 심사위원으로 불러놓고 난장판 사이퍼를 벌인 것은 결정적이었다. 세계적인 래퍼 스눕 독 앞에서 참가자들이 서로 먼저 랩을 하려고 마이크를 뺏는 전쟁이 되어버렸으니 국제 망신이라고 해도 될 만큼 민망한 장면이 연출된 것이다.

하지만 2016년 〈쇼미더머니 5〉의 제작진은 선정적인 연출을 자제하고 멋진 무대를 꾸미는 데 집중했다. 대표적인 것이 자이언티의 '쿵' 무대였다. 〈쇼미더머니〉를 통해 처음 선보인 '쿵'은 기존 방송에서 보기 힘든 근사진 장면을 연출하며 대중의 찬사를 얻어냈고, 싱글로 발매되기 전부터 멜론 실시간 검색어 1위를 장식하더니 결국 차트 1위에 올랐다.

〈쇼미더머니〉가 선정성을 줄이고 음악적인 것에 집중한 것은 아마도 그간의 경험치 덕분일 것이다. 그동안 악마의 편집으로 얼마나 많은 욕을 먹었던가? 하지만 이제 그런 것은 더 이상 통하지 않을 거라는 내부적인 판단이 있었을 것이다. 선정적인 편집을 줄였는데도 대중에게 호응을 얻어낸 것은 그만큼 힙합 팬덤이 공고해졌다는 증거다. 앞서 이야기했듯 현재 힙합은 아이돌그룹 다음으로 큰 팬덤을 형성하고 있는데, 이는 그만큼 좋은 힙합 아티스트들이 존재하기 때문이다. 〈쇼미더머니 5〉를 통해 주목받은 비와이, 씨잼, 슈퍼비 등의 아티스트들은 이미 언더에서 실력을 인정받은 이들이었다. 지금의 힙합 뮤지션들은 〈쇼미더머니〉라는 장치를 잘 이용해 대중에게 자신들의 음악을 알리는 단계에 있는 것이다.

힙합의 대중적인 인기를 확인시킨
MC그리 '열아홉'

～～～

물론 〈쇼미더머니〉만으로 한국 힙합을 이야기하는 것은 지극히 편협한 시각이다. 방송국 밖에서도 힙합과 대중과의 만남은 적극적으로 이루어지고 있기 때문이다. 여러 힙합 스타들을 보유하고 있는 AOMG, 일리네어 레코즈 등의 레이블은 그 세력을 더욱 공고히 하면서 가요계에서의 영향력을 확대해나가고 있다. AOMG 소속 아티스트인 박재범, 사이먼디, 로꼬와 일리네어 레코즈 소속 아티스트인 도끼, 더콰이엇, 빈지노는 일절 홍보 없이 그저 음원을 발표하는 것만으로 음원차트 상위권을 차지했다. 이것은 프로모션에 상당한 비용 및 정성을 들이는 아이돌가수와는 전혀 다른 행보였다. 이로써 힙합 뮤지션은 저비용으로 노래를 발표하고 차트를 쥐락펴락하게 된다.

힙합의 대중적인 인기를 다시 한 번 확인시켜준 사례가 있었다. 김구라 아들로 유명한 MC그리의 데뷔곡 '열아홉'이 음원차트 1위에 오른 것이 바로 그것이다. 이 노래가 1위를 했을 때 힙합 팬들은 MC그리의 랩 실력을 공격했고, 선배 힙합 뮤지션들은 "이런 곡이 1등을 하다니…"라고 하소연하며 자괴감에 빠졌다.

MC그리는 왜 1위에 올랐을까? 그 답은 댓글에 나와 있다. '열아홉'이 나왔을 때 음원사이트를 비롯한 각종 페이스북 페이지, 힙합 커뮤니티 등에는 MC그리의 랩 실력에 대한 논쟁이 벌어졌고 수만 개의 댓글이 달렸다. 이러한 과다 논쟁이 노래에 대한 궁금증을 증폭시켰고 결국 이 곡을 1위에 올려놓은 것이다. 실제로 '열아홉'은 논쟁이 사그라지자 곧바로 1위에서 내려왔다. 댓글을 분석해보면 MC그리의 노래에 가장 강하게 반응한 층이 MC그리 또래인 청소년들임을 알 수 있다. 이것은 자신의 이야기를 곧 노래로 만드는 힙합에 10대 팬들이 열광하고 있다는 것을 보여주는 사례다. 바꿔 말하면 MC그리는 정통 힙합 팬 사이에서는 그다지 반응을 불러일으키지 못했는데, 이는 아직 음악만으로 평가받기에는 건너야 할 산이 많음을 뜻한다.

열혈 힙합 팬덤을 열광시킨
문제적 남자 이센스

～～～～

열혈 힙합 팬덤이 열광한 래퍼는 따로 있다. 대표적인 아티스트가 2016년 10월 출소한 래퍼 이센스E SENS다. 이센스는 2015년 8월에 발표한 앨범 〈The Anecdote〉로 논란의 중심에 올랐다. 인기 듀오 슈프림팀 출신으로 '컨트롤 비트 대란'의 주요 인물, 저주받은 재능의 래퍼, 여러 번의 대마초 혐의 등으로 이슈의 중심이 됐던 이센스. 〈The Anecdote〉는 그러한 '문제적 남자' 이센스의 첫 솔로앨범이라는 점에서 발매 전부터 커다란 관심을 모았다. 이센스는 2015년 4월 대마초 흡연 혐의로 구속됐지만 소속사 BANA는 고심 끝에 앨범을 발매하기로 결정했고, 〈The Anecdote〉는 초유의 옥중앨범이라는 수식어를 얻게 된다.

〈The Anecdote〉는 발매되자마자 뮤지션과 평단의 일관된 찬사를 얻

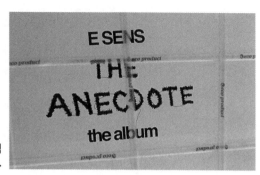

문제적 남자 이센스의 첫 솔로앨범
〈The Anecdote〉

어냈다. 특히 쌈디, 타블로, 팔로알토, 마이노스 등 동료 힙합 뮤지션들의 응원이 쏟아졌는데, 이는 〈The Anecdote〉가 힙합의 정수를 제대로 짚어냈기 때문에 가능한 것이었다. 자극적이거나 상업성에 매몰된 요즘의 그저 그런 힙합이 아닌, 담백한 비트 위로 이센스 본인의 삶을 문학적으로 정갈하게 표현한 이 앨범은 많은 이들에게 큰 울림을 줬다.

이 앨범은 여러 전문 음악매체와 각종 설문조사에서 2015년 최고의 앨범으로 선정되기도 했다. 가장 극적인 사실은 이 앨범이 2016년 2월 '한국대중음악상'에서 최고의 영예인 '올해의 음반' 부문을 수상한 것이었다. 〈The Anecdote〉가 처음 한국대중음악상 후보에 올랐을 때 일각에서는 도덕성 논란이 일기도 했다. 대마초 흡연으로 수감된 뮤지션을 후보에 올린 것이 도덕적으로 문제가 있다는 지적이었다. 이러한 비난에 대한 한국대중음악상 측의 이야기이다.

"우린 음악적 성과를 평가해 상을 주는 것을 원칙으로 한다. 논란이 있을 수 있겠지만, 음악을 평가한다는 취지에 맞게 후보를 선정하는 것으로 결정했다."

주목할 만한 것은 〈The Anecdote〉가 상업적으로도 큰 성공을 거뒀다는 점이다. 2만 장 가까이 팔린 이 앨범은 2014년 이후 2016년 10월 현재까지 나온 힙합 앨범 중 가장 높은 판매량을 기록한 것으로 알려졌다. '옥중 앨범'이라는 수식어가 이슈로 작용한 것도 무시할 수는 없겠지만, 그런데도 이 '2만'은 별다른 홍보나 프로모션 없이 순전히 음악에 대한 입소문에 힘입은 의미 있는 숫자다. 이는 대마초 흡연으로 구속됐는데도 이센스를 지지하는 팬덤이 확고함을 보여주기 때문이다. 2016년 10월 3일, 이센스는 출소와 함께 포털사이트 실시간검색에 이름을 올렸다. 소속사에서 일절 보도자료를 뿌리지 않았는데도 언론사들은 앞다퉈 기사를 썼고, 여론은 이센스를 비난하는 쪽과 이센스의 신곡을 기대하는 쪽으로 갈렸다. 이러한 현상 역시 힙합의 화제성을 방증하는 것으로 볼 수 있다.

힙합 팬덤의 공고화, 세분화는 곧 힙합의 장기적인 인기로 이어질 것이라는 전망이다. 아이돌그룹이 한국 가요계에서 가장 큰 시장을 차지하게 된 것도 바로 팬덤의 공고화와 세분화를 거치면서였다. 지금도 힙합 언더그라운드에는 랩을 갈고 닦고 있는 우수한 신인들이 많다. 2017년에도 이곳을 통해 많은 스타들이 등장할 것이다.

대세 힙합,

길을 잃다

대세 힙합이 길을 잃고 있다.

힙합이 세계 대중음악 트렌드의 한 축이 된 지도 어느덧 35년이 넘었다. 그동안 음악적으로 몇 번의 옷을 갈아입었고, 그에 따라 패션을 비롯하여 힙합을 이루고 있는 요소들 또한 변화를 거듭했다. 이른바 황금기라 불리는 1990년대를 지나 2000년대에 들어서면서부터 힙합은 트렌드의 한 축을 넘어 트렌드 자체를 이끌고 있다 해도 과언이 아니다. 그리고 놀랍게도 현재 한국 대중음악계의 상황 역시 이와 비슷하다.

장르의 본질적인 부분과 질적 수준을 따지기에 앞서 일단 표면적으로만 보자면, '힙합'이란 두 글자가 지닌 영향력은 그 어느 때보다 무시할 수 없는 수준에 이르렀다. 특히 대중과 매체의 관심이 폭발한 건 근 3년 사이.

2014년 즈음을 기점으로 대형기획사 소속이 아닌 힙합 아티스트의 음악, 혹은 힙합을 표방한 음악들이 음원차트 상위권에 대거 오르기 시작했고, 방송과 대학교 축제 등에서도 래퍼들이 심심치 않게 모습을 드러냈다. 가히 '대세'라는 말을 체감할 수 있는 이 같은 상황은 2016년까지 고스란히 이어졌다.

힙합이 지금처럼 트렌드의 중심이 된 데는 몇 가지 배경이 있다. 그중 가장 큰 것은 오늘날엔 힙합 프로덕션이 더 이상 장르 아티스트만의 전유물이 아니라는 사실이다. 랩이야 저 옛날 서태지와 아이들이 등장한 이래 한국 대중음악계에서 장르에 상관없이 흔히 접할 수 있는 형식이었지만, 요즘처럼 프로덕션 측면에서까지 힙합 작법을 따르는 건 유례없는 일이다. 이른바 K-POP의 전부나 다름없는 아이돌이 표방하는 음악조차 랩·힙합과 일렉트로닉으로 양분된다 해도 과언이 아닌 현실은 그 대표적인 예다. 이유가 뭘까? 의외로 답은 간단하다. 오래전부터 한국 가요계는 영미권의 주류 음악에서 강한 영향을 받아왔기 때문이다.

대중화된 미국의
힙합 사운드를 차용

한국 대중음악계에서는 1990년대 초·중반까지만 해도 미국 팝 음악을 스펀지처럼 흡수하여 전성기를 누리던 제이팝J-POP의 영향이 도드라졌으나, 이후 인터넷의 급속한 발전을 통해 세계 대중음악을 실시간으로 접할 수 있는 환경이 구축되면서 상황이 달라졌다. 세계 대중음악의 흐름을 이끄는 영미권의 트렌디한 음악들을 직접 흡수할 수 있게 된 것이다. 한국 메이저 기획사의 작곡 환경은 그중에서도 특히 미국 팝 음악계의 흐름을 거의 그대로 받아들이는 인상이 역력한데, 2000년대 들어 그 흐름을 주도하는 장르가 바로 힙합이다 보니 자연스럽게 한국 가요계에서도 해당 스타일의 음악이 많이 만들어지게 되었다. 더불어 이미 자라면서 랩·힙합 음악의 감성이 몸에 밴 즉, 힙합의 전성기를 실시간으로 겪고 봐온 세대의 신진 작곡가와 프로듀서들이 등장한 것도 주된 요인이다.

실제 미국에서 힙합이 주류 음악으로 부상한 건 1980년대부터였지만 일렉트로닉, 팝 등과 적극적으로 결합하며 대중적으로 가장 강력한 영향력을 과시한 건 2000년대다. 그 결과, 힙합 아티스트나 원래부터 힙합을 온몸으로 품었던 R&B 아티스트를 제외하고도 많은 팝스타들이 보다 대중화된 힙합 사운드를 차용하고 있다. 이제 과거처럼 랩스타와 팝스타를 구분하는 건 무의미해졌을 정도다. 랩스타가 곧 팝스타이기 때문이다. 주류 음악이었으나 인종적인, 혹은 진정성의 유무를 이유로 존재했던 보이지 않는 각 음악 씬의 장벽이 허물어지면서 힙합은 완연히 범대중적인 장르가 되었고, 이 같은 현실이 한국 가요계에도 직접적으로 영향을 끼친 셈이다.

일례로 불과 몇 년 전만 해도 힙합을 외치거나 정체성으로 내세우는 아이돌에 대해서는 비판적인 시각이 지배적이었지만, 이젠 이러한 시선을 내비칠 경우 시대에 뒤떨어진 이로 치부될 정도다. 물론 이는 한국 대중음악계에 국한된 것이다. 영미권의 경우에는 비록 장벽이 허물어졌다고는 하지만, 여전히 아티스트의 정체성을 규정하는 부분에 매우 민감하고 신중하다. 창작자와 산업 관계자 모두 해당 씬을 일구고 발전시켜온 힙합 아티스트에 대한 존중이 기저에 깔려 있고, 그래서 그만큼 장르에 대한 접근도 조심스레 행하고 있는 것이다.

　무엇보다 장르의 본질적인 부분이나 멋을 훼손할 경우엔 힙합 아티스트들이 먼저 나서서 매서운 비판을 가하는 분위기이기 때문에 조심스러울 수밖에 없다. 어쨌든 이처럼 다소 엄격한 영미권과 한국 가요계의 상황은 좀 달랐는데, 그 속에서 힙합이 상업적으로 커지게 되는 불씨를 댕긴 것이 바로 음악채널 Mnet의 〈쇼미더머니〉였다.

힙합을 한국 대중음악계
최전방에 나서게 한 〈쇼미더머니〉

　'국내 최초 시즌제 래퍼 서바이벌'이라는 슬로건을 내건 〈쇼미더머니〉는 심사위원(후엔 '프로듀서'로 호칭이 바뀌었다)으로 섭외된 기성 힙합 아티스트들과 프로, 아마추어, 일반인 전부를 아우르는 래퍼 도전자들이 오디션 심사 끝에 팀을 이뤄 경연을 펼치는 포맷의 프로그램으로, 2012년에 시즌 1을 방송한 이래 2016년 시즌 5까지 이어졌다. 시즌 1, 2 때까지만 해도 이 프로그램은 언더그라운드 래퍼에 대한 비존중과 힙합 문화의 왜곡 등 여러 논란을 불러일으키며 많은 힙합 아티스트와 팬들에게 따가운 시선을 받았지만, 이와 별개로 시즌을 거듭할수록 대중적인 인기가 높아지면서 영향력도 커져갔다. 프로그램 출연을 통해 인기와 부를 얻는 출연자들의 모습을 지켜보던 기성 래퍼들이 비판을 접고 쇼에 대거 동참한 게 결정적이었다. 특히 반향이 힙합 커뮤니티 밖으로 크게 벗어나지 못했던 시즌 1, 2와 달리 시즌 3, 4는 '그 어느 때보다 막장이었다'는 평이었는데도 흥행 면에서 대성공을 기록했고, 이를 기점으로 힙합이란 키워드가 한국 대중음악계 최전방에 나서게 되었다.

2016년의 힙합 열풍은 전년도의 이 같은 흐름이 고스란히 이어진 결과라 할 수 있다. 앞서 힙합에 대한 대중과 매체의 관심이 폭발한 게 근 3년 사이라고 이야기한 이유도 바로 이 때문이다. 점점 늘어가던 지원자 수가 시즌 5에서는 무려 1만 명 가까이 이르렀다는 사실은 이를 뒷받침한다. 실제로 〈쇼미더머니〉에 출연한 래퍼들은 실력과 이전 경력이 변변치 않다 하더라도, 또한 방송에서 아무리 민망한 퍼포먼스와 행동을 보인다 해도 어느 정도 이슈만 된다면 메이저 기획사와 계약하거나 행사 몸값이 훌쩍 뛰는 상황이 됐다. 그리고 이러한 사실은 겉으로 드러난 한국 힙합 열풍 이면의 어두운 현실을 적나라하게 보여주는 예 중 하나다.

어쨌든 대세 vs
왜곡된 대중화

그동안 Mnet 측은 〈쇼미더머니〉를 제작하는 이유에 대하여 '한국 힙합을 위해, 한국 힙합의 대중화를 위해'라고 선포해왔다. 사실 결과적으로 〈쇼미더머니〉는 힙합 커뮤니티를 넘어 대중에게 힙합을 전달하는 매개체로서 가장 큰 점유율을 지녔다. 하지만 프로그램은 시즌을 거듭하는 동안 '대중화를 위해서'라는 대의를 방패 삼아 힙합에 대한 잘못된 정보를 아무렇지 않게 사실인 것마냥 전파했고, 힙합의 본질마저 심하게 왜곡시켰다. 시청률 올리기의 가장 중요한 요소로 활용됐던 디스를 힙합 문화라고 한 것이나, 제목인 '쇼미더머니'가 미국 힙합 씬에 정착한 관용구라고 한 것, 일부 출연자들의 가사가 여성혐오 논란을 불러일으키자 힙합 음악의 공격성을 빌미로 합리화한 것('힙합 음악의 특성이니 이해해달라!') 등은 그 대표적인 사례다. 그중 특히 여성혐오 논란은 한국에서 힙합 음악에 대한 대중의 인식이 극단적으로 갈라지게 하는 계기를 제공했다.

그런데도 해당 프로그램이 이미 래퍼들 사이에서 부와 인기를 얻을 수 있는 '기회의 땅'처럼 인식된 까닭에 누구도 섣불리 비판의 칼날을 들이대지 못하는 상황이 됐고, 여기에 아티스트들의 먹고 살기를 걱정하는 어린 힙합 팬들의 동정심과 다름없는 지지가 더해지면서 이제 〈쇼미더머니〉는 한국 힙합보다 큰 존재가 되었다. 그런 의미로 현재 한국에선 힙합이 대세라기보다 〈쇼미더머니〉와 출연 래퍼들이 대세라고 말하는 게 더 적확한 표현일지 모른다.

약 20여 년의 치열한 과도기를 거치며 무시할 수 없는 장르로 토착화되는가 싶었던 한국 힙합은 장르와 문화 본연의 멋과 역사를 탐구하길 멈춘 많은 아티스트들과 산업 관계자들에 의해 다시금 기형적인 모습을 드러내고 있다. 힙합이 한국 대중음악의 한편에 무사히 자리 잡을 수 있었던 이유는 무엇보다 기존의 음악들이 표현하지 못하는 주제를 다루는 차별성과 고유한 멋 덕분이었다. 시대가 바뀌면 흐름도 달라지기 마련이다. 하지만 그 근간만큼은 흔들리지 않는 영미권 힙합 씬과 달리 장르에 대한 왜곡이 꾸준히 이루어지는 방송 프로그램 하나에 좌지우지되는 현 한국 힙합을 바라보는 시각은 첨예하게 대립하고 있다. 오늘날 한국에서 힙합은 범대중적인 장르가 된 것 이면으로 '어쨌든 대세라는 게 중요해'라는 지지의 시선, 그리고 '이렇게 왜곡된 대중화가 과연 의미 있는 것인가'라는 비판의 시선 사이에서 길을 잃고 헤매는 중이다.

가장 궁금하고 우려되는 건
<쇼미더머니> 이후

〜〜〜〜〜

현 시점에서 가장 궁금하고 우려되는 건 〈쇼미더머니〉 이후다. 실력이나 커리어와 상관없이 꿀을 안겨준 해당 프로그램이 머지않아 막을 내렸을 때 과연 한국 힙합이 온전히 서 있을 수 있을 것인가. 분명한 건 앨범 단위의 완성도 있는 결과물과 아티스트들의 의식적인 행보가 뒷받침되지 못하는 한, 이름과 형식만 살짝 바꾼 또다른 방송 프로그램에 지배받는 현실이 되풀이될 거란 사실이다. 아니면 방송사로부터 버림받고 궁핍한 씬으로 돌아가거나. 그런 의미에서 과학적이고 독창적인 방식으로 사회 곳곳에 시선을 들이대며 거침없이, 그러나 신중하게 반응하던 힙합 아티스트들과 그 문화를 향유하던 이들이 있었기에 한국 힙합이 만개할 수 있었고, 한국 대중문화 내에서 당당히 설 수 있었다는 걸 잊어선 안 되겠다.

EDM,
페스티벌의 새로운 강자가 되다

음악 페스티벌은 대중음악의 열성팬들이 모이는 곳이다. 열성팬은 일반팬 보다 더욱 적극적인 소비자를 말한다. 비록 다수는 아니지만 이러한 열성 팬들은 다수의 일반팬을 이끌어가는 힘을 가지고 있다. 때문에 음악 페스 티벌에 가면 음악 트렌드를 미리 읽을 수 있다.

2016년은 음악 페스티벌 시장의 트렌드에 큰 변화가 있었던 한 해였다. 이 변화를 한마디로 요약하자면 EDMElectronic Dance Music 페스티벌이 뜨 고 록 페스티벌이 지는 형국이었다. 기존에 대세를 이루던 록 페스티벌 관 객이 줄고 EDM 페스티벌에 대한 관심이 높아진 것이다. 이제는 록 페스티 벌의 메인 헤드라이너로 EDM 뮤지션이 섭외되는 모습도 어렵지 않게 볼 수 있게 됐다. 아이돌의 명가 SM엔터테인먼트도 EDM 시장에 뛰어들었다.

대세는 EDM이다.

기존의 페스티벌 강자들은 '인천 펜타포트 록 페스티벌' '지산 밸리 록 페스티벌' 등과 같은, 해외 록 뮤지션들이 출연하는 글로벌형 록 페스티벌이었다. 록 페스티벌이 '핫'했던 2013년에는 여름에 무려 다섯 개의 록 페스티벌(인천 펜타포트 록 페스티벌, 지산 밸리 록 페스티벌, 지산 월드 록 페스티벌, 슈퍼소닉, 시티브레이크)이 열린 적도 있다. 2014년에는 세월호 참사로 인해 여러 음악 페스티벌이 취소 혹은 축소됐지만 2015년부터 다시 늘어나기 시작했는데, 2016년부터는 EDM 페스티벌이 대세로 떠올랐다.

레드 핫 칠리 페퍼스보다
현 EDM계의 스타 제드에 열광

EDM이 페스티벌의 강자로 떠오른 이유는 간단하다. EDM을 즐기고자 하는 수요가 늘어났기 때문이다. 이러한 소비자 성향의 변화는 2016년 여름에 열린 '지산 밸리 록 페스티벌'에서도 명확하게 나타났다. 페스티벌에 온 사람들은 1990년대에 전성기를 보냈으며 여전히 건재한 레드 핫 칠리 페퍼스Red Hot Chili Peppers보다 현 EDM계의 스타 DJ 제드Zedd의 음악에 더 열광했다. 제드가 레드 핫 칠리 페퍼스보다 인기가 많다는 것은 다소 충격이었다. 수많은 사람들이 제드의 음악에 뛰고, 노래를 따라 부르고, 심지어 제드의 티셔츠를 입고 다니기도 했다. 지금까지 록 페스티벌 팬덤이 록 팬들을 대상으로 했다면, 이제는 더 이상 핵심 팬덤을 록 팬이라고 단언하

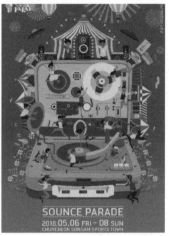

2007년 '하이서울 페스티벌'의 프로그램으로 난지공원에서 처음 개최돼 2016년 10주년을 맞이한 '월드 DJ 페스티벌'

기 힘들어진 것이다.

2016년 여름 록 페스티벌은 음악 페스티벌의 팬덤이 바뀌었음을 잘 보여줬다. 제드, 디스클로저Disclosure 등의 일렉트로니카 아티스트들이 록 페스티벌의 메인 헤드라이너가 되는 것을 부정적으로만 볼 수는 없다. 페스티벌 주최 측이 자선사업가가 아닌 이상 젊은이들이 좋아하는 트렌드를 무시할 수 없기 때문이다. 페스티벌 측이 두려워하는 것은 바로 록 페스티벌이라는 행사 자체가 낡은 문화로 전락하는 것이기에, 이들은 '핫'하고 이슈의 중심에 지속적으로 머무르며 투자를 유치하려 한다.

때문에 이제 록 페스티벌에서 록 밴드를 보기는 점점 더 어려워질 것으로 보인다. 1960~1970년대의 레전드급 로커들은 저 세상으로 떠나고 있고, 1980~1990년대 로커들은 팬덤을 잃어가고 있는 것이 작금의 현실이다. 외국은 40~60대 팬덤이 건재하므로 음악 페스티벌에서 여전히 록밴드가 메인 헤드라이너의 위치를 차지하지만, 결혼해서 애 낳으면 문화 활동과 담을 쌓아야 하는 한국 팬들은 사정이 다르다. 이제 10년 뒤 한국에서 록 페스티벌을 열려면 아저씨들을 대상으로 '아재 페스티벌'을 따로 만들어야 될지도.

몸으로 즐기고
귀로 듣다

EDM 페스티벌이 국내에 본격적으로 들어온 것은 언제일까? 한국 최초의 EDM 페스티벌은 '월드 DJ 페스티벌'(이하 월디페)이다. 월디페는 지난 2007년 '하이서울 페스티벌'의 프로그램으로 난지공연에서 처음 개최돼 2016년 10주년을 맞이하게 됐다. 한국에 EDM 팬덤이 거의 전무한 상황에서 맨땅에 헤딩하는 식으로 열렸던 월디페는 국내에 EDM 놀이문화가 전파되는 데 포문을 연 것으로 평가받는다. 이후 영국의 유명 EDM 페스티벌 '글로벌 개더링Global Gathering'이 2009년에 국내에 상륙하면서 확대되기 시작한 한국의 EDM 페스티벌은 2012년 세계적인 음악 페스티벌인 '울트라 뮤직 페스티벌Ultra Music Festival'(이하 UMF)과 '센세이션Sensation'이 국내에 프랜차이즈 형태로 들어오면서 본격적으로 시장을 넓혀나갔다.

EDM 페스티벌을 즐기는 방식은 록 페스티벌과 상당히 다르다. 록 페스티벌이 음악을 감상하는 행사라면 EDM 페스티벌은 음악을 BGM으로 깔고 몸으로 즐기는 행사라 할 수 있다. 'UMF'를 통해 스크릴렉스Skrillex, 스

음악을 BGM으로 깔고 몸으로 즐기는 EDM 페스티벌

티브 아오키Steve Aoki 등 세계 정상급 DJ들이 내한, 현란한 비트로 관객의 정신을 빼놨다. EDM 페스티벌에서는 관객들 위로 비키니 여성들을 태운 고무보트를 띄우고 파도타기를 하기도 한다. 관객들은 음악을 귀로 듣지 않고 온몸으로 듣고 즉각 반응한다. 음악과 함께 레이저 조명이 올림픽주경기장 구석구석을 뱀 혀처럼 훑고 지나가는 가운데 야한 의상의 여성들과 이글대는 눈빛의 남성들은 땀으로 젖은 몸을 흔들며 '불금의 밤'을 이어간다. '센세이션'은 DJ들의 음악과 함께 48개의 커다란 분수들, 바다생물의 모습을 띤 거대한 조형물들, 댄서들의 섹시한 퍼포먼스 등 볼거리로 관객을 사로잡았다. 이것이 바로 록 페스티벌과는 다른 EDM 페스티벌의 풍경이다.

2016년에는 해외의 유명 EDM 스테이지 '아카디아Arcardia'가 한국에 상륙했고 SM에서 선보인 '스펙트럼 댄스 뮤직 페스티벌'(이하 스펙트럼)이 처음 열리면서 시장이 더욱 커졌다. '아카디아 코리아 2016'은 음악, 조명, 서커스, 로보틱스, 조각, 건축, 특수효과 등 최첨단 공연 기술의 집약체로도 잘 알려져 있는데, 거대한 거미 모양 구조물로 유명한 스파이더 스테이지를 이 행사에서도 재현하며 관객의 눈을 사로잡았다. SM은 샤이니 키, 에프엑스의 엠버&루나, 트랙스 정모, 에스엠루키즈 쟈니 등 자사 아티스트들과 '스펙트럼'을 위해 특별히 결성한 드림스테이션 크루를 동원해 눈길을 끌었다.

그렇다고 EDM이 단순히 몸으로만 즐기는 음악은 아니다. 귀로 듣는 음악 면에서도 충분히 가치를 지니고 있기 때문이다. 최근에는 댄스음악을 넘어선 실험적인 EDM을 만나볼 수 있는 '암페어'와 같은 음악을 중심으로 한 행사들도 생겨나고 있는 추세다. 이는 EDM에 심층적으로 접근하려는 국내 아티스트들이 생겨나고 있다는 방증이기도 하다.

마니아가 아니어도
얼마든지 즐길 수 있는 음악

~~~~~~~

EDM 페스티벌이 국내에서 인기를 끄는 이유는 뭘까? 그 이유는 EDM이 음악 마니아가 아니어도 얼마든지 즐길 수 있는 음악 때문이라는 분석이 있다. 한국에는 음악을 깊게 듣는 팬들보다는 얕게 즐기는 층이 훨씬 많은데, EDM 페스티벌은 록 페스티벌과 달리 음악을 몰라도 마음껏 즐길 수 있다. 자유로운 분위기가 강점인 것이다. 록 페스티벌 수요는 주로 음악 마니아층이 많은 데 반해 EDM 페스티벌의 수요는 강남, 홍대의 댄스클럽

EDM 페스티벌은 록페스티벌과 달리 음악을 몰라도 마음껏 즐길 수 있다.

에 가는 사람들이라고 볼 수 있다. 라이브클럽에는 관객이 없는데 댄스클럽은 입장객들이 길게 줄을 선 현실이 페스티벌에도 그대로 반영되는 것이다. 또한 록 페스티벌을 부담스러워하는 일반인들도 EDM 페스티벌은 궁금해하며 찾는 추세이기 때문에 잠재된 수요는 더 크다.

하지만 EDM이 진짜 대세로 떠오르기에는 넘어야 할 산들이 남아 있다. 아직은 소비자들 사이에서 EDM에 대한 이해도가 그리 깊지 않다. 사람들이 EDM 페스티벌을 찾는 이유는 즐기는 분위기 때문이지 음악이 좋아서는 아니다. 때문에 EDM이 제대로 자리를 잡으려면 그 음악을 향유하는 층이 많아져야 한다. 이러한 숙제가 해결되려면 EDM 계에서 제대로 된 스타가 나와줘야 한다. 그 스타를 찾아내거나 만들어내는 기획사는 2017년의 가요계에서 중요한 역할을 할 것이다.

홍대 인디음악,
시대의 교차로에 서다

요즘 오랫동안 홍대 앞에서 활동해온 사람들을 만나면 조심스레 동의하는 사실이 있다. 최근 밴드 신에 '재미'가 없다는 거다. 잘하는 팀들은 많다. 과거에 비해 현재 팀들의 연주력, 사운드 메이킹들은 비교 불가한 수준이라서, 데뷔한 지 얼마 안 되는 팀도 빵빵한 이펙터와 정교한 연주로 능수능란한 공연을 펼친다. 레코딩 또한 마찬가지다. 인디 신의 역사가 20년간 진행되면서 쌓인 노하우로 해외 음반에 비해 부족할 게 없는 소리를 만들어낸다.

그렇다면 음악 미학의 중요한 잣대인 송라이팅, 즉 창작력은 어떤가. 장르를 막론하고 꾸준히 주목할 만한 앨범들은 계속 나오는 중이고, 음악적 스펙트럼도 넓어졌다. '라이프 앤 타임' 같은 인스트루먼틀(보컬 없이 연주만 하는 밴드), '공중도덕' 같은 로파이 포크(음질보다는 있는 그대로의 감성에 비중을

음악의 스펙트럼을 넓힌 창작력을 갖춘 인디뮤지션 라이프 앤 타임

둔 포크) 등은 불과 몇 년 전까지만 해도 찾아보기 힘든 음악들이었다. 연주력보다는 표현력과 에너지가 중시되는 펑크 기반의 밴드들 또한 표현력과 연주력 두 마리 토끼를 모두 잡는다. 2015년 초부터 재개된 라이브클럽데이가 매달 개최되며 밴드 신의 현재를 꾸준히 보여주고 있다면, 매년 10월 열리는 '잔다리 페스타'는 5년째 생존하며 홍대 앞을 국내 밴드·싱어송라이터들만의 공간이 아닌 전 세계 인디 음악계가 관심을 가지는 곳으로 확장시키고 있다.

최근 한국 사회의 중요한 화두인 성평등 또한 점진적으로 구현되고 있다. 걸그룹이 여전히 남성의 욕망을 투사하는 객체로 존재한다면, 홍대 앞에서 주로 활동하는 여성 뮤지션들은 스스로의 욕망을 표현하는 주체로 존재한다. 여성들이 주도하는 밴드 역시 과거에 비해 훨씬 늘어났고, 또 꾸준히 활동 중이다. 어쿠스틱에 기반한 싱어송라이터들도 더욱 내면적 성찰에 충실한, 그리하여 주체적 여성성을 구현하는 음악을 들려주고 있다. 요약하자면, 장르를 막론하고 상향평준화된 실력과 완성도를 보여주고 있는 것이 현재 인디 음악계의 모습이라 할 수 있다.

2000년대 중반, 음악시장의 궤멸로 대피소가 되어버린 홍대 앞

그렇다면 무엇이 문제인가. 시장의 외면? 1990년대 중반부터 시작된 홍대 앞의 역사에서, 이런 시장의 외면은 극히 일부 시기의 극소수 예외적인 이들을 제외한다면 일상적인 일이다. 음반에서 음원으로 시장의 중심이 이동하면서 자신이 만든 음악을 통해 생계, 아니 용돈벌이나마 했던 뮤지션들은 심각한 타격을 입었다. 부인할 수 없는 명백한 사실이다. 대신 음악과 관련해서 생업을 유지하는 뮤지션들은 오히려 늘어났다. 드라마나 영화 음악, 실용음악 입시 레슨, 그리고 대학 학과와 지자체의 행사 등 음악과 관련된 '번외 시장'은 예전에 존재하지 않았거나 진입하기 힘들었던 영역이다. 한때 꿈이라고 여겨졌던 록 페스티벌은 거품이 빠졌다지만 야외 활동이 가능한 시기에 상시 열리는 이벤트가 됐으며, 신인들의 등용문인 각종 오디션도 굵직한 것만 어림잡아 다섯 개가 넘는다.

자, 그렇다면 도대체 무엇이 문제일까. 왜 관계자들은 '재미'가 사라졌다고 말할까. 이 궁금증을 풀기 위해서 멀리 갈 필요도 없다. 2000년대 중반 즈음으로 가자. 당시의 홍대 앞은 일종의 대피소였다. 당시 음반 시장은 궤멸했고, 음원 시장은 아직 정착하지 않았다. 기존의 음반 제작자들은 아이돌그룹은커녕 솔로형 아이돌을 내놓을 수밖에 없었다. 비와 세븐, 휘성 등이 시장을 제패하고 있던 시절이었다. 유일한 아이돌이나 다름없었던 동방신기가 당초에 한국이 아닌 중국 시장을 노리고 기획됐던 사실은 당시 시장 상황을 알게 해준다.

그러니 음반과 라디오에 기반을 둔 신인 뮤지션들이 치고 들어갈 자리 따위는 없었다. 자연스레 인디 레이블들이 그들의 터전이 됐다. 1990년대 인디 신의 주류였던 펑크, 얼터너티브의 영역을(기존 인디 팬들의 표현에 따르면) 말랑말랑한 음악들이 잠식하기 시작한 것이다. 설상가상으로 2005년에는 〈음악캠프〉 노출사건이 터지면서 인디 전체에 거대한 주홍글씨가 새겨졌고, 이후 신의 연성화가 급격히 진행됐다. '무엇'인가 증발해버린 것이다. 그나마 크라잉넛 등 1세대 밴드들만이 고군분투하고 있었다.

'똘끼'로 인디 르네상스를 일으킨 록밴드 갤럭시 익스프레스

그때 관계자들의 아쉬움은 지금의 그것과 비슷하다. 이 상황을 돌파하기 위한 씨앗을 제공한 건 갤럭시 익스프레스의 등장이었다. 매 공연마다 차력 수준의 에너지를 뿜어내며 "다 죽여버려!"라는 듯 돌진하는 그들은 라이브 클럽에 활기를 재이식했다. 그리고 사람들은 깨달았다. 증발해버린 '무엇'이 바로 '똘끼'였음을. 그리고 그들이 일깨운 똘끼야말로 홍대 앞을 돌아가게 하는 운동 에너지임을. 그 에너지에 속력을 더한 건 신인 슈퍼스타들의 등장이었다. 장기하와 얼굴들, 국카스텐, 검정치마, 브로콜리 너마저 등의 등장과 확장은 오랫동안 염원해왔던 인디 신의 세대교체를 불러왔으며, 1990년대 이후 다시 세상이 홍대 앞을 주목하게 했다. 인디 르네상스였다.

홍대 앞의 장르적
스펙트럼은 무지개처럼 넓다

다시 지금으로 돌아와보자. 그렇다면 지금의 홍대 앞에 없는 건 무엇인가. 똘끼? 스타? 그렇지 않다. 앞서 말했든 현재 홍대 앞의 장르적 스펙트럼은 무지개처럼 넓다. 혁오라는 신진 스타도 있다. 단, 그 스펙트럼에 돌파력이 부족하며 혁오의 경우 〈무한도전〉이라는 치트키로 엄청난 추진력을 얻었다는 것일 뿐. 문제는 그 돌파력과 추진력은 이미 다른 곳에 있다는 사실이다. 빈지노부터 비와이에 이르는 힙합 세력은 홍대 앞 초기, 그리고 르네상스 시절의 몇몇 뮤지션들이 가졌던 록스타의 아우라를 풍긴다. 이들은

인디 르네상스를 견인한 록밴드 국카스텐

거침없는 자기주장을 누구나 반할 만한 스킬과 에너지로 뿜어내고 눈치 따위는 보지 않기 때문에 관심 없던 이들마저 반하게 한다.

2016년 여름 페스티벌 시장에서 가장 많은 관객을 동원한 건 록 페스티벌이 아닌 EDM 페스티벌이었다. 대표적인 록 페스티벌인 지산 밸리 록 페스티벌에서조차 DJ이자 프로듀서인 제드의 공연에 레드 핫 칠리 페퍼스보다 많은 관객들이 몰렸던 건 많은 사실을 말해준다. 2000년대 중후반의 매너리즘을 홍대 앞 스스로의 혁신에 의해 돌파했다면, 지금은 이를 돌파할 수 있는 키워드를 이미 외부에서 가져가고 있다는 이야기다. 그것도 주류가 아닌 다른 장르 음악에 의해. 그 원인은 뭘까.

인디 1세대는 당시 20대 초반이었던 1970년대 중후반생들로 만들어졌다. 크라잉넛, 노브레인 등이 대표적이다. 나이가 좀 많아봤자 1970년대 초반생들이다. 델리 스파이스, 언니네 이발관 등 말이다. 장기하와 얼굴들, 국카스텐, 검정치마, 브로콜리 너마저 등 르네상스를 견인했던 이들은 1982년을 전후할 무렵 태어난 세대다. 이 두 세대의 공통점을 꼽는다면 밴드, 또는 싱어송라이터가 아카데믹 시스템에 편입되기 이전에 음악을 시작했다는 거다. 앞서 거론한 음악인들 중 실용음악을 전공한 이들은 연주자에 머물렀지만, 팀의 중심인 송라이터들은 학제 체계에서 벗어나 스스로 음악을 공부한 이들이었다.

이에 반해 현재 20대의 주축을 이루는 1990년대생들에게 음악이란 몇 가지 틀에서 벗어나지 않는다. 스타가 되고 싶은 이들은 일찌감치 아이돌 연습생으로 빠진다. 아이돌에 대해 거부감을 가진 이들도 어릴 때부터 〈슈퍼스타K〉류의 오디션 프로그램을 보며 자란다. 그리고 실용음악과에 입학해서 매 학기, 아니 수시로 자신의 창작력이나 영감보다는 정해진 화성과 음정 같은 기준으로 재능을 평가받는다. 상자 안의 벼룩이 되는 것이다.

음악이 사라진 거리,
음악 공동체 문화와 무브먼트의 한계

홍대 앞은 젠트리피케이션gentrification(도심의 낙후 지역이 상업 지구로 개발되면서 임대료가 오르고 원주민이 내몰리는 현상)의 대표적 사례로 여겨지는 지역이다. 문화 예술인들이 조용한 동네에 활기를 불어넣으면 자본이 몰려와 급격한 상업지구를 만든다. 2002년 월드컵을 기점으로 늘어나기 시작한 유동인구는 2000년대 중반에 이르러 신촌을 뛰어넘었다. 새롭게 홍대 앞으로 몰린 이들은 '문화와 예술'을 찾는다고는 했지만, 정작 그들의 발길이 당도

한 곳은 카페와 맛집이었다. 언젠가부터 네이버에 홍대를 치면 연관 검색어로 '놀 곳' '맛집' 등이 뜬다. '음악' '인디' 같은 건 등장하지 않는다. 중국인들로 가득한 홍대 앞 거리에 라이브 클럽, 그리고 인디 뮤지션들의 설 자리는 갈수록 줄어들고 있는 것이다. 어쩌면 그래서일지 모른다. 음악이 사라진 거리에서 음악이 만들어낼 수 있는 공동체 문화, 그리고 무브먼트란 한계가 있는 법이다.

1980년대와 함께 시작된 신촌의 언더그라운드 문화는 1990년대 들어 이 지역의 급격한 상업화와 함께 몰락했다. 신촌에 질린 사람들은 홍대로 넘어왔고 거기서 인디 음악의 씨앗을 뿌렸다. 그로부터 20여 년이 지난 지금, 홍대 앞은 포화상태가 됐다. 10~20대가 즐겨 듣는 장르 음악은 더 이상 밴드 음악이 아니다. 라이브 클럽들은 하나둘씩 문을 닫거나 다른 지역으로의 이주를 준비 중이다. 이 상황에서 인디 음악은 다시 새로운 자전축을 얻을 수 있을 것인가. 아니면 다른 곳에서 새로운 시작을 하게 될 것인가. 동력은 있다. 그러나 휘발점이 없다. 외부 상황은 좋지 않다. 인디 음악의 미래는 지금 결정적 기로에 서 있다.

"자연스럽고 일상 언어로 된
가벼운 느낌의 가사를 좋아한다"

엑소 '으르렁', 태티서 'Twinkle', 레드벨벳 'Dumb Dumb', 동방신기 '갈증', 슈퍼주니어 'Swing', 태민 '괴도', 러블리즈 '안녕'….

요즘 가장 핫한 아이돌과 걸그룹 노래의 노랫말을 만드는 서지음 작사가. 가장 앞서가는 트렌드 세터인 K-POP의 곡들, 너무도 감각적이고 중독성이 강한 이 노랫말들을 만드는 그는 분명 엄청난 감각을 지닌 사람이 아닐까?

"어렸을 때 시골에서 자랐다. 대문을 열고 나가면 소가 막 지나다녔다. 그렇게 자란 것이 지금 노랫말을 만드는 데 무척 큰 자양분이 된다. 내가 시골에서 자랐다는 건 축복인 것 같다."

걸그룹의 세련된 이미지를 풍기는 그의 내면에는 예상을 깬 자연의 정서가 흐르고 있었다. 서지음 작사가의 세계는 그런 정서와 내면의 끼가 함께 어루어져 빚어내는 말들의 세계였다.

"가사는 입에 붙어야 한다. 그리고 작사에서는 내가 보이지 않아야 한다."

노랫말을 짓는 그의 과정은 순간에 감각적으로 포착해낸 말들을 빚고 빚는 숙성의 과정, 시공을 초월해 모든 사람들에게 관통되는 정서에서 트렌드의 최전선으로 나아가는 과정이었다.

작사를 한 지 5년가량 되었다. 제일 처음 작사한 곡이 무엇이었나?

〈부탁해요 캡틴〉이라는 드라마의 OST였다. 동시간에 타 방송사에서는 〈해를 품은 달〉을 방송했기 때문에 아마 다들 잘 모를 것이다.

그런데 아이돌 노래는 어떻게 만들게 되었나? 인연이 궁금하다.

〈부탁해요 캡틴〉 OST의 곡들을 작사하고 얼마 지나지 않아 태티서의 'Twinkle' 데모를 받아서 노랫말을 써서 보냈다. 그야말로 데뷔했다고도 할 수 없을 정도로 인지도가 전혀 없던 작사가 시절이었다. 'Twinkle'이 잘되면서 이후 많은 기회들이 찾아왔다.

작사는 어떻게 하게 되었나?

디자인학과로 대학에 진학했지만 늘 음악과 관련된 일을 하고 싶었다. 자신의 생각을 표현하고 싶어 하는 건 인간의 본능이다. 누군가는 노래로 그것을 표현하고, 누군가는 춤으로 표현한다. 나는 그것이 음악이었고, 그래서 늘 음악의 주변을 맴돌았다. 학교를 한 학기 다니다 그만두고, 실용음악학원에 다니며 피아노와 코드 잡는 법, 곡 쓰는 법 등 이것저것 많이 배웠다. 그런데 어느 날 작사반이라는 게 생겼다. 그걸 보는 순간 '아! 드디어 내가 잘할 수 있는 걸 찾았어!' 하는 강한 울림이 있었다.

음악을 하는 것과 글을 쓴다는 것 모두 내가 참 좋아하는 것이었다. 그래서 고민 없이 무작정 뛰어들었는데, 하다 보니 여기까지 와 있다. 운도 좋았던 것 같다.

작사를 할 때 가장 중요한 것은 무엇인가?

여러 가지가 있다. 보통 아마추어들이 가장 많이 하는 실수 중의 하나가 수사를 많이 넣어 꾸미는 거다. 아마 '아, 잘 써야겠다' '멋있게 써야겠다' '작품을 만들어야겠다' 하는 마음에서 나오는 것인 듯하다.

하지만 작사가는 가사 안에서 모습을 드러내면 안 된다. 투명해야 한다. 작사 안에서 말하는 사람은 가사 안에 있는 화자다. 그런데 작사가라는 의식이 커지면 나도 모르게 가사 안에 내가 들어가게 된다. 소설도 읽다 보면 갑자기 작가가 튀어나와 이야기를 하는 느낌을 받을 때가 있는 것처럼 말이다. 나는 자연스러운 걸 좋아한다. 때문에 최대한 나의 의식을 배제하고 작사 안에서 화자가 하고 싶은 말을 솔직하고 담백하게 이야기하려고 한다.

아티스트들 중에 가사를 잘 쓰는 사람이 있나?

힙합하시는 분들은 정말 다 가사를 잘 쓴다. 일단 음악 자체가 가사랑 떼려야 뗄 수 없으니까 어느 한 사람 지칭할 수 없이 거의 대부분이 다 잘 쓴다. 아이돌 중에서는 샤이니의 종현 씨도 가사를 잘 쓴다. 'View' 같은 노래를 들어보면 자기만의 느낌이 있다. 자신의 내면을 잘 담아놓은 듯한 가사다. 그리고 백아연 씨 가사도 참 좋다. 청아한 목소리만큼이나 가사도 정말 잘 쓴다.

서지음 작사 스타일의 강점은 무엇인가?

요즘은 팝 데모가 많이 들어온다. 한국인이 부른 팝송 같은 느낌이 아니라 진짜 팝송 같은 곡들이다. 내가 다양한 장르의 음악을 가리지 않고 많이 들었기 때문에 어떤 장르의 음악이든 그에 맞는 가사를 쓸 수 있다는 게 강점인 거 같다. 아이돌 음악처럼 템포가 빠른 곡의 가사도 잘 소화하는 것은 아마 내가 댄스곡을 많이 들어왔기 때문일 것이다. 나는 작업할 때 한계를 두지 않으려고 한다. 한계가 없다고 생각하고 어떤 곡이든 할 수 있다고 생각한다.

작사 안에서 화자가 하고 싶은 말을
솔직하고 담백하게 이야기하려고 한다

또 하나 자랑이라면 중고등학교 때 시와 시조 쓰는 걸 좋아했다. 시나 시조는 운율적인 언어인데, 지금 가사를 쓰는 데 많은 도움이 된다. 내가 일부러 맞추려 하지 않아도 감각적으로 각운을 찾는다. 가사가 멜로디에 딱 붙으려면 가사 자체로도 운율감이 있어야 한다.

나는 습관적으로 말을 잘라낸다. 머릿속에서 자르고 잘라 말을 꺼내놓고, 가사를 쓰면서 군더더기 같다고 느껴지면 또 잘라낸다. 말을 잘라내는 게 일상이 되었다.

음악을 많이 듣나?

어렸을 때부터 음악을 많이 들었다. 중고등학교 때는 H.O.T, 김현정, 김건모는 물론 팝도 많이 들었다. 시골에서 살았을 때, 시장 가시는 엄마를 따라 시장에 가면 정품 테이프가 아닌 녹음된 테이프가 많았다. '한국인이 좋아하는 팝송 100선' 이런 것들 있지 않나. 그 테이프들을 사와서 영어 가사를 써서 외워가며 엄청 많이 들었다. 가장 많이 들었던 노래가 머라이어 캐리Mariah Carey의 'Without You'다. 그때부터 팝도 많이 듣고 가요도 많이 듣기 시작했다. 재즈는 많이 듣지 않지만, 좋아하는 재즈 몇 곡이 있다. 재즈의 정석 같은 곡들인데, 노라 존스Norah Jones도 많이 들었다. 록도 많이 듣고 최근에는 힙합, EDM, R&B를 비롯해 여러 장르가 믹싱된 곡들도 자주 듣는다.

아이돌 곡들 중에도 장르가 믹싱된 게 많지 않나? 특정 장르에 묶여 있지 않으니까 다른 나라 사람들도 좋아하는 게 아닐까?

그렇다. 요즘은 어떤 장르의 음악이 아이돌 음악이라고 할 수 없을 정도로 굉장히 다양한 음악이 시도되고 있다. 우리가 듣는 거의 모든 장르의 음악을 시도하고 있으니 정의할 수가 없는 것이 어찌 보면 당연하다.

노래와 퍼포먼스, 캐릭터도 다양하기 때문에 좀 더 많은 사람들에게 어필이 되는 듯하다. 딱히 "음악이 좋아서다" 혹은 "멤버들이 좋아서다"라고 말할 수는 없을 거 같다. 점점 세계 여러 나라의 음악을 받아들여 한국 스타일로 만드는 게 아닌가 한다. 음악의 경계가 모호해진다고 해야 할까.

'아이돌 음악'이라고 하면, 지금의 대세인 엑소를 만든 '으르렁'을 얘기하지 않을 수 없다. '으르렁'은 어떻게 나왔나?

원래 가이드에 영어로 '풋 잇 온 미Put it on me'라고 되어 있었다. 둘 다 발음이 비슷했다. 이런 부분을 쓸 때 가장 신경을 쓰는 것은 '입에 잘 붙는 것'이고, 그 다음이 임팩트다. 사람들이 얼마나 많이 흥얼거릴 것인가, 즉 중독성도 중요하다. 그러한 기준에서 영어 '풋 잇 온 미'보다는 '으르렁'이 더 강렬했다.

아이돌 음악에서 한글, 영문을 같이 쓰는 게 트렌드인가? 아니면 한류가 인기라서 영어를 일부러 넣나?

나는 영어 가사는 최대한 안 쓰려고 하는 편이다. 한글이랑 영어 모두 입에 잘 붙고 임팩트도 강하다면 그때는 영어를 탈락시키고 한글을 쓴다. 어쩔 수 없이 영어가 들어가는 부분은 한글로 대체했을 때 어색해지거나, 같은 길이에서도 한글보다 더 많은 의미를 담고 있는 것들이다. 물론 영어가 입에 잘 붙어서 쓸 때도 있지만, 되도록이면 한글 가사를 쓰려고 한다.

작사를 한 지 4~5년가량 되었는데, 그동안 달라진 게 있다면?

대중음악은 어차피 대중들이 원하는 가사에 신경을 쓰지 않을 수가 없다. 2~3년 전만 해도 콘셉추얼한 가사들을 많이 썼다. 샤이니 태민의 '괴도'의 가사가 그런 느낌이고, 내가 쓴 가사는 아니지만 빅스VIXX 1집, 2집에 수록된 곡들의 가사 역시 모두 콘셉추얼하다. 그때는 나도 그런 가사를 많이 썼는데, 요즘은 자연스럽고 일상언어로 된 가사들을 좋아한다. 너무 무겁지 않은 가벼운 느낌의 가사들을 좋아한다. 너무 진지하지 않은 가사들.

콘셉추얼한 가사가 유행했을 때는 어디에서 영감을 얻었나?

나는 늘 공상, 몽상을 한다. 머릿속으로 온갖 상상의 나래를 펼치며 한 편의 뮤직비디오를 찍는다. 그런 방식을 통해 가사 쓰는 걸 좋아하고, 그렇게 쓸 때가 훨씬 재미있다. 한 편의 영화처럼 그림을 그리고 그것을 그대로 따라가며 가사를 쓰는 거다.

작사에서 지금 확실히 이것이 트렌드라고 할 만한 게 있나?

어떤 때는 확실한 트렌드라고 할 수 있는 게 자리 잡기도 하지만, 그런 게 없을 때도 있다. 지금은 이렇다 할 트렌드는 없는 것 같다. 그보다 사람의 감정에 닿아야 하는 것이 중요해졌는데, 이건 시대를 관통하는 진리인 것 같다. 트렌드라는 것도 이것을 바탕으로 그 위에 덧입혀지는 듯하고.

음악 장르적으로도 아이돌 음악, 힙합, 발라드, 옛날 노래 리메이크 등 많이, 또 다양하게 소비되는 것 같다. 지금 힙합이 주류 음악시장의 한 축을 차지한 것에는 아무래도 〈쇼미더머니〉의 영향이 있겠지만, 그 이전에도 힙합을 소비하는 사람들이 많았다. 어느 날 갑자기 반짝 등장한 것은 아니라는 뜻이다. 다양한 음악이 만들어지고 소비되는 것은 어떤 특정 장르만 소비되는 것보다 훨씬 바람직한 현상이라고 생각한다.

개인적으로 처음 시작할 때와 지금 달라진 것이 있다면?

작사를 하는 과정은 늘 배우는 과정이다. 이것저것 시도해보고 도전도 많이 해봤다. 처음에는 많이 혼란스러웠는데, 지금은 가사를 어떻게 써야겠다는 가이드라인이 어느 정도 잡혔다. 작사를 한다는 건 자기와의 싸움이다. 내 안에서 계속 '가사를 어떻게 써야 하지?' '가사란 무엇이지?' '좋은 가사란 어떤 것인지?' 하는 고민들을 숱하게 했다.

부담감, 압박감에 스트레스도 많이 받았다. 막상 창작을 하는 자체보다 감정적인 소모가 더 컸다. '내가 잘하고 있나?' '여기가 끝인가' 하는 것들. 어떨 때는 잘한 거 같다가도 어떤 때는 자신감이 급격히 떨어지고. 초반에는 그런 감정의 기복이 컸지만 지금은 그 폭이 많이 줄어들었다.

그 비결이 무엇인가?

'잘 써야겠다'는 부담감, 압박감을 많이 놓았다. 물론 아직도 완전히 놓은 것은 아니다. 내 음악이라면 내 마음대로 하겠지만, 그 곡을 불러야 하는 아티스트한테 훨씬 더 큰 영향을 준다는 걸 알기 때문이다. 내가 잘 못하면 아티스트한테 피해가 가는 것이니까.

자기 고민 또는 방황의 시기가 가장 심했던 때는 언제였나?

히트곡 두 곡가량을 썼을 무렵이다. 엑소의 '으르렁' 쓰기 바로 직전이었다. 그때는 완전 무명이었다. 나한테 곡을 의뢰하는 분이 몇 분 있는데, '여기서 내가 더 잘해야 한다' '지금이 가장 중요한 시간이다'라는 생각으로 나를 혹사시켰다. 지금 생각하면 그때는 또 그렇게 했어야 했던 게 맞는 거 같다. 그 시간들이 있었기에 지금이 있다고 생각한다.

서지음이라는 세 자를 떠오르면 뭐가 생각나나? 대중들에게 어떤 사람으로 남았으면 하나?

서지음? 나…? 하지만 나라는 사람보다는 노랫말로 다가갔으면 좋겠고, 내 노랫말이 더욱 오래 남았으면 좋겠다.

다음 단계의 꿈은?

아직은 말하기 쑥스럽지만, 좀 더 실력이 쌓이면 어릴 때 음악을 들으며 동경했던 선생님들과 컬래버레이션 작업을 해보고 싶다. 이선희 선생님이 대표적이다. 이선희 선생님의 '인연' '추억의 책장을 넘기며' '라일락이 질 때' 같은 곡들을 정말 많이 듣고 좋아했다. '인연'은 지금 들어도 눈가가 촉촉해진다.

마지막으로, 우리에게 음악이란 무엇인 것 같나?

음악을 하는 것도 본능이지만 음악을 찾는 것도 본능인 것 같다. 사람들 사이에 섞여 살며 누구와 이야기를 나누듯, 음악을 본능적으로 찾고, 듣게 되는 것도 일상의 하나라고 생각한다. 그러니까 '늘 손만 뻗으면 나와 함께하는 허물없는 친구'랄까.

interview
25년 동안 수많은 히트곡을 만든 박근태 작곡가

"유행이란 특정 소수가 아니라
불특정 다수가 만드는 것이다"

　　나이, 성별, 국적을 넘어 많은 사람들에게 사랑받는 노래는 무엇으로
만들어지나? 록밴드의 기타리스트로 출발해 지난 25년 동안 240여 곡을
만들며 한국 대중음악의 중심에 있었던 박근태 작곡가. 젝스키스의 '폼생
폼사', 백지영의 '사랑 안 해', 윤미래의 '시간이 흐른 뒤', 룰라의 '100일째
만남', 조피디의 '친구여', 신화의 'Brand New', 최근 수지 백현의 'Dream'
과 에일리의 'If You'…. 세대마다 "아, 그 곡!" 하는 것들이 꽤 많을 정도로

대중적으로 사랑받는 상당수의 곡들이 그의 손을 거쳐 나왔다. 한 세대에게 사랑받는 곡을 만들기도 쉽지 않은데, 모든 세대에게 사랑받는 범대중적인 곡을 만들 수 있는 비결을 가진 인물이야말로 진정한 트렌드 세터가 아닐까.

"어제의 박근태는 잊어버리려고 한다. 과거의 영광을 생각하는 순간 그 속에 갇혀버릴 것 같다. 내게는 오늘 해야 할 일, 앞으로 나올 곡들에 집중하는 게 더 중요하다. 버클리 음악대학 같은 곳에서 나온 교재 등을 보면서 연구나 공부도 계속하고 있다."

자신이 만족하는 눈높이의 음악을 만들기 위해 끊임없는 자기 안의 갈등을 겪으며 자문하고 인내해온 사람만이 할 수 있는 말이다. 그에게선 많은 길을 돌고 돌아 자신의 일을 더욱 사랑하고 즐기는 방법을 찾은 내공이 느껴진다.

"40대 중반이라는 나이, 이제는 좋은 음악을 만드는 일뿐만 아니라 후배들에게 좋은 귀감이 될 수 있게 책임 있는 행동을 해야 할 때다."

작곡가, 아티스트로서의 박근태가 더욱 기대되는 이유다.

최근 근황 이야기를 좀 해달라.

에일리가 최근 발표한 'If You' 작업을 함께했다. 사람들이 들으면 어떤 시절의 추억이 있는 곡들을 요즘 감각으로 리메이크 하는 작업도 하고 있다. 예를 들어 '싸이월드 시절에 좋아했던 곡들' 같은 것이다. 옛날 곡들에는 원곡의 힘이 있다. 원곡을 요즘 색깔 있는 아티스트들이랑 협업해서 요즘 사운드로

음악이든 영화든 드라마든 문화, 또는 콘텐츠를 만드는 일은
사람의 감정을 다루는 일이다

재해석해내는 것이 지금 하고 있는 '프로젝트' 작업 중 하나이다. 그리고 해외
와 관련된 이런저런 일들도 많이 하고 있다.

요즘 사람들은 어떤 거에 반응하나? 또 그것들을 어떻게 잡아내나?

작위적인 거, 인위적인 거 싫어한다. 내가 대중으로서 영화를 볼 때와 마찬가
지인 거 같다. 영화를 볼 때면 그 영화에 대한 기대치를 갖고 있기 마련인데
대본, 출연 배우, 연출, 연기, 그중 어느 것 하나가 기대치에 못 미치거나 자연
스럽지 않다면 영화가 좋다고 느껴지지 않는다.
그것을 잘 조율하는 사람이 감독인데, 나는 그 감독의 입장으로 영화를 본
다. 그렇게 영화를 보면서 '아, 사람들이 이렇게 느끼겠구나!' 했던 것을 음악
을 만들 때 반영한다. 이렇게 영화의 장치들을 음악화시키는 기법을 찾아낸
지는 15년가량 되었다. 음악이든 영화든 드라마든 문화, 또는 콘텐츠를 만드
는 일은 사람의 감정을 다루는 일이다. 그 안에서 사람들이 감각적으로 좋아
하는 포인트가 무엇인지 짚어낸다.

그렇게 해서 최근에 나온 곡이 무엇인가?

수지, 백현의 'Dream'이다. 시대적으로는 1930년대 재즈 풍의 멜로디를 섞고,
비트는 R&B와 소울 같은 느낌으로 넣었다. 영화로 치면 잘 만든 예전 시대의
영화 같은 거다.

어느 기사에 보니까 '트렌드 파괴자'라는 말을 썼던데?

'트렌드'라는 말에는 좀 어폐가 있는 것 같다. 트렌드란 잠시 머무는 것, 선호하는 코드 같은 것이다. 그런데 그게 수시로 바뀌지 않나. 한때 이 코드를 좋아했다가 한순간에 다른 코드로 대체되거나 업그레이드 되고. 또 그러다 복고로 가기고 하고.

나는 10년 동안 하루도 빠지지 않고 온갖 커뮤니티 사이트들을 통해서 그 흐름들을 봐왔다. 음악 커뮤니티뿐만 아니라 영화나 드라마 같은 다른 커뮤니티 사이트 등 대중의 생각을 느낄 수 있는 곳이라면 어디든 찾아본다. 그때마다 어떤 하나의 현상이 고착화되는 게 아니라 계속 흐르고 있다는 느낌을 많이 받는다.

특히 음악은 한 곡당 1분 20~30초 안에 사람들의 마음을 끌어당기는 압축된 임팩트가 있어야 한다. 러닝타임이 엄청 짧기 때문에 감정적으로 굉장히 집중해서 만든다. 가장 중요한 것은 작품 본연이 가지고 있는 중심적인 메시지가 있어야 한다는 것이다.

제일 처음 이야기한 '프로젝트'란 무엇인가? '프로젝트' 이야기를 좀 해달라.

그동안 나는 A라는 기획사에서 어떤 가수의 곡을 작곡해달라고 의뢰를 해오면 곡을 만드는 방식으로 일해왔다. 그런데 프로젝트는 이와는 완전 반대 방식의 작업이다. 내가 서로 어울릴 만한 요소가 있는 아티스트들을 먼저 선정한 다음, 그들에게 데모 시안을 만들어서 제안을 하는 방식이다. 수지, 백현의 'Dream'도 이 프로젝트의 하나로 나온 것이다. 아티스트 측에서도 음악이 좋으니까 대부분 응한다.

대중의 입장에서는 어떤 방식이든 음악만 잘 나오면 되니까 상관없을 것 같다. 굳이 그 방식을 택하는 이유는?

음악은 엄청 예민한 작업이다. 한끝 차이로 내가 의도한 느낌이 살 수도 있고, 그렇지 못할 수도 있다. 그래서 나는 음악을 만들어서 주고 끝내는 게 아니라 내가 총체적인 프로듀싱을 하는, 작곡가 겸 프로듀서라고도 할 수 있다. 프로듀싱은 사람들을 다루는 작업이다. 혼자서 할 수 있는 일은 없다. 내 곡을 불러줄 가수가 필요하고, 홍보 회사가 필요하고, 직원도 필요하다. 그 조건 안에서 여러 사람들을 잘 선택하고, 그것을 바탕으로 내가 할 수 있는 최고의 것을 만들어낸다. 영화로 치자면 시사회까지는 내 역할이니 거기까지는 내가 맡는 것이다. 배급은 다른 사람의 역할이라고 생각한다.

처음 데모를 만들고 여러 사람들의 손을 거쳐 실제로 가수가 노래를 부를 때까지 나는 중심을 가지고 일관된 태도를 보여야 한다. 톤 앤 매너도 지켜야 하고. 그렇지 않으면 날카로운 엣지가 안 나오고 두루뭉술해진다. 그래서 요소요소의 사람들을 잘 선택해야 한다. 그렇게 처음부터 끝까지 내가 의도하는 대로 결과물이 나오는 곡을 만들어보고 싶었다.

또 아이돌이나 걸그룹은 여러 명이 한 곡을 부르다 보니 자신의 실력을 완전하게 보여줄 기회가 없는데, 내 '프로젝트'는 어느 순간 그걸 발견하고 아티스트들에게 숨겨져 있는 또 다른 가능성을 발굴해주는 작업이기도 하다.

가끔은 자신이 생각했던 최고의 방향으로 진행되지 않을 때도 있지 않나?

그때는 계획을 수정할 수밖에 없는데, 그렇게 해서 작업을 완료했다 폐기한 곡들도 많다. 내가 의도한 느낌이 아니어서. 하지만 의외로 내가 생각했던 것 이상의 결과물이 나올 수도 있다고 생각한다.

한류와 한류의 중심 K-POP, 세계 사람들이 K-POP으로 대변되는 한국 음악을 왜 좋아하는 것 같나?

K-POP은 밀도가 굉장히 높다. 똑같은 네 마디를 만들어도 굉장히 잘 들리는 네 마디를 만든다. 그게 '훅'이라는 건데, 우리나라 영화도 좀 그런 경향이 있지 않나. 한마디로 한 곡 전체에 텐션, 즉 팽팽한 긴장감이 있다. 반면 외국 곡들은 텐션을 줄 때도 있지만 대부분 자연스럽게 흘러간다.

그리고 한류 팬들은 음악보다는 아이돌들의 캐릭터를 좋아하는 면이 강한 것 같다. 서양에서는 아티스트들이 우리나라 아이돌처럼 트레이닝을 받는다는 걸 상상조차 못한다. 저스틴 비버Justin Bieber처럼 아이콘으로 자리 잡아 훌륭한 프로듀서들이 붙어서 곡을 만드는 경우는 있지만, 그렇다고 저스틴 비버에게 우리나라 아이돌처럼 곡의 어떤 부분에서는 어떤 춤을 추어라 하는 식으로 세세히 정해주는 것은 아니다. 프로듀서들이 최대한 뒷받침해주되 무대 위의 것은 저스틴 비버의 몫이다. K-POP의 다음을 위해서는 우리도 좀 더 자연스러운 음악을 할 필요가 있지 않나 한다.

유럽 시장에도 진출한다고 들었다. 유럽의 음악시장은 한국 시장과 많이 다르지 않나?

SM에서 10년 전부터 해외 네트워크를 구축하려고 애를 많이 썼다. 해외 프로듀서들이 가진 사운드 감각과 국내 작곡가들의 밀도를 결합시키려는 것이었다. 그동안 많은 시도를 했고, 나도 SM과 함께하면서 지금은 검증의 검증을 거친 하이엔드 급 프로듀서들과 많은 친분을 쌓았다.

모 그룹에서 유러피언들을 총괄하는 유럽 사람이 있는데, 미국 시장에 유럽 아티스트도 많이 진출시키고 작곡가도 많이 진출시킨 사람이다. 이 사람이 송캠프에서 내 음악을 듣고 좋은 느낌을 받았는지 초청을 했다. 탑라이닝, 그리고 멜로디와 코드 스트럭처 짜는 걸 마음에 들어한 것 같다. 그렇게 함께 작업을 몇 번 같이 했고, 이제는 내 작업에 그들을 참여시킨다.

하나의 음악을 만들려면 각기 다른 재주를 가진 사람들이 뭉쳐야 한다. 그때 최고의 결과물이 나올 수 있게 나는 요소요소에 최적의 사람을 배치한다. 어느 정도의 경지에 도달한 사람들은 확실한 기본기가 있기 때문에 어떤 시장이든 소화할 수 있는 능력이 있다.

중국 진출 계획도 있다고 들었다.

우리나라 음악시장이 워낙 작기 때문에 중국 시장은 미래 시장이라고 생각한다. 세계의 모든 작곡가, 회사, 자본력을 가진 사업자들은 모두 중국 시장에 들어가고 싶어 한다. 지금은 중국에 저작권법이 없어 불법 유통이 많은데, 3년 안에 전부 유료 시장으로 변할 거라고 생각한다.

나는 중국 시장에 음악적으로만 접근하려고 한다. 만일 어떤 중국 아티스트가 내 곡이 좋아서 곡을 의뢰한다면 기꺼이 응할 생각이다. 그리고 중국의 대중문화, 대중음악은 우리보다 수준이 떨어질 것이라 생각하는 사람들이 많은데, 이것은 오해라고 생각한다. 아이돌 산업에서 우리가 그들보다 앞서 있을 뿐이지 다른 대중문화의 영역을 살펴보면 중국이 우리보다 잘하는 게 훨씬 많다. 영화도 중국이 잘 만들지 않나. 중국에서 음악가들은 우리보다 훨씬 더 대중들의 존경을 받고 있고, 실제로 들어보면 상당한 내공이 느껴지는 좋은 음악들이 많다.

25년 동안 작곡가로 살아왔다. 한국에서 아티스트로 산다는 것은?

작곡가뿐만 아니라 대중문화를 다루는 크리에이터, 광고를 만드는 사람들, 영화를 만드는 사람들은 자본의 논리에 휩싸일 경우가 많다. 즉, 자본을 가진 사람들의 시선에 콘텐츠를 맞출 수밖에 없는 것이다. 그러다 보면 어느 순간 자신이 시한부 인생처럼 느껴지고, 창의력이나 음악적인 작법 등도 더 이상 발전을 하지 못하고 멈춘다.

내 마음에 드는 것과 클라이언트의 마음에 드는 것이 그야말로 한끝 차이인 경우가 있다. 아주 미세한 차이로 나는 이 느낌이 더 좋지만 클라이언트는 다른 느낌을 원할 수도 있는 것이다. 음악은 아주 예민한 작업이라 그 한끝 차이로 느낌이 확 달라질 수도 있다. 이런 순간에 놓이면, 일을 매끄럽게 진행하기 위해 타협하지는 말라고 말하고 싶다. 어느 정도까지는 내가 타협해도 괜찮은 선이 있고, 어느 선부터는 절대 안 되는 부분이 있다. 그렇다면 절대

안 되는 그 선은 내가 지켜야 한다. 그래서 나는 욕도 많이 먹는다.

하지만 좋은 음악을 만드는 게 내 일이고, 후배들에게 귀감도 되어야 할 나이이며, 내 음악을 좋아하는 사람들에게 실망감도 주지 않아야 한다. 나는 빨리 가려고 하기보다 하루하루 뚜벅뚜벅 걸어서 성실히 가려고 한다.

마지막으로, 시대마다 사람들이 좋아하는 코드가 다른가? 아니면 모든 시대마다 통하는 코드가 있나?

음악을 표현하는 사운드나 기법의 차이는 있을 수 있는데, 음악의 본질은 감정이다. 신나면 신나는 대로, 슬프면 슬픈 대로 좋아한다. 나도 완벽하게는 알지 못하지만 그러한 메커니즘이나 알고리즘이 있는 것 같다.

본질적으로 음악은 음악다워야 하고, 가수는 가수답게 노래를 잘해야 한다. 사람들은 점점 잘 만들어진 음악을 원하고 그걸 못하는 작곡가들은 퇴출당기도 한다. 하지만 내가 퇴출당하고 말고는 내가 결정하는 게 아니라 대중들이 결정하는 것이니, 그것에 연연하지는 않는다.

25년 동안 작곡을 한 것치고 나의 작품 수는 적다. 음악 안에서 나는 미식가로 배가 너무 고픈데, 그렇다고 아무거나 먹기는 싫다. 내가 원하는 음식이 나올 때까지 배고픈 걸 참고 견딘다. 단, 유행이란 특정 다수가 아닌 불특정 다수가 만들어내는 것이니 그 흐름은 놓치지 않으려고 한다. 그래야 유행을 만들 수도 있고, 유행을 따라가지 않을 참을성도 생기기 때문이다. 어렸을 때는 100미터 달리기하는 것처럼 앞만 보고 달렸는데, 시간이 흐르니까 그것을 알겠더라. 이제 와서 급할 일이 없다.

PART 2

대중문화
방송·예능
트렌드

뉴미디어·
뉴콘텐츠와의
결합

날것,
예능의 끝은 다큐

수십 년간 예능인으로 최고의 위치에서 군림해온 이경규는 늘 "예능의 끝은 다큐"라고 말한다. 2016년 1월 MBC 〈무한도전〉에서도 이 말을 해 화제가 됐는데, 그는 사실 15년 전 자신이 집필한 자서전에서도 말했다.

"다큐멘터리 예능이 트렌드가 될 것이다."

그 예언은 이미 맞았다 해도 과언이 아니다. 앞으로의 예능 시장에서도 '다큐멘터리 예능'은 핵심 키워드가 될 것으로 보인다. 이경규의 말에 살을 덧붙이면, 진짜 '날것'의 감정이 드러나는 지점이 있는 예능이 뜰 것이다.

'날것'을 정의하자면 '조금도 정제되지 않은 감정 그대로의 것' 정도가 될 것이다. 분노, 당황, 슬픔, 행복, 기쁨, 감동 등의 감정이 조금도 작위

적으로 연출되지 않았다고 여겨지는 장면이 많으면 많을수록 시청자들의
관심을 끈다.

연예인 역시
나와 같은 인간

그 배경에는 온라인의 발달과 함께 생겨난 연예인의 포지션 변화가 있
다. 2000년대 초반만 해도 지금보다 온라인이 덜 발달되어 연예인들은 대중
이 아닌 특정한 소수의 팬들과 온라인이 아닌 오프라인에서 주로 소통해왔
다. 이런 신비주의를 고수할수록 인기의 크기가 비례했던 것도 사실이다.

하지만 IT산업의 발달에 힘입어 SNS가 생겨나면서 팬들과 연예인 간
의 거리는 상당히 가까워졌고 이제는 불특정 다수의 사람들과 소통하는
연예인이 늘어났다. 이러한 현상은 팬들에게 '연예인 역시 하나의 인간'이라
는 인식을 안겨줬다. 비연예인들에게 연예인이 갖는 포지션이 '특별한 존재'
에서 '나와 같은 인간'으로 변모하면서, 연예인의 신변잡기식 대화를 소재
로 삼던 토크쇼들은 힘을 잃어갔다. 반대로 연예인의 말과 행동을 오랜 시
간 카메라에 담는 관찰예능, 그리고 승패가 결정되는 서바이벌 형식의 쇼
가 새로운 트렌드로 자리 잡았다. 이제 토크쇼는 〈마녀사냥〉이나 〈라디오
스타〉처럼 솔직하지 않으면 대중의 관심을 살 수 없게 됐다.

관찰예능과 서바이벌, 솔직한 토크쇼는 출연진의 감정이 '날것' 그대로
가장 잘 드러나는 방식이고, 연예인의 사고와 언행이 나와 다르지 않다는

공감을 대중으로부터 이끌어내는 데 효율적이다. 급변하는 방송계에서 오랜 시간 사랑받고 있는 시스템이기도 하다.

이제는 시청률이 낮더라도 각종 SNS와 커뮤니티에서 얼마나 화제가 되느냐가 예능이 살아남는 기준이 되는 추세다. 아직도 보편적으로 진행되는 시청률 집계 방식은 인기의 척도를 정확히 재단하지 못하는데, 대중의 관심을 재단하는 척도가 명확해질수록 '날것'의 예능이 방송 시장을 섭렵하게 될 것이다.

'날것'의 연속인
서바이벌 프로그램

최근 등장한 예능 포맷 중 '날것'의 장면이 가장 많이 나오는 것은 서바이벌 프로그램들이다. 한 공간에 수많은 카메라를 두고 이들의 활약을 관찰하는 방식의 예능에서 진짜 '날것'의 감정이 쉽게 확인된다. 그 공간에서 5시간 이상 머물며 게임에 집중하다 보면 방송이라는 생각을 잊는다는 게 출연자들의 공통된 의견이다. 서바이벌 '날것'의 대표적인 예가 tvN의 〈더 지니어스〉와 JTBC의 〈크라임씬〉이다.

〈더 지니어스〉 시리즈의 화제성은 가히 폭발적이었다. 특히 출연자들의 경쟁심이 가장 불꽃 튀었던 시즌 2는 커뮤니티 폭파 단계에 이르렀다. 당시에는 30%(닐슨코리아 기준)의 시청률을 넘긴 SBS 〈별에서 온 그대〉가 한창 방영 중이었는데, 화제성은 단 2% 내외의 〈더 니지어스 2〉가 압도했

출연자들이 온전히 자신을 던져 추리에 임한 <크라임씬>

다. 특히 은지원이 이두희의 카드를 훔쳐 그를 게임에서 제외시킨 6회가 끝나고서는 거의 일주일 동안 <더 지니어스 2> 이야기가 각종 커뮤니티를 독식했다.

그 배경은 '날것'의 감정이었다. 누군가를 떨어뜨려야 자신이 다음 회에 진출하는 방식의 서바이벌 시스템은 처절한 경쟁 사회를 대변한다. 떨어지지 않기 위해 음모를 꾸미고 상대의 뒤통수를 치는 장면에서 출연자들이 보이는 표정에는 조금의 꾸밈도 없다. 패배한 사람이 분개하는 지점, 뒤통수를 친 사람이 미안해하는 대목, 그들을 관망하면서 놀라워하는 사람들의 표정에서는 작위성이나 연출이 조금도 느껴지지 않았고, 이는 엄청난 화제를 모으는 원동력이 됐다. <더 지니어스>는 시즌 3까지 폭발적인 화제를 이어간 최고의 서바이벌 프로그램으로 여겨진다.

<크라임씬>은 <더 지니어스>와는 조금 다른 방식의 추리 프로그램이지만 일맥상통하는 지점이 있다. 제작진이 짜놓은 살인 사건 속에서 단 한 명의 출연자만이 모든 내용을 알고 있는 범인이고, 나머지 출연자들은 의견

을 합쳐 범인을 찾아내는 방식의 프로그램이다. 제작진이 워낙 완벽히 판을 짜놓은 덕분에 〈크라임씬〉의 출연자들은 온전히 자신을 던져 추리에 임했다. 그 과정에서 서로를 속고 속이는 장면이나 다른 출연자를 의심하는 내용이 담긴 인터뷰는 '날것'에 가까웠다. 범인을 맞추고 기뻐하는 출연자들의 표정이나 범인이 사람들을 완벽히 속이고 혼자 기뻐하는 장면, 혹은 범인인 것이 들통 나서 '속이지 못했다'며 분통해하는 표정은 예능이지만 실제 상황이나 다름없다.

〈크라임씬〉 중 인상에 크게 남았던 한 장면이 있다. NS윤지가 크게 우는 장면이었다. 그녀는 자신이 범인이었는데도 다른 출연자들이 "네가 범인이야"라고 일갈하자 서러운 마음에 눈물을 쏟아냈고, 그녀의 눈물을 본 출연자들은 결국 다른 사람을 범인으로 지목하는 황당한 상황이 만들어졌다. 모든 과정이 워낙 자연스럽게 흘러간 이 장면은 〈크라임씬〉이 연출되지 않은 '날것'의 방송이라는 게 확인되는 지점이었다.

이 외에도 신드롬을 일으킨 Mnet의 〈프로듀스 101〉은 연습생들의 절박함과 간절함을 바탕으로 한 경쟁, 승자와 패자의 희비를 명확히 그려내 화제의 프로그램으로 꼽혔다. 각종 음악 오디션 프로그램 역시 출연자들의 실력이 출중할 경우 여전히 시청자들의 관심을 끌어내는 데 성공하고 있다.

그냥 지켜볼 뿐인
나영석의 '날것'

~~~~~~~~

나영석 PD의 '날것'은 조금 다르다. 특별히 따로 준비한 것들도 별로 없이 그저 출연자들이 밥 먹는 걸 지켜보거나 여행하는 것을 바라볼 뿐이다. 나영석표 예능에서는 출연자들이 그냥 자기 것을 온전히 보여준다. 그렇기에 나영석 PD의 프로그램에서는 감각적인 편집도 중요하지만, 출연자들이 얼마나 자기의 것을 편히 보여주느냐가 핵심이다.

나 PD와 가장 호흡이 잘 맞는 출연자는 이서진이다. '투덜이'라는 별명을 갖고 있는 그는 카메라 앞에서 계속 투덜거리며 밥을 해 먹고 일을 하고, 동물과 놀고 다른 출연자들과 수다를 떤다. 만약 이서진이 어느 정도 연출이 가미된 프로그램에서 자신의 색깔을 그대로 드러냈다면 안티를 양산했을 수도 있다.

"무슨 게스트가 저렇게 제멋대로냐."

하지만 그저 지켜보고 바라만 보는 나 PD의 〈삼시세끼〉를 만나면서 이서진은 하나의 캐릭터가 됐고, 대중은 그의 투덜대는 모습을 즐거워하게 됐다.

〈꽃보다 ○○〉 시리즈들 역시 이서진이나 이승기가 어른들을 챙기는 모습, 어른들이 두 사람을 챙기는 모습, 경치가 훌륭한 여행지에서 감탄하는 모습을 그저 지켜본다. 조미료를 가미하려는 제작진의 노력은 보이지 않는다. 그곳에서 인물과 인물 간의 시너지가 발생하고 재미와 감동이 탄생한다. 강호동과 이수근, 은지원을 중심으로 새로운 게스트를 투입하며 중국을 여행하는 관찰예능인 〈신서유기〉는 〈꽃보다 ○○〉 시리즈에 KBS 2

나영석 PD와 가장 호흡이 잘 맞는 출연자 이서진.
'투덜이' 이서진은 <삼시세끼>를 만나면서 하나의 캐릭터가 되었다.

의 〈해피선데이—1박 2일〉 부류의 게임을 덧붙인 형태다. 나영석 PD의 스타일을 바탕으로 과거부터 이어온 안정적인 호흡과 추억, 기존 멤버와 새로운 인물 사이의 화학작용이 차별화된 지점이다. 이 역시 나영석 PD의 성공 프로그램 중 하나다.

　나영석 PD 프로그램에서 가장 주의해야 할 것은 출연자의 마음가짐이다. '이렇게 하면 사람들이 좋아하던데…'라는 생각으로 적당히 남을 따라하려는 모습을 보이면 시청자들은 단숨에 알아챈다. 특히 김하늘은 굳이 '옹심이'를 만드는 에피소드를 연출한 느낌이 전파를 타며 되려 시청자들의 유탄을 맞았다. 자신의 매력을 부각시키려는 이미지가 강했던 탓이다. 자연스럽게 〈삼시세끼〉에 녹아들었던 다른 출연진에 비해 어색했다는 평가가 많았다. 분명히 그녀도 자신의 인기와 프로그램의 재미를 위해 열심히 노력했겠지만 생각만큼 좋은 평가를 받지는 못했다. 그 이유는 무언가를 꾸며내려 했던 의식 때문이다. 꾸밈없이 자신의 것을 내던지려는 마음이 중요하다.

비슷하면서도 새로운 스타일의
음악예능 탄생

~~~~~~

한동안 브라운관을 독식한 육아와 쿡방이 힘을 잃었는데도 음악예능만큼은 여전히 대중의 사랑을 받고 있다. 기존의 것들과 비슷하면서도 새로운 스타일의 음악예능이 탄생 중인데, 여러 프로그램 중에서도 최고의 인기를 얻고 있는 것은 단연 MBC의 〈복면가왕〉이다. 나머지는 사실 지지부진하다는 표현이 적합하다.

〈복면가왕〉의 인기는 진짜 감동을 만들어내는 '날것'이 있기 때문이다. 사실 〈복면가왕〉은 KBS 2의 〈불후의 명곡〉과 크게 다를 바 없다. 출연자들에게 가면을 씌웠다가 벗기고, 대진표를 승자승 원칙에서 8강 토너먼트로 바꾸고, 가왕歌王이라는 '디펜딩 챔피언'을 만들었다. 굳이 달라진 게 있다면 실내에 숨어 있는 패널을 관객 앞에 내놓은 정도다.

획기적이라 할 정도의 차이가 없는데도 〈복면가왕〉의 인기는 수준이 다르다. 그 이유는 실제적인 감동 때문이다. '내가 질지도 모른다'고 생각되는 실력자인 가왕을 상대로 이긴 뒤 가면 속에서 흐느끼는 출연자의 모습은 실제 얼굴 표정을 봤을 때보다 더 진한 감동으로 다가온다. 가면을 벗고 "무대에 서고 싶었다"라며 출연자들이 보이는 눈물의 힘 역시 강렬하다.

'십오야 밝은 둥근달'로 나온 이석훈에게 패널인 김구라가 "이석훈은 인천 출신이라서 내가 아낀다. 어머니께 아파트를 사드렸다고 들었는데 잘 계시냐"고 묻자, 이석훈이 "얼마 전에 돌아가셨다"며 터지려는 울음을 억지로 참는 장면은 놀라움과 함께 눈물을 자아냈다. 이렇듯 어느 누구도 예상하지 못한 '날것'이 〈복면가왕〉에서는 툭툭 튀어나온다. 그래서 대다수 시청자들은 다른 음악예능은 안 봐도 〈복면가왕〉만큼은 꼭 챙겨본다.

뒤늦게 나온 SBS의 〈신의 목소리〉도 '날것'을 표방하지만, 그 범위가 제한적이라 큰 인기는 끌지 못하고 있다. 약 3시간 사이에 가수들이 새롭게 편곡한 곡으로 아마추어 최강자들과 맞붙는 이 프로그램에서 진짜 '날것'은 가수들의 편곡 실력이다. 3시간 사이에 원곡과는 전혀 다른 곡을 내놓고 완벽히 완창하는 모습에 사람들은 놀란다. 하지만 이게 전부다. 감정적인 부분은 다른 곳에서도 충분히 볼 수 있는 보편적인 수준에 그친다. 이렇게 '날것'이 제한적이라는 점에서 〈신의 목소리〉는 그 신의 한계가 분명하다.

다시 처음으로 되돌아가서 생각해보자. 결국 예능의 승자는 '날것'을 보유하고 있는 프로그램이 될 것이다. 잠시 화제를 모았던 집방 예능 중 XTM의 〈수컷의 방을 사수하라〉가 인기를 모은 이유는 깊은 '빡침'을 보이는 부인들의 표정 때문이었고, 〈무한도전〉에서 욕만 먹던 광희가 살아난 이유는 갑자기 합류한 양세형에 대한 견제 때문이었다. 짜고 치는 〈음악의 신〉이 또 인기를 모은 배경은 윤채경과 김소희가 웃음을 숨기지 못하고 터뜨리는 지점에서 출발했다. 이렇듯 결국 어떤 예능이든 승자와 패자 사이에는 '날것'을 보유하느냐 그렇지 못하냐의 차이가 있을 것이다.

걸크러시 확산,

신데렐라는 없다

여성들이 원하는 여성상이 변하고 있는 걸까? 2016년 방송가에는 '걸크러시' 열풍이 거셌다. 2015년 마마무, 에일리, 현아 등 국내 가요계와 Mnet의 〈언프리티 랩스타〉에 출연한 제시를 중심으로 퍼져나갔던 걸크러시가 2016년부터는 드라마와 예능으로 확산됐다.

걸크러시는 '걸girl'과 '홀딱 반하다'를 의미하는 '크러시 온crush on'의 합성어로, 여성이 다른 여성을 동경하는 마음이나 현상을 뜻한다. 영국 옥스퍼드 사전에 올라 있는 이 용어는 2012년 미국의 유튜브 스타인 제나 마블스Jenna Marbles가 "성적性的인 감정 없이도 같은 여자를 좋아할 수 있다"는 이야기를 하면서 퍼지기 시작했다. 이제 한국에서도 남성팬보다 충성도가 높고 구매력을 지닌 여성팬들을 잡기 위해 여자 가수들이 무장한 콘셉트의 하나인 걸크러시가 가요계는 물론 방송가에까지 영향을 미치며 대중문화의 주요 키워드로 자리매김했다.

그간 여성 캐릭터를 소비하는 주체는 거의 남성이었다. 때문에 드라마 속 여주인공은 주로 남주인공에게 끌려가는 입장이었다. 재투성이의 신데렐라가 백마 탄 왕자님을 만나며 해피엔딩으로 끝나는 구조는 우리에게 너무나도 익숙하다. 그러나 최근 방송가에서 두드러지는 여성들의 모습은 이와 달리 착하고 순종적인 것보다 당당하고 능력 있는 모습이 주를 이룬다. 남성의 눈이 아닌 여성들이 원하는 여성상이 적극적으로 반영되기 시작한 것이다.

여성 캐릭터의 변화는
현실을 반영한 결과

여배우들이 설 자리가 없는 충무로와 달리 방송가에서는 여풍이 거세다. 일반적으로 영화계는 출연배우가 곧 티켓 파워로 이어지는 만큼 송강호, 류승룡, 설경구, 황정민, 하정우, 이정재, 최민식, 정우성, 강동원, 유아인, 공유 등의 남배우를 여배우보다 선호한다. 무엇보다 한국영화의 주 장르가 스릴러, 범죄, 액션물이다 보니 스토리 역시 남성 중심으로 펼쳐질 수밖에 없다. 이렇게 충무로를 남배우들이 꽉 잡고 있는 만큼 여배우들의 안방극장 캐스팅은 상대적으로 쉽다는 것이 방송가 여풍의 현실적인 이유다.

일과 사랑에 치이는 현실적인 30대의 이야기를 그린 드라마 <또 오해영>

　　그러나 내면을 자세히 살펴보면 드라마 속 여성 캐릭터의 변화는 현실을 반영한 결과이기도 하다. 2016년 인기 드라마의 여주인공은 남주인공에게 종속되거나 수동적이지 않고 스스로 선택하여 성취하는 캐릭터가 주를 이루는데, 이는 진취적이고 주체적인 여성상이 반영된 결과다. 과거와 달리 요즘 여성들은 남자들과 동등한 입장에서 사회적 지위를 누리고 있다. 이들은 독립적이고 자신을 꾸미는 데 주저하지 않으며, 돈과 시간을 할애함은 물론 독립성이 높아짐에 따라 결혼이나 출산, 육아 등 과거 여자라면 당연하게 받아들여졌던 관습에서도 자유로운 편이다.

　　SBS 〈닥터스〉에서 박신혜의 첫 등장은 파격적이었다. 그는 응급실에서 행패 부리는 폭력배를 발차기와 텀블링으로 화려하게 제압했다. 학창시절 반항아였던 유혜정(박신혜)은 사람을 살리는 의사를 동경했고, 자신의 의지로 다른 삶을 선택하며 의사가 되고 나서도 자신의 과거를 숨기지 않는다.

　　'로맨틱 코미디'의 대가로 불리는 김은숙 작가는 KBS 2TV 〈태양의 후예)에서 전도유망한 외과 전문의 강모연(송혜교)을 내세워 남녀 관계에서 주도권을 갖게 했다. 김 작가는 〈파리의 연인〉(2004), 〈시크릿 가든〉(2010), 〈상속자들〉(2013) 등 그간 자신의 작품에서 두각을 드러낸 캔디형 여주인공 대신 솔직하고 당당한 데다 사랑 표현에도 거리낌 없는 여주인공을 탄생시켜 〈태양의 후예〉의 인기를 견인하게 만들었다.

tvN의 〈또 오해영〉은 일과 사랑에 치이는 현실적인 30대의 이야기를 그려냈다. 주인공인 오해영(서현진)은 잘난 동명이인에게 느끼는 열등감과 자격지심을 내놓고 드러낸다. 박도경(에릭)에게 저돌적으로 애정 공세를 퍼붓기도 한다. 스스로를 '쉬운 여자'라고 당당하게 말하는 그녀는 상대를 마음껏 좋아하고, 질투하고, 화내며 후회 없는 사랑을 펼쳤다.

아직까지는 상대적 약자인
여성들의 카타르시스를 자극

예능에서도 여풍이 불었는데, 그중 김숙의 활약을 빼놓을 수 없다. 김숙은 JTBC의 〈님과 함께 시즌 2―최고의 사랑〉에서 윤정수와 가상 결혼 생활을 하며 가모장적인 발언들로 지지를 얻었다. 대표적인 발언들이다.

"남자는 조신하게 살림해야 해."

"어디 아침부터 남자가 인상을 써?"

"그깟 돈 내가 벌면 되지."

더불어 '갓god숙'부터 '숙크러시', 영화 〈매드맥스: 분노의 질주〉의 여전사 퓨리오사를 빗댄 '퓨리오숙' 등 여러 별칭을 얻으며 전성기를 맞이했다.

걸크러시를 선도한 제시는 Mnet의 〈언프리티 랩스타〉 시즌 1에서 독특한 발음과 거침없는 태도로 프로그램의 인기를 끌어올렸다. 자신에게 꼴등을 안긴 참가자들에게 제시가 남긴 "니들이 뭔데 나를 판단해"라는 말은 유행어가 되기도 했다. 독보적인 개성과 직설적인 화법 덕분에 제시는 예능인으로서 높은 희소가치를 자랑하는 인물로 자리매김했다.

김숙은 가부장제에 일침을 가하는 속 시원한 발언들로 여성 시청자들에게 대리만족을 안겼다. 〈님과 함께 2〉 연출을 맡은 CP의 평이다.

"속을 긁어주는 듯한 '사이다' 같은 김숙의 매력이 제대로 통했다."

제시 역시 기분 나쁜 상황에서 눈치를 보거나 이를 우회적으로 표현하

'갓숙' '숙크러시'를 이끈 <님과 함께
시즌2 － 최고의 사랑>

을로 살아가지만 할 말 다하는
〈욱씨남정기〉 속 욱다정

지 않는다. 김숙과 제시는 '여자는 이래야 된다'는 사회적 통념을 깨는 발언들을 걸쭉한 목소리와 함께 직설적으로 표현하며 통쾌함을 선사했다.

　드라마 속 여성 캐릭터의 전문화 역시 이런 현실을 반영한다. 여주인공에게 직업이 없어서 남주인공이 회사에 그녀를 위한 자리를 마련해주는 등의 설정은 이미 없어진 지 오래다. 여성들의 높은 교육 수준과 활발한 사회 진출로 인해 여성들 사이에서는 '강한 여성'에 대한 동경이 생겼다. 여성 시청자들은 카리스마 혹은 리더십 덕분에 방송에서 소위 '센 언니'라 불리는 인물들에게 감정을 이입할 뿐 아니라 그들을 롤 모델로 삼고 본받고자 하는 마음을 표출했다. 마음속으로는 자신도 그런 카리스마를 분출하고 싶지만, 현실에서는 그렇지 못하기 때문에 강한 여성들에게 대리만족을 느끼는 경향도 걸크러시 열풍에 불을 지폈다.

　JTBC의 〈욱씨남정기〉 속 욱다정(이요원)은 갑이 아닌 을로 살아가지만 상사의 눈치를 살피지 않고 거침없이 할 말을 하는 캐릭터로 환호받았다. 욱다정은 성희롱과 성차별, 접대문화, 구조조정 등 회사 내에서 일어나는 온갖 부조리에 항변하고, 사장에게 따끔한 충고나 경고를 아끼지 않는 능력 있는 여성으로 그려졌다. 사회적 지위가 높아졌다고는 하지만 현실적으로는 아직까지 상대적 약자인 여성들은 드라마에서 시원하게 한마디를 내던지는 여성 캐릭터의 모습에서 카타르시스를 느끼게 되었다.

남성 위주의 작품에
식상함을 느끼다

여성들의 목소리가 높아지면서 이들이 중심이 된 예능 프로그램 제작역시 활발해졌다. 4월 첫 방송된 KBS 2TV의 〈언니들의 슬램덩크〉는 케이블채널 MBC에브리원의 〈무한걸스〉 이후 한동안 종적을 감췄던 여성 중심의 예능으로 김숙, 홍진경, 라미란, 제시, 민효린, 티파니 등 6인의 여자연예인이 출연한다. '어른들의 장래희망'이라는 부제처럼, 꿈을 이룰 시기를 놓쳐버린 이들은 꿈에 투자하는 '꿈계'를 통해 서로 돌아가며 꿈을 이룰 수 있게 도와준다. 초창기 반응은 미적지근했으나 걸그룹에 도전하는멤버들의 성장담을 담는 데 초점을 맞추며 동시간대 1위인 MBC의 〈나 혼자 산다〉를 제치기도 했다. 연락이 두절된 남자친구에게 '그 입 좀 그만다물라'고 말하는 메시지를 담은 음원 '셧 업Shut Up'은 공개와 동시에 8개음원차트 1위에 오르며 큰 인기를 누렸다.

MBC에브리원은 7월 〈비디오스타〉를 론칭했다. MBC의 〈라디오스타〉의스핀오프spin-off 콘셉트 토크쇼인 이 프로그램은 박소현·김숙·박나래·피에스타 차오루 등 '대세' 여성 예능인을 MC로 포진시켰다.

드라마 속의 걸크러시 역시 지속될 전망이다. 사실 안방극장 속 여풍은 2015년부터 미시 여배우들의 활약으로 그 포문이 열렸다. 〈풍문으로 들었소〉의 유호정, 〈착하지 않은 여자들〉의 채시라, 〈여왕의 꽃〉의 김성령, 〈앵그리맘〉의 김희선 등 자기관리가 잘된 40대 여배우들은 주체적 이미지로 드라마에서 할 수 있는 역할의 폭을 넓혔다. 대중들의 친근감과 연기력을 갖춘 3040 여배우들이 많기 때문에 앞으로 이들의 활약이 돋보이는 작품은 계속해서 기획될 전망이다. 실제 남자 영화 일색이던 충무로에도 〈아가씨〉 〈굿바이 싱글〉 〈덕혜옹주〉 〈국가대표2〉 〈범죄의 여왕〉 〈최악의 하루〉 등 여성을 내세운 작품들도 계속해서 제작되고 있다.

이런 현상이 일어나는 이유는 남성 위주의 작품에 식상함을 느끼는 대중들이 많아졌기 때문으로 해석된다. 〈아가씨〉의 박찬욱 감독의 이야기이다.

"가부장적이고 남성우월적인 한국 사회에 살면서 주체적이고 능동적인 여성 캐릭터를 보고 싶은 욕구가 더 강해진 것 같다."

제작자들부터 그동안 다루지 않았던 다양한 여성의 이야기에 매력을 느끼기 시작한 것이다. 실제 최근 선보이고 있는 여성 영화들은 사랑, 애국, 우정, 스릴러 등 그 주제와 면면도 다채롭다. 대중문화가 팽창하고 대중이 다양성에 관심을 갖기 시작하면서 그간 주목받지 못했던 여성의 역할도 과거보다 중요해질 수밖에 없다. 앞으로는 '걸크러시=센 언니'가 아니라 여성들의 의리와 우정을 그린 '워맨스womance'나 여성 동성애 등을 일컫는 백합 같은 색다른 소재의 여성 작품들이 시청자들에게 어필될 것으로 기대를 모은다. 〈딱 너 같은 딸〉 등을 제작한 회사 대표의 이야기이다.

"요즘 적극적으로 사랑을 표현하는 이들은 남자가 아닌 여자다. 사랑에 있어서도 주도적인 여자들의 이야기가 각광을 받을 것이다."

종합편성채널 JTBC는 다섯 명의 여자 룸메이트를 내세운 〈청춘시대〉부터 〈판타스틱〉 〈이번 주, 아내가 바람을 핍니다〉 〈힘쎈여자 도봉순〉 등 여자들의 내면과 심리에 초점을 맞춘 작품을 연이어 선보이고 있다. JTBC 기획CP의 이야기이다.

"이미 2016년 초부터 여자가 주도하는 여자의 이야기가 트렌드가 될 것이라고 예상했다. '브로맨스'에 대항하는 '워맨스'에 핵심을 놓고 여자들이 자신의 운명을 어떻게 개척할 것인가를 작품을 통해 보여줄 것이다."

듀엣,
집단보다 듀엣

듀엣duet은 두 사람이 함께 짝을 지어 활동하는 것을 말한다. 과거에는 대개 배따라기, 수와 진, 해바라기, 녹색지대 등의 가수들을 이야기할 때 사용되곤 했던 이 단어는 언제부턴가 촌스러운 이미지가 연상되서인지 언급조차 잘 안 되고 있다.

하지만 이제는 음악 분야뿐 아니라 대중문화 전반에 걸쳐서 듀엣 코드가 부활하고 있다. 듀엣 열풍이 거세기 때문에 가히 신드롬이라고 해도 될 만하다. 도대체 왜 듀엣이 다시금 전성기를 맞이하고 있는 것일까?

듀엣 열풍은 먼저 음악이나 방송 쪽에서 활발한데 신구 세대 구분이 허물어지고 있다는 점이 특징이다. 대표적인 예로 태진아와 송대관을 들 수 있다. 이 두 가수는 '명품듀엣 콘서트'라는 전국투어를 했고, 2~3년 전부터 준비한 듀엣곡을 공식 발표했다. 그간 주로 젊은 가수들과 듀엣 무대를 선보였던 태진아는 이전에도 한류 스타인 비와 듀엣으로 '비진아' 무대를 마련했는가 하면 최근에는 젊은 신인가수 강남과 듀엣을 결성, 〈전통 시장〉이라는 앨범을 내고 서민경제 살리기에 나선 바 있다.

듀엣은 하나의
트렌드

방송 프로그램에서 역시 듀엣은 하나의 트렌드를 이루고 있다. JTBC 〈힙합의 민족〉에서는 장년 스타들이 젊은 래퍼들과 함께 듀엣을 이뤄 힙합 뮤직 경연을 펼치는 내용이 중심을 이뤘다. 찰진 욕설을 연기하는 캐릭터로 '할미넴'이라는 별명을 얻게 된 팔순의 배우 김영옥을 비롯해 문희경, 양희경, 이용녀 등 50대의 장년 스타들이 각각 치타, MC스나이퍼, 릴보이 등의 젊은 래퍼들과 짝을 지어 힙합 대결을 했다.

SBS 〈판타스틱 듀오〉에서 가수 이선희는 젊은 가수들과 듀엣 무대에 나서며 연승가도를 달리기도 했다. 이 프로그램이 선후배 가수들로 구성된 듀엣 경연대회 방식을 취하는 것에 반해 MBC의 〈듀엣 가요제〉는 기존 가수와 아마추어 가수의 듀엣 무대를 선보인다. 유명 가수들이 직접 개인 오디션을 통해 선발한 이들과 듀엣 무대를 준비하고 그들끼리 실력 대결을 벌이는 형식이다.

이제는 방송 진행에서도 듀엣 코드가 눈에 띈다. 단독 MC가 홀로 진행하는 프로그램은 이미 거의 없어졌고, 한동안은 집단 MC 체제가 방송 프로그램의 대체적인 경향이었다. 하지만 이제는 두 명의 조합이 돋보이는 프로그램들이 많아지고 있다. JTBC〈슈가맨〉에서 설탕을 넘어 꿀 호흡을 보여주는 유재석·유희열, 쿡방의 새로운 전기를 열어젖힌 tvN〈삼시세끼〉의 '차줌마·참바다', 즉 차승원·유해진이 대표적인 예다.

특히〈슈가맨〉의 유재석과 유희열은 찰진 호흡 덕에 방송 종영 후에도 새로운 프로젝트를 추진하기로 합의했다. 물의가 빚어져 제대로 전성기를 이어가지 못했던 이수근과 강호동은 JTBC〈아는 형님〉과 tvN〈신서유기 2〉의 듀엣 진행자로 나서서 시너지를 발휘하며 발군의 새로운 매력을 보여주고 있다. JTBC〈셰프 원정대―쿡가대표〉, JTBC〈냉장고를 부탁해〉에서

장년 스타들이 젊은 래퍼들과 듀엣으로
힙합 뮤직 경연을 펼치는 〈힙합의 민족〉

축구 중계로 호흡을 맞춰왔던 김성주와 안정환이 활약 중인 <냉장고를 부탁해>

는 축구 중계로 호흡을 맞춰왔던 김성주와 안정환이 활약 중이다. 이들은 MBC 〈마이 리틀 텔레비전〉 〈김느안느〉 콘셉트를 통해 최고의 입담 커플로 등극한 바 있을 정도로 매력이 넘치는 듀엣이다.

　아이돌 음악에서도 듀엣들이 나오긴 하지만 이들은 대개 일시적인 결합에 불과하다. 아이돌로 구성된 듀엣은 대부분 특정 노래를 발표하기 위해 결성한 프로젝트형 듀엣으로, 이 계획이 실현되면 그냥 사라지고 만다. 특히 서로 다른 아이돌그룹의 멤버들이 조합되는 경우가 많아졌는데, 이는 아이돌그룹들이 기존에 보였던 상호 소외와 배제 문제를 해결하는 한 가지 방법이 되기도 한다. 서로의 만남에 있어 훨씬 유연해지기 때문이다.

　그러나 그룹명을 걸고 활동하지 않는 데다 소속감도 없기 때문에 프로젝트형 듀엣은 지속성을 갖기 힘들고, 그들을 좋아하는 팬들 역시 미아가 되어버리기 쉽다. 오직 한때의 노래만이 남을 뿐이다. 노래들은 소비되고 뮤지션은 남지 않는 셈이다. 악동뮤지션처럼 자신의 정체성을 듀엣에 두고 지속적인 활동을 해야만 듀엣이 지니는 정적이며 감성적인 음악도 지속성을 가질 수 있다.

감정의 공유와
상호 친밀감을 더해주다

~~~~~~~

　듀엣이라는 문화적 코드는 왜 이리 각광을 받고 있는 것일까? 무엇보다 듀엣에서는 감정 공유와 상호 친밀감 등의 아날로그적인 정서가 강하게 느껴진다. '둘'이라는 숫자에서는 사랑이나 우정이 연상된다. 다시 말해 두 사람을 보기만 해도 충분히 좋은 느낌을 받을 수 있다는 것이다. 음악에서는 듀엣으로 나선 두 가수의 조합과 호흡이 잘 맞을수록 그들이 들려주는 노래의 감동도 더해지고, 영화에서도 두 사람의 내밀한 관계가 마음을 울리면서 스토리의 감동과 흥미를 배가시킨다.

　듀엣 MC 역시 마찬가지다. 많은 사람들이 등장하는 집단 MC 형식의 프로그램은 자칫 소란하거나 산만해질 위험이 있는데, 듀엣 MC 형식은 이런 단점을 넘어설 수 있다. 또한 같은 내용이라고 해도 듀엣은 따뜻하고 친근한 분위기를 조성하기 때문에 보는 이들이 더욱 공감한다. 등장인물들이 많아지면 지식이나 정보도 다양해질 수 있지만, 이런 점이 시청자들에게 정말 어필한다고는 볼 수 없다. 실제로 많은 인간관계에 시달릴수록 우리는 둘만의 소박하고 다정한 관계를 더 원하게 된다. 갈수록 삭막해지고 경쟁이 격화되는 사회 분위기 속에서 정적이고 친밀한 관계성을 원하는 현대인들의 외로운 감정이 듀엣 코드를 부활시키고 있는 듯싶다.

　듀엣은 단지 복고적인 향수를 자극하거나 친근감 있는 정서를 자극하기도 하지만, 무엇보다 우리가 디지털 시대에 잃어가는 가치들을 생각하게 만든다. 그런 면에서 듀엣은 디지털 문화가 강할수록 여전히 생명력을 가질 것이다.

스타디션,
새로운 형식의 오디션

오디션의 형식이 바뀌고 있다. 과거에는 많은 참여자들을 끌어모으는 데 집중했다면 이제는 그 틀을 벗어나 새로운 형식을 가진 오디션이 속속 등장하는데, 그것에는 '스타'와 '오디션'을 결합한 '스타디션stardition'이라는 이름을 붙일 수 있다. 기존 오디션의 집중성과 무대공연성의 한계를 극복한 스타디션의 탄생 조짐은 〈무한도전〉에서 시작된 바 있었다. 그렇다면 왜 이런 스타디션 방식이 호응을 얻는 것일까.

　　MBC 〈무한도전〉은 2007년 7월 7일 방송된 '강변북로 가요제'를 시작으로 2년마다 가요제를 열어오고 있다. 1회 '강변북로 가요제', 2회 '올림픽대로 듀엣가요제', 3회 '서해안고속도로 가요제', 4회 '자유로 가요제', 5회

'영동고속도로 가요제'였는데 매번 내용과 화제성은 달랐다. 하지만 형식적인 면에서는 일관성이 유지되었으니, 바로 뮤지션이 아닌 무도 멤버들 각자가 전문 뮤지션과 함께 작업하고 무대에서 경연하는 내용을 방송한다는 것이 그것이다.

무도 멤버들은 시청자들에게는 자신과 동일시할 수 있는 대리자라는 점을 생각해보면, 이런 포맷은 대중에게 대리만족을 줄 수 있는 여지가 충분했다. 만약 이 무도 가요제에 일반 시민들이 참여할 수 있다면 어떨까. 아직 팬들은 가요제의 노래 선정에 참여하는 수준이었다. 시청자들이나 팬들이 같이 무도 멤버들과 짝을 지어 무도가요제를 할 수도 있을 것이다. 그것이 스타디션이라는 트렌드의 특징 가운데 하나이기 때문이다.

점점 사라지는
대국민 오디션 지향

일반인을 상대로 하는 오디션 프로그램은 그동안 주목을 받아온 것이 사실이다. 최근에는 변화를 모색해 색다른 볼거리에 이목을 집중시키는 효과도 가져왔다. 〈슈퍼스타K〉가 일반인 가운데 최종 승자를 전문가수로 만들어주는 포맷을 한국화한 데 이어서 그와 유사한 프로그램들이 많이 생기기도 했다.

심지어는 〈나는 가수다〉(이하 나가수)처럼 가수들 사이에서의 승부를 가르는 형식까지 등장했다. 이는 다분히 감각적인 호기심을 자극하는 방식이었다. 마치 어린아이들이 가질 법한, 가령 '슈퍼맨과 배트맨이 싸우면 어떻게 될까?'와 같은 종류의 궁금증을 충족시켜주는 것이었다. 사실 생각해보면 이런 방법은 단기적인 흥미 충족에 그칠 가능성이 많았다. 만약 슈퍼맨이 배트맨을 이긴다면 배트맨 팬들은 등을 돌릴 것이다. 이는 최고의 가수들이 맞붙었을 때도 마찬가지라서, 결과적으로 이런 포맷의 프로그램은 패배하는 가수의 팬들이 시청자 그룹에서 이탈하게 만든다. 방송 프로그램의 최대 과제는 시간이 지날수록 더 많은 시청자를 유지하는 것인데 말이다.

더욱이 시청자들은 한 명이 아닌 여러 명의 가수를 동시에 좋아하는 경우가 많다. 때문에 프로그램 초반에는 인기 가수들로 눈길을 끌 수 있겠지만 자신이 좋아하는 가수가 하나둘씩 탈락한 뒤라면 그 프로그램에 대해 시청자들이 가지는 관심도는 점차 약해질 것이고, 결국은 더 이상 그 프로그램을 주목하지 않는 현상이 벌어지고 만다. 덧붙이자면 문화적 다양성 측면에서도 이런 포맷의 프로그램은 바람직하지 않다. 가수들은 다양한 음악을 사람들에게 선보이고 그것을 향유할 수 있도록 하는 예술인이지 경연장에서 1, 2등을 다퉈야 하는 사람은 아니기 때문이다.

〈K팝스타〉의 경우에는 대형 연예기획사와 바로 연결시켜주는 것을 참가 인센티브로 내세우며 현실적인 시청률 확보 전략을 더욱 강화했다. 때문에 마치 기획사 오디션 현장을 방송이 중개해주고 있는 모양새였는데, 이 프로그램에 대한 사람들의 참여도는 가히 폭발적이었다. 여타의 오디션 프로그램들은 입상자들에게 안정적인 활동을 제공해주지 못한다는 한계를 가지고 있었고, 참가자들은 이 점을 분명히 알고 있었기 때문이다.

그런데 이제는 이러한 대국민 오디션을 지향하는 프로그램들이 점점 사라지고 있다. 실력 있는 누구나 참여하게 하고 뒤늦게나마 그들을 재발견 하여 성공적인 활동을 할 수 있게 만들겠다는 취지가 무색해진 것이다. 이렇게 된 이유는 기획사들이 좋아할 만한 참가자들이 모여들 수밖에 없기 때문이다. 더구나 특정 기획사 전체를 좌지우지하는 대표가 심사위원으로 나오는 프로그램이라면 그들의 취향이 곧 합격자의 당락을 좌우하기 때문에 더욱 그럴 수밖에 없다.

여기에 〈프로듀스 101〉은 연습생들을 대상으로 삼아 기획사들의 경쟁을 격화시켰다. 때문에 참여자들의 범위는 더 좁아졌지만 화제성 면에서는 단연 최고라고 볼 수도 있다. 이미 실력 있는 연습생들이 경쟁을 벌이는 상황이라 '스타 발굴'의 성격이 더 강화되었기 때문이다. 대리만족이라는 점은 충분히 장점이라고 생각할 수 있지만 연습생들이 중심이기 때문에 대국민 오디션 프로그램에서 보이는 일반인들의 직접적인 참여와는 달랐다. 〈프로듀스 101〉에 대한 시청자들의 반응이 좋아서인지 앞으로 제작될 〈K 팝스타〉 시즌 6 역시 이러한 연습생들을 포함시켜 이른바 프로와 아마추어가 계급장을 떼고 경쟁하게끔 하겠다고 밝힌 바 있다.

복잡성과 피로감을 덜어주는
스타와 오디션의 결합

하지만 최근에 음악예능 프로그램은 이전과 다른 융합을 보여주고 있다. 앞서 언급했듯 '스타'와 '오디션'을 결합한 '스타디션'이란 단어로 그 특성을 표현할 수 있는데, SBS의 〈일요일이 좋다—판타스틱 듀오〉가 스타디션의 대표적인 예에 해당한다. 일반 참가자들의 경쟁과 스타를 결합시켰다는 점에서 이 프로그램은 〈나가수〉의 한계를 극복함과 동시에 오디션 프로가 갖고 있는 복잡성과 피로감을 감소시키기도 한다.

〈판듀〉에서 기존의 스타 가수들은 일반인 참여자들 중 자신과 함께 공연할 멤버를 직접 선택하는데, 다른 오디션 프로그램과 비교했을 때 그 과정이 매우 짧다. 참가자 입장에서 여타의 오디션 프로그램들은 대개 촬영 기간이 길고 심사위원들(혹은 스타들)로부터 인정받고 선택받기까지 복잡한 과정들을 거쳐야 하는 데다, 만약의 경우에는 자신을 제대로 알리지도 못한 채 사라져야 한다. 그러나 〈판듀〉는 이 기간을 단축시킴으로써 참가자들의 접근성을 높이는 결과를 얻을 수 있었다. 물론 대결 결과에 따라 활동 기간은 단계적으로 늘어나기도 한다. 살아남는 듀엣은 좀 더 오랫동안 새로운 대결을 이어가기 때문이다.

이런 포맷은 다른 오디션 프로, 예컨대 나가수와 확연히 다르다. 〈나가수〉처럼 유명한 가수들만 경쟁시키는 것이 아니기 때문이다. 그들의 역량보다는 오히려 새로운 팀 구성에 대한 시험이자 경쟁이다. 이렇게 하려면 〈나가수〉와는 달리 일단 유명 가수들은 대중적인 인기를 얻어왔기 때문에 대중음악 뮤지션으로 인정받아야 한다. 그 다음으로 자신들의 정체성과 색깔에 맞게 지원자들을 발굴·육성하면서 활동할 수 있는 기회가 주어지는 것이다. 이런 방식은 MBC 〈듀엣가요제〉에서도 확인할 수 있다.

흥행과 관계없이
시대적인 문화 코드로

〈복면가왕〉은 결국 복면 뒤에 어떤 연예인이 숨었는지를 알아맞히는 게임이 된 지 오래다. 시청자들이나 일반인들은 복면가수의 노래를 들으면서 누구일지 맞춰야 한다. 그러나 이런 알아맞히기 게임이 얼마나 음악발전에 실효성이 있는지 알 수가 없다. 알아맞히기 게임보다는 더 많은 사람들이 참여할 수 있게 하는 것이 중요할 것이다. 방송 프로그램으로서 〈복면가왕〉이 가지는 공공적 가치를 높이려면, 앞으로는 이전에 탈락되었던 참가자들을 다시금 재발견하고 그들의 역량에 맞는 활동 영역을 찾아주는 것도 한 가지 방법이 될 수 있다. 그 일환으로 일반 시청자나 음악지망생과 연결시켜 활동의 기회를 제공하는 것도 필요하다. 이는 또한 단지 기획사 취향의 음악들을 양산하는 것보다 더 나은 방향이기도 하다.

무도 가요제에서는 〈무한도전〉 멤버들 모두가 스타 가수와 함께 작업함으로써, 프로와 아마추어의 코드를 결합한 새로운 음악들을 선보여왔다. 그리고 최근의 음악예능 프로그램들은 프로 뮤지션들의 정체성과 그 가치를 인정하고 그 바탕 위에서 일반인들의 참여를 확대하고 있다. 문화에 정답이 없듯이 음악 역시 마찬가지다. K-POP 한류 때문에 때로는 기획사의 대규모 마케팅이 정답인 것처럼 보이기도 하지만, 다양성을 계속 유지하는 것만이 K-POP 뮤직이 오로지 가야 할 길이다.

이런 맥락에서 프로그램의 흥행과 관계없이 '스타디션' 포맷은 앞으로도 시대적 문화 코드가 되어갈 수밖에 없다. 왜냐하면 수많은 기획사들이 방송과 오디션을 하는 것은 다양화되고 불확실해진 대중의 음악적 취향을 반영하기 위해서이고, 이런 스타디션은 그러한 음악적 기호를 어느 정도 가늠해줄 수 있는 역할을 하기 때문이다. 언제나 대중음악은 완전히 새로운 것을 갑자기 선보이기보다는 익숙한 것에 새로운 요소를 결합시키면서 진화해가는데, 이러한 스타디션은 익숙한 음악과 스타 뮤지션에 새로운 신인들이 융합하고 있기 때문에 더욱 그러하다.

MCN 방송,
2라운드로 접어들다

어린이들의 장난감을 소개하는 방송인 〈캐리와 장난감 친구들〉의 진행자인 캐리 언니는 '캐통령'으로 불리며, 세상의 다양한 지식을 쉽고 재미있게 소개하겠다는 지식만물상을 자처하고 있다. MCN계 유재석으로 불리는 '대도서관', 게임 크리에이터로 10대들의 열광적인 인기를 받고 있는 '도티'도 이제 일반인에게도 친숙한 이름으로 자리매김했다.

'멀티채널네트워크(MCN)' 'BJ(방송진행자)' '크리에이터(동영상 등 콘텐츠 제작자를 통칭하는 말)' 등은 요즘 미디어 관련 뉴스에서 가장 많이 등장하는 단어 중 하나다. '멀티채널네트워크'라고 불리는 MCN은 10년 전 미국에서 시작된 형태로 유튜브 등 다양한 인터넷 플랫폼에 자체 제작한 동영상을 올리는 기획사를 의미한다.

MCN에서 활동 중인 인기 BJ나 크리에이터들에 대한 소식도 종종 들린다. '대도서관' '양띵' 등 인기 BJ들은 유튜브 구독자들을 수십에서 수백만 명까지 거느리면서 젊은 세대들에게 큰 인기를 얻고 있다. 국내에서는 아프리카TV를 비롯해 트레져헌터, 딩고 스튜디오, 비디오빌리지 등의 업체가 있으며 수십억에서 수백 억대의 투자를 받았다는 소식도 종종 들린다. 2~3년 전부터 떠오르기 시작한 MCN은 이제 2세대를 맞고 있는 모양새다. 1세대 MCN 주자들이 개인적인 취미와 유저와의 소통을 위해 크리에이터로 뛰어들었다면, 기업들이 본격적으로 뛰어들면서 2세대 MCN 주자들은 좀더 프로로서의 입지를 다지며 시장을 주도하고 있다.

MCN의 성장은
스마트폰의 확대 덕분

국내에서 MCN이 대세가 된 것은 2014년부터다. 유튜브, 아프리카TV, 다음tv팟 등 동영상 플랫폼을 통해 콘텐츠를 만들어내는 창작자가 증가하면서 이들의 콘텐츠를 유통하고 마케팅하는 업체가 하나둘 생겨나기 시작했다. 2000년대 중반부터 아프리카TV나 판도라TV 등을 통해 자신의 콘텐츠를 만들어오던 창작자들이 하나둘씩 늘어났고, 이를 기업화하는 움직임이 펼쳐진 것. MCN 업체들은 BJ나 크리에이터라고 불리는 1인 창작자들과 수익을 나누면서 콘텐츠를 함께 기획하거나 매니지먼트하는 역할을 맡고 있다.

국내 MCN 기업들은 2014~2015년 사이 큰 성장세를 보였다. CJ E&M 과 아프리카TV라는 양대 산맥 속에서 판도라TV, KBS, MBC, 네이버, KT, 오리콤, 트레져헌터, 메이크어스 등이 뛰어들며 급격한 팽창세를 맞았다. 한 국전파진흥협회에 따르면 국내 MCN 업체는 2015년 말 기준으로 100개를 넘어섰다.

이는 적지 않은 투자로 이뤄졌다. 메이크어스는 벤처캐피탈 업체인 DSC인베스트먼트, KTB네트워크, 캡스톤파트너스 등에서 202억 원의 투자 를 받았고, 트레져헌터는 SK텔레콤, DSC인베스트먼트로부터 90억 원, 국내 외 벤처캐피탈로부터 67억 원의 투자를 받았다.

국내에서 MCN이 큰 성장을 이룬 것은 스마트폰의 확대 덕분이다. 스 마트폰이 많이 보급되자 자연스럽게 모바일 콘텐츠에 대한 수요도 폭발 적으로 늘어났기 때문이다. 이에 따라 국내 MCN은 CJ E&M이 지난 2013 년 7월 '다이아 TVDIA TV'라는 이름으로 본격적인 사업에 나섰다. 이후 크리에이터들이 만든 회사인 트레져헌터, 비디오빌리지, 샌드박스네트워 크 등이 생겨나면서 MCN이 점점 더 각광을 받게 됐다. 비디오빌리지는 2014년 10월, 트레져헌터는 2015년 1월, 메이크어스는 2015년 10월 등 모 두 2014~2015년 사이에 생겨난 MCN 기업들로 각각 수십에서 수백 명의 크리에이터를 보유하고 있다. 트레져헌터는 전 CJ E&M MCNMulti Channel Network 사업팀장과 영상 크리에이터인 '양띵'이 의기투합한 회사로, 메이크 어스는 CJ E&M 출신 PD들이 합류한 회사로 잘 알려져 있다.

정부도 이 같은 MCN 사업 육성을 위해 관심을 기울이고 있다. 미래창 조과학부는 '글로벌 창의 콘텐츠 크리에이터 공모전' 등 다양한 행사를 통

초등학생들의 장래희망이 된 '크리에이터' 양띵

해 MCN 육성에 나서고 있다.

　　MCN에서 유통하는 콘텐츠를 요약하자면 '다양하고 쉽고 빠르다.' 먹방을 비롯해 간단한 요리법, 메이크업 방법, 뷰티팁, 패션 제안을 비롯해 사회적 이슈에 대한 토크 등 다양한 주제를 총망라하고 있다. 유머를 담은 콘텐츠부터 메이크업이나 요리법을 직접 시연해보이는 콘텐츠, 실시간 게임 중계에 이르기까지 MCN의 영역은 다양하다.

　　이들 콘텐츠의 가장 큰 매력은 '쌍방향 소통'이 가능하다는 점이다. 예를 들어, 크리에이터들이 생산한 MCN 콘텐츠에는 이용자들의 댓글이 실시간으로 달리고, 유튜브 등의 자체 분석 시스템을 통해 실시간 시청률을 볼 수 있다. 크리에이터들은 이런 자료를 바탕으로 바로 다음 콘텐츠에 반영해 좀더 이용자 친화적인 콘텐츠를 만드는 데 주력한다.

　　크리에이터들이 낮은 제작비로 많은 팬들을 사로잡은 비결은 바로 '지

트레져헌터 소속 대표 BJ 김이브와 악어

속적인 소통'에 있다. 크리에이터들은 팬들과 지속적으로 소통하면서 그들
이 원하는 방식으로 콘텐츠를 변화시켜나간다. 자신의 콘텐츠에 대해 팬들
이 의견을 주면 다음 날에는 바로 피드백이 반영된 콘텐츠를 선보이곤 한
다. 이 같은 쌍방향 소통 콘텐츠는 기존에 방송 등을 통해 그저 콘텐츠를
전달하고 전달받던 것에서 벗어나 수용자들의 공감대를 얻어내는 데 크게
기여하고 있다.

MCN의 진화,
특화 영역 구축과 해외 진출

국내 MCN 산업은 이제 2라운드로 접어들었다. 기존의 고정된 팬층을

끌어모으는 데서 한 걸음 나아가 '수익성 강화'와 '해외 진출'을 모색하고 있는 것이다. 이는 규모 자체가 작은 한국 시장에서 MCN 기업들이 자체 수익을 기대하기 힘들기 때문이다. 실제로 유튜브의 경우에는 클릭 수 1회당 약 1원의 광고 수익이 발생한다. 즉, 1억 원의 매출 수익을 올리려면 무려 1억 건의 클릭 수가 필요한 셈인데, 이 때문에 실제로 국내 MCN 전문업체들은 적자 상태를 면치 못하고 있다.

국내 대형 MCN 기업인 메이크어스는 지난해 영업 손실 76억 원, 트레져헌터는 영업 손실 27억 원을 각각 기록했다. 이에 따라 처음부터 커머스를 염두에 두고 출발하는 MCN 기업들도 속속 생겨나고 있다. 패션 뷰티 라이프스타일 플랫폼으로 중국 시장을 겨냥해 출발한 아이즈와이드는 콘텐츠 기획 단계부터 제품과 연계해 제작하는 방식으로 이 업계에 새로운 모델을 구축 중이다. 또 MCN 사업과 크리에이터 미디어 커머스 사업을 진행 중인 레페리 뷰티 엔터테인먼트 같은 업체는 한중 투자사 및 기업으로부터 25억 원 규모의 투자를 유치하기도 했다.

이처럼 MCN 업체들은 자체 수익성을 확보하기 위해 커머스적인 요소, 쉽게 말해 '돈을 버는 구조'를 강화함과 동시에 해외 진출에도 적극 나설 것으로 전망된다. 즉 MCN 콘텐츠를 처음부터 기업과 손잡고 콘텐츠 안에 자연스럽게 제품을 노출시키는 등 자연스러운 PPL이 이뤄지게 하는 방안이 적극적으로 이뤄지고 있다. 이를 위해 그동안 주로 '재미' 위주의 콘텐츠를 생산했던 데서 벗어나 패션, 뷰티, 게임 등 버티컬 MCN 사업자들이 속속 등장할 것으로 전망된다.

'모바일 콘텐츠'가 대세로 떠오르면서 MCN 업체들은 어찌됐든 점점 확장되는 모양새를 띨 것으로 보인다. 그러나 아직 국내 시장의 규모 등을 감안했을 때 MCN 업체들은 새로운 영역의 개척자적인 성격을 띠고 있다. 관건은 이들이 수익성을 확보하면서 얼마나 다양해질 수 있느냐에 달려 있다. 구체적으로 MCN 기업들은 기존의 유튜브 조회수를 통한 광고 수익으로는 시장성이 낮기 때문에 직접 광고 제작이나 PPL, 부가사업(콘텐츠 제작 등)을 확대하며 활로를 모색 중이다. 이처럼 MCN들은 당분간 춘추전국시대를 맞으면서 각각의 특성에 따라 분화할 것으로 예측된다.

웹예능,
전성시대를 맞다

2015년 12월 공개된 웹드라마 〈퐁당퐁당 러브〉(연출 김지현)는 현대에서 조선 시대로 타임슬립한 여고생의 이야기를 담았다. TV와 인터넷을 통해 방송된 이 작품은 2016년 2월 누적 조회 수 1,000만 건을 돌파하며 콘텐츠 업계에 파란을 일으켰다.

나영석 PD가 만든 웹 전용 예능프로그램 〈신서유기〉는 모바일에 철저히 맞춰 제작한 콘텐츠로 종영 당시 조회 수 4,000만 건을 기록하며 기존에 예상했던 2,000만 건을 훌쩍 뛰어넘는 성공 사례를 기록했다.

지난 2014년부터 붐이 불기 시작한 웹드라마, 웹예능이 전성시대를 맞은 모양새다. 기존 지상파 방송사뿐 아니라 대기업과 정부기관까지 웹드라마에 뛰어들면서 콘텐츠 시장의 강자로 자리하고 있다. 이는 2014년 기준으로 스마트폰 이용자가 4,000만 명을 돌파하면서 콘텐츠 수요가 늘어난 것에 기인하는 바가 크다.

흔히 '모바일 드라마' 또는 'SNS 드라마'로 불리는 웹드라마는 네이버 TV캐스트, 다음tv팟 등 포털사이트와 유튜브, 페이스북 등 SNS 플랫폼을 통해 방송되는 드라마를 지칭한다. 웹드라마는 보통 10분 안팎으로 러닝타임이 짧고 기존 드라마에서 볼 수 없었던 다양한 소재를 다루고 있으며, 스마트폰을 통해 시간과 장소의 구애 없이 시청할 수 있다는 장점을 가진다. 2012년 첫 웹드라마 〈러브인메모리〉가 첫 선을 보인 이후 웹드라마는 스낵컬처snack culture, 즉 부담 없이 가볍게 소비하는 문화 트렌드의 대명사가 됐다. 2013년 7편, 2014년 23편에 이어 2015년에는 67편 등 웹드라마 제작

모바일에 철저히 맞춰 제작한 콘텐츠로
나영석 PD가 만든 〈신서유기〉

편수는 급격히 증가했고 누적 조회 수 1,000만 이상 작품도 4편이나 탄생했다. 2016년에는 200여 편이 넘는 웹드라마가 제작될 것으로 보인다.

소재와 장르,
형식의 구애가 없다

~~~~~

웹드라마, 웹예능의 가장 큰 장점은 소재와 장르, 형식에 구애받지 않고 제작할 수 있다는 점이다. 지상파나 케이블TV에서 방송되기 어려운 독특한 주제와 형식의 작품이 속속 등장하면서 특히 다양하고 새로운 문화에 민감한 젊은 층에서 소비되고 있다.

여성 동성애적인 요소를 드러낸 〈대세는 백합〉, 다양한 남자친구의 모습을 1인칭 시점으로 촬영해 시청자에게 데이트하는 듯한 느낌을 주는 〈내 손안의 남자친구〉 등 웹드라마에서만 가능한 콘텐츠가 다수 선보였다. 허균의 홍길동전 탄생 비화로 사라진 '홍길동전'을 둘러싼 추적 액션 활극을 담은 〈간서치열전〉, 조선시대로 타임슬립한 여고생의 이야기를 다룬 〈퐁당퐁당 러브〉 등 사극의 외피를 입은 웰메이드 작품도 여럿 탄생했다.

실제로 2015년 제작된 웹드라마 중 아이돌그룹 엑소의 시우민과 김소은이 출연한 〈도전에 반하다〉가 2,110만 뷰를 기록한 데 이어 엑소와 문가영이 출연한 〈우리 옆집에 엑소가 산다〉(1,830만 뷰), 유노윤호와 김가은이 출연한 〈당신을 주문합니다〉(1,530만 뷰) 산다라박, 강승윤이 연기한 〈우리 헤어졌어요〉(1,140만 뷰)가 조회 수 1,000만을 돌파하는 등 굵직한 작품도 다

수 탄생했다. 웹예능의 경우 〈신서유기〉가 불법 도박, 세금 문제, 이혼 등 출연자들의 어두운 과거를 거침없이 공개하는 등 기존 예능 문법에서는 지양했던 방식도 과감히 차용하면서 인기를 얻었다.

스마트폰 보급률이 높아지면서 모바일 서비스 이용량이 급증, 시청자들의 방송 시청 패턴이 크게 변한 점도 웹콘텐츠의 활성화에 큰 몫을 하고 있다. 이동 중이나 막간을 이용해 한 회당 5~10분을 투자해 시청할 수 있는 웹콘텐츠는 기존의 방송 콘텐츠와 비교할 때 시간과 장소의 구애를 받지 않고, 전개가 빨라 지루하지 않다는 점에서 더 각광받고 있다. 또 제작자 입장에서는 전체 제작비가 2억 원 대로 기존 드라마보다 저렴한 데다 별도의 심의 규제가 없어 PPL이 자유롭다는 점도 매력 요소로 꼽힌다.

질적 측면을 담보한
수익구조 마련이 관건

웹콘텐츠의 제작이 활기를 띠면서 지상파 방송사를 비롯한 대기업, 정부기관 등도 서둘러 웹콘텐츠 시장에 뛰어들고 있다. 2015년 케이블TV채널 tvN이 가장 먼저 웹콘텐츠 전문 방송인 tvNgo를 출범시킨 데 이어 2016년 중순에는 SBS가 웹·모바일 콘텐츠 전용 브랜드 모비딕Mobidic을 내놨다. 같은 해 8월 KBS는 카카오와 손잡고 〈연애탐정 셜록K〉와 〈프린스의 왕자〉를 시작으로 연내에 10편의 작품을 선보이겠다는 목표를 밝혔다. KBS N스크린기획팀 팀장의 이야기이다.

SK 브로드밴드와 JTBC가 공동 제작한
웹콘텐츠 <마녀를 부탁해>

"온라인과 모바일 전용 콘텐츠를 기획하고 제작, 유통해 비즈니스를 만들어보자는 생각으로 웹드라마 프로젝트를 시작하게 됐다."

SK브로드밴드, KT, LG유플러스 등 IPTV 3사도 대대적으로 웹콘텐츠 시장에 참여했다. SK브로드밴드는 2016년 초 모바일 플랫폼 Btv모바일과 호핀을 합친 '옥수수'를 출시, JTBC와 <마녀를 부탁해>를 공동 제작하고, 72초 TV의 <72초 데스크>를 단독 제공한다. KT는 웹예능과 드라마를 합친 <Ero 사항>(감독 봉만대, 주연 권오중)을 모바일 콘텐츠로 제작하고 LG유플러스 역시 tvN, JTBC와 공동으로 영상 콘텐츠를 제작하기로 했다. 지상파 방송사와 대기업이 적극적으로 뛰어든 가운데 정부는 웹드라마 지원예산을 대폭 늘리겠다는 계획을 밝히기도 했다.

이처럼 지속적인 시청자 확보 속에 방송사와 대기업도 뛰어들면서 웹콘텐츠 시장의 전망은 밝을 것으로 예상된다. 관건은 '질적 측면'을 담보하면서 수익구조를 마련, 지속 가능한 성장을 이룰 수 있느냐다. 웹콘텐츠가 지나치게 우후죽순으로 제작되면서 질적 하락에 대한 위험성도 경고되고 있기 때문이다. 〈연애세포〉를 제작한 IHQ 홍보팀장의 이야기다.

"그저 인기에 편승해 웹드라마를 만들다보면 결국 질적 하락으로 이어질 것이라는 우려가 있다. 질적 하락은 대중의 외면으로 이어질 것이기에 단순한 화제성이 아닌 질 높은 킬러콘텐츠 확보가 중요하다."

즉 지금처럼 웹드라마가 기업 광고에만 의존할 경우 'PPL 드라마'라는 오명을 얻을 가능성도 다분하다. 웹드라마 자체의 수익모델이 없다면 지속 가능한 구조를 만들기 어렵다는 얘기다. 다양한 소재가 나오려면 광고에만 기대지 않는 자체 수익구조를 만드는 것이 관건이다.

툰방,
방송과 웹툰의 결합

최근 대중문화 콘텐츠의 대세는 미래지향적인 디지털 기술의 융합 차원에서 웹툰이라고 할 수 있다. 디지털 기술의 발달로 만화가 웹툰으로 변신해 왔고, 앞으로 첨단 기술에 힙입은 콘텐츠 서비스를 제공하게 될 것이다. 스마트폰이나 PC에 있어야 할 웹툰이 최근에는 방송과 결합되고 있다. 만화가 방송에 결합되는 경우는 가끔 있었지만, 요즘의 상황은 그것과 차원이 다르다.

1980년대 인기 만화작가였던 허영만이나 이현세는 간혹 퀴즈 프로그램의 출연자로 등장했다. 예컨대 KBS〈퀴즈탐험 신비의 세계〉같은 프로그램에 등장한 이들은 동물에 관한 퀴즈를 맞추고 상품을 타 가며 즐거운 표정을 짓기도 했다. 이는 만화작가와 예능 프로그램의 결합을 시도했던 사례였다. 하지만 오프라인에서 출판되는 만화 시장이 1990년대 이후 급격히 축소되면서 만화작가들이 또다시 방송에 출연할 것이라고는 전혀 예상되지 않았다.

초고속 통신망을 기반으로 한
새로운 형태의 웹툰

그런데 종이 만화는 저물었지만 초고속 통신망을 기반으로 한 새로운 형태의 웹툰이 선을 보이기 시작했다. 초기에는 작가들의 홈페이지에 연재됐으나 이내 수그러들었다. 별다른 수익을 얻지 못했던 데다 포털사이트들이 각종 웹툰을 무료로 공급하기 시작했기 때문이다.

하지만 포털 웹툰은 점점 영향력을 확대해나가기 시작했다. 처음에는 종이 만화에 비해 미약했지만, 엄청난 구독자를 구축하고 세계 여러 나라에도 진출하고 있다. 비록 일부 작가들의 경우이긴 했지만, 페이지 뷰 수가 크게 늘어나는 작품의 작가들에게는 많은 대가가 주어졌기 때문이다. 포털은 수천만 명이 이용하기 때문에 일단 이곳에 노출되는 웹툰은 유리한 출발선에 서게 된다. 거꾸로 포털 입장에서 보더라도, 많은 사람들이 웹툰을 보기 위해 자사 사이트에 체류하는 시간이 늘어날수록 좋을 수밖에 없다.

많은 사람들이 보는 콘텐츠는 다른 장르의 콘텐츠로 만들어지기 쉽다. 이는 '미디어믹스'나 '원소스 멀티유즈'라는 말로 설명할 수 있을 것이다. 하나의 콘텐츠로 다양한 미디어를 아우를 수 있기 때문에 미디어 믹스라는 개념이 사용될 수 있다. 웹툰이 연극, 영화, 애니메이션, 뮤지컬, 소설, 캐릭터 상품으로 창작된다면 원소스 멀티유즈에 해당한다고 할 수 있다. 미디어 믹스는 미디어 관점에서 접근하고 있기 때문에 원소스 멀티유즈보다는 개념적인 범위가 좁다. 그러므로 문화예술 장르 전반을 아우른다면 원소스 멀티유즈가 적합하다.

이러한 원소스 멀티유즈 전략 차원에서 이를 성공시킨 대표적인 웹툰 작가가 바로 강풀이었다. 하지만 이때만 해도 웹툰은 개인용 컴퓨터인 데스크탑이나 노트북을 벗어나지 못하고 있었다.

스마트폰의 등장으로
새로운 전기를 맞다

2008년 스마트폰이 확산되기 시작하면서 웹툰은 새로운 전기를 마련하게 된다. 이동 중은 물론 언제 어디서라도 스마트폰을 통해 웹툰을 볼 수 있게 되었기 때문이다. 이를 사실상 웹툰이라고 불리는 것에서 벗어나야 한다는 지적도 있다. 이른바 스마트툰 즉, 스툰의 경지로 들어섰기 때문이다. 더구나 웹툰은 그 형식이 짧다는 특성상, 이동 중이거나 잠깐의 시간만 할애해도 충분히 소화할 수 있는 최적의 콘텐츠다. 이러한 종류의 콘텐츠를 가리켜 '쿼터리즘 콘텐츠' 혹은 '스낵 컬처'라고 한다. 쿼터리즘 콘텐츠는 15분 안쪽의 짧은 콘텐츠를 말하는데, 이제는 그보다 더 짧아진

<냉장고를 부탁해>에 출연하면서
예능인으로 거듭난 웹툰 작가 김풍

5분 안에 즐길 수 있어야 하는 콘텐츠가 인기를 끈다.

　형식적 특징 면에서도 변화가 감지되었다. 기존의 웹툰들은 스크롤 방식, 즉 밑으로 내려가며 보는 방식을 기본으로 했다. 하지만 스마트폰으로 즐기는 웹툰들은 여기에서 한 발 더 나아가 한 컷씩 움직이는 방식의 작품이 있는가 하면 음악이나 효과음이 흘러나오고 움직이는 이른바 '무빙툰 moving toon'도 선을 보이기에 이르렀다. 또한 스마트폰은 기본적으로 화면을 확대할 수 있기 때문에 좀 더 밀접한 접사 효과를 주기도 한다. 이런 특징들은 웹툰에 대한 독자들의 몰입감을 더욱 높였고, 덕분에 더욱 큰 규모의 인기를 얻게 하는 요소가 되었다.

　대중의 인기에 힘입어 웹툰 작품은 점차 영화와 드라마로 제작되기 시작했다. 윤태호 작가의 〈이끼〉〈미생〉 같은 작품들은 내용이 다소 무거운데도 큰 인기를 끌어 영화 및 드라마로 만들어진 예에 해당한다. 또한 화제의 웹툰 작가들은 당연히 뉴스에 등장하거나 예능 프로그램에도 진출하기에 이르렀는데, 대표적인 작가가 바로 김풍이다. 그는 〈폐인가족〉이라는 웹툰으로 유명했지만 JTBC 〈냉장고를 부탁해〉에 출연하면서 예능인으로 거듭났고 심지어 웹툰보다 예능에 더 집중하기도 했다. 그는 스스로 자신의 요리 실력을 드러내고 예능화함으로써 '쿡방'이라는 예능코드에 적극적으로 융합했다.

〈무한도전〉의
릴레이 웹툰

스마트 모바일 환경에서의 웹툰은 〈무한도전〉을 통해 다시금 도약했다. 이른바 '웹툰방송의 본격적인 등장', 즉 '툰방'이라 할 수 있다. 웹툰 작가들의 예능화를 넘어서 웹툰이라는 장르, 미디어 자체에 주목했다. 가장 대표적인 사례가 〈무한도전〉 '릴레이툰' 시리즈였다. 6주 동안 6인의 출연자들로 하여금 각각의 웹툰 작가들과 함께 릴레이 웹툰을 연재하면서 경쟁을 벌이게 한 것이다. 당연하게도 누가 많은 주목을 받았는지, 많은 사람이 보았는지에 따라 우승자가 결정되는 방식이었다.

그런데 출연자들은 단순히 웹툰 작가들과 스토리를 만들어내는 것이 아니라 각 작가들의 작품에 실제 캐릭터로 등장한다. 이는 곧 웹툰이 가지고 있는 현실의 반영과 그 현실의 판타지를 통한 소망의 충족을 예능적으로 실현해내는 콘셉트였다. 소망이란 자신들이 원하는 내용을 반영하는 것이었다. 시청자 입장에서는 무한도전 멤버들이 웹툰에 등장하기 때문에 더욱 더 소망스러운 콘텐츠가 되는 것이었다. 특히 열혈 팬들은 자신들이 좋아하는 무도 멤버들이 웹툰에 등장하면 더욱 흥미롭게 받아들이기 때문이다.

또한 영화나 드라마 제작은 과정도 복잡하고 자본도 많이 들어가지만 웹툰은 그렇지 않다는 장점이 있는데, 〈무한도전〉은 웹툰의 이 장점을 십분 살린 것이었다고 할 수 있다.

2013년에 개봉한 영화 〈더 웹툰: 예고살인Killer Toon〉(감독 김용균)은 웹툰 자체를 소재로 삼는다. 웹툰의 스토리대로 현실에서도 살인사건이 일어난다는 내용을 담고 있기 때문이다. 소설이나 영화가 아닌 웹툰이 영화 줄거리의 주를 이룬다는 것은 곧 최근 들어 웹툰이 가장 핫한 문화콘텐츠로 떠올랐다는 것을 증명해주는 것이기도 하다.

웹툰 자체를 소재로 활용한
파격적인 드라마 〈W〉

2016년에 방영된 MBC 드라마 〈W〉 역시 웹툰 자체를 소재로 사용한다는 점에서 〈더 웹툰: 예고살인〉과 비슷하지만 보다 파격적이다. 〈W〉에서는 현실의 여주인공이 웹툰이라는 가상공간 속으로 들어갔다가 현실이라는 실제 공간으로 돌아오기를 반복하기 때문이다. 또한 현실의 여주인공은 웹툰 속의 인물을 음모에서 구출하기도 하고, 이와 반대로 웹툰 속의 인물이 현실의 여주인공을 끌어당기기도 한다. 이는 존재와 비존재, 가상과 허구의 경계가 허물어지면서 이루어지는 상호작용을 보여준다. 이 드라마가 크게 히트를 했기 때문에 웹툰을 소재로 하는 드라마나 영화는 앞으로도 얼마든지 제작될 가능성이 많다. 웹툰은 특히 젊은 층에게 크게 인기가 있는 장르이자 스툰이라며 불릴 정도로 이동간에 즐길 수 있는 모바일 미디어 콘텐츠의 특징을 지니고 있다. 따라서 앞으로도 짧지 않은 시간 동안 세대문화의 중심을 차지할 가능성이 많다. 단지 원작을 활용하거나 웹툰 작가가 출연하는 소극적인 방식이 아니라 이동 시 즐길 수 있는 모바일 콘텐츠의 특성을 적극적으로 활용하는 방송(드라마, 예능)이나 영화 콘텐츠가 향후 많아질 것으로 기대된다.

롱런 MC,
캐릭터 자체가 곧 트렌드

방송가는 변화가 빠른 곳이지만 특히나 예능 쪽은 더욱 그렇다. 이미 우리
는 대세로 급부상한 연예인이 여러 프로그램에서 러브콜을 받으며 게스트
로 활약하다가 갑자기 출연이 뜸해지는 것을 본 적이 있다. 개그 프로그램
유행어가 한동안 여기저기서 애용되다가 조금만 지나면 '부장님 개그'로 취
급되는 것처럼 말이다.

　그런 환경인데도 예능인은 다른 분야의 연예인들에 비해 다양한 이
미지를 보여주기가 어렵다. 배우는 장르나 역할에 따라, 또 가수는 앨범이
나 무대 콘셉트에 따라 대중에게 여러 이미지를 보여줄 기회가 많다. 하지
만 예능인은 평생에 거쳐 만들어진 캐릭터로 시청자들에게 기억된다. 토크

쇼냐 혹은 리얼 버라이어티냐 등 프로그램 성격에 따라 그 역할이 다소 바뀌기는 하지만, 기본적으로 MC가 가진 역량 자체는 바꾸기가 어렵다. 가령 이경규가 출연한다고 하면 그 특유의 호통 개그를 기대할 수 있고, 신동엽에게서는 능청스러운 입담을 예상하게 된다. 이처럼 어떤 프로그램을 하더라도 스스로 오랜 시간을 들여 구축한 캐릭터를 기반으로 하기 때문에 예능 MC들은 자신만의 개성을 구축해나가면서도 변화에 발맞춰 유연하게 대처해야 한다. 이것에 성공한 장수 MC들은 한 발 더 나아가 그들의 존재 자체를 곧 새로운 트렌드로 만들기도 한다.

이경규,
뭘 해도 재미있다

~~~~~~

데뷔 35년이 넘은 이경규는 대표적인 '롱런' MC다. 부침이 잦은 방송가에서 꾸준히 활동을 이어오고 있다는 사실만으로도 충분히 대단한데, 최근 방송에서 '예능 대부'로 불리며 여전히 트렌드에 영향력을 미치고 있다는 점이 더 놀랍다.

예능 MC들을 살펴보면 본인이 진행자로 나선 프로그램이 아닌 다른 프로그램에서 게스트로 활약하는 경우가 드물다는 것을 알 수 있다. 그런데 이경규는 이를 깨고 새로운 트렌드를 만들었다는 점에서 흥미롭다.

2015년 연말 방송된 MBC 〈무한도전〉의 '예능 총회' 특집에서는 여러 예능 MC들을 초대하면서 이경규에게만 특별히 왕좌를 준비해 그의 캐릭

30년이 넘은
대표적인 롱런 MC 이경규

터를 더욱 극적으로 만들었다. 이후 그는 〈마이 리틀 텔레비전〉〈런닝맨〉 〈SNL 코리아〉 등에 게스트로 출연하며 시청자들의 고정관념을 깨뜨렸다.

까마득한 대선배인 그가 게스트로 출연한 예능에서 물에 빠지고 후배들과 게임하고 '셀프 디스'를 하는 모습은 시청자들에게 새롭게 다가왔다. 예전에 그가 "안농 경규예요"라며 다정한 말투로 SNS 소통을 시작했을 때와 같은 반전을 느꼈다고 할까. 〈마이 리틀 텔레비전〉에서 그가 귀여운 강아지들과 뒹구는 모습을 보고 네티즌들이 환호했던 것도 이와 비슷한 맥락이다.

이는 평소 그의 거침없는 언행과 버럭 캐릭터에서 오는 반전 효과라고 볼 수 있다. 〈무한도전〉에서 이경규의 게스트 활약을 예고했던 김구라가 한 인터뷰에서 한 말이다. 그는 이경규 자체를 하나의 트렌드로 인정했다.

"이경규라는 인물이 뭘 해도 대중이 재미있게 받아들이는 흐름을 탄 것 같다".

김병만,
익스트림 코미디 개척

~~~~~

김병만은 KBS 2TV 〈개그콘서트〉 시절, 2007년부터 2011년까지 무려 5년간 '달인'이라는 코너를 이끌며 기예에 가까운 개그로 '인생 캐릭터'를 얻었다. 진정한 웃음을 위해서는 흉내에 그치지 않고 진짜 달인이 되어야 했는데, 김병만은 다른 개그맨들이 쉽게 따라 할 수 없는 기술을 연마해 슬랩스틱 코미디의 대표주자로 거듭나게 됐다.

이는 마치 누구의 발길도 닿지 않은 정글에 새 길을 내는 것처럼 후배 개그맨과 예능인들을 위한 발자취가 되고 있다. 자신만의 차별화된 가능성을 키우고 노력해 대체불가한 존재로 생존하는 법을 몸소 보인 것이다.

김병만은 최근 예능인으로는 처음으로 네이버 V앱 채널에 〈병만TV〉를 오픈했다. 그동안 다양한 분야의 자격증을 취득한 그는 지상은 물론 수중,

지상, 수중, 공중 어디서든 웃음을
만들어내는 김병만

공중 어디서든 웃음을 만들어냈다. 〈병만TV〉는 이런 그의 장점을 십분 발휘하는 새로운 프로젝트로, 익스트림 코미디라는 새 트렌드를 선보이고 있다.

김병만의 이야기이다.

"이제는 코미디에 경계라는 게 없는 것 같다. 보는 사람이 대리만족을 느끼고 그러면서 스트레스가 풀리면 그것도 코미디라고 생각한다."

〈병만TV〉는 코미디의 경계를 허무는 새로운 시도인 셈이다.

강호동, 버라이어티의 강자가
팀워크의 강자

강호동은 한때 '시베리아 야생 호랑이'로 큰 사랑을 받았지만, 굳건한 대신 유연성이 부족했던 캐릭터 탓에 트렌드 변화의 직격탄을 고스란히 받을 수밖에 없었다. 잠정은퇴 후 1년의 공백기를 거쳐 여러 프로그램에 새로이 도전했지만, 연이어 저조한 성적을 거두면서 그의 스타일은 어딘가 뒤처졌다는 느낌까지 들게 했다. 그런 강호동이 최근 다시 부활했다는 평가를 받고 있다. 그 시작은 역설적으로 그가 '옛날 사람'이라는 놀림의 대상이 되면서부터다. 그리고 그 뒤에는 이승기, 김희철, 민경훈이 있다.

tvNgo 모바일 예능 〈신서유기〉의 초반, 강호동은 막내 이승기의 거침없는 언변에 놀라 당황하는 등 어색한 모습을 보였다. 막내 이승기의 빠른 적응력과 과감한 토크에 놀라며 움츠러드는 강호동의 모습은 신선했다. 이는 JTBC 〈아는 형님〉에서도 마찬가지였다. 혼자만 옛날 교복을 입은 강호동이

강호동이 버라이어티 예능에서 강세를 보이는 건 멤버 간의 시너지를 만들어내는 능력 때문

교실 중간에 버티고 있는 그림 자체가 익살스럽다. 강호동이 옛날 사람이라며 놀림받고, 김희철과 민경훈이 하극상을 일으킬수록 웃음은 커진다.

"어디에서 어떤 사람과 하느냐에 따라 역할이 바뀌는 법이다. '옛날 사람' 캐릭터도 결국은 동료들이 만들어준 것이다. 동료들이 몰아붙이고 공격하고 놀리면, 또 거기에 맞춰 내가 해야 하는 역할과 의무가 있다. '옛날 사람' 또한 내 이야기의 일부다. 그렇다고 요즘 스타일이 없는 게 아니다. 차근차근 공부하고 노력한다."

이것이 강호동의 평소 지론이다. 하지만 이 같은 호흡은 오히려 강호동의 리더십이 있었기에 가능했다고도 볼 수 있다. 강호동이 유독 버라이어티 예능에서 강세를 보이는 것 또한 멤버 간의 시너지를 만들어내는 능력덕분이다. '옛날 사람'이었던 그는 동생들과 놀라운 호흡을 선보이며 트렌드에 올라타는 데 성공했다.

유재석, 한결같은 겸손과
친절함을 가진 '유느님'

〜〜〜〜

'유느님'이라 불리며 최고의 MC 자리를 지키고 있는 유재석. 흥미로운 점은 여타의 MC들과 비교했을 때 그는 많은 유행어나 독특한 캐릭터를 가진 인물이 아니라는 것이다. 물론 유재석은 남다른 재치와 순발력 때문에 정상에 올랐지만 그가 1인자로 오래도록 군림할 수 있는 이유는 따로 있다.

그는 현장에서 아무리 늦은 녹화로 피곤해도 스태프 한 명 한 명에게 "수고하셨다"라는 인사를 일일이 건네는 매너를 가진 사람으로도 알려져 있다. '유느님'이라는 유재석의 캐릭터는 그처럼 늘 한결같은 겸손과 친절함

호감 주는 이미지로
오래 사랑받는 유재석

이 뭉쳐 탄생된 것이다.

특히 유재석은 술과 담배를 가까이 하지 않고 운동으로 몸을 다지는 등 자기관리로 유명하다. 그는 한 방송에서 그렇게 철저히 자신을 관리하는 이유가 프로그램의 재미를 위해서라고 밝히기도 했다. 〈무한도전〉과 〈런닝맨〉처럼 쫓고 쫓기는 추격전을 벌이는 미션이 많은 예능 프로그램에서는 장시간 체력을 유지해야 긴장감을 살릴 수 있기 때문이다. 덕분에 '제임스유' 같이 〈런닝맨〉 안에서 또 다른 캐릭터를 만들어내며 버라이어티의 재미를 두세 배로 끌어올렸다.

유재석의 부드러운 리더십과 예능감은 〈해피투게더〉를 비롯해 〈동상이몽〉 〈슈가맨〉 등 많은 토크 프로그램에서도 빛을 발했다. 평소에도 출연자들과 꾸준히 연락하고 방송에서 이들을 챙기는 그의 자상한 면모는 보이지 않게 프로그램의 성공을 이끌어낸 힘이다.

때론 TV 속 모습뿐 아니라 그 사람 자체가 지닌 이미지가 트렌드가 되기도 한다. 유재석은 예능인이 단순히 웃음을 주는 역할을 넘어 호감을 주는 이미지로도 오래 사랑받는 캐릭터가 될 수 있음을 보여줬다.

김구라,
예능과 지식의 만남

김구라는 본래 '독설'이라는 무기를 장착하고 비주류 방송인으로서 남다른 존재감을 지니고 있었다. 그런 그가 주류에 편입하면서 만들어낸 트

매 방송마다 다른 모습을 보여주는 김구라

렌드는 '예능과 지식의 만남'이다.

김구라는 매 방송마다 다른 모습을 보여준다는 점에서 더욱 독보적이다. 〈라디오스타〉에서 거침없는 입담을 보여주는가 하면 〈복면가왕〉에서는 전문가 급의 음악 비평과 가요 지식을 뽐내고, 〈마이 리틀 텔레비전〉에서는 다양한 소재와 새로운 인물들을 끌어와 알찬 콘텐츠를 만들어내고 있다.

음악, 영화, 인테리어, 시사에 이르기까지 김구라는 예능 MC 중 가장 폭넓은 프로그램 소화력을 자랑한다고 해도 과언이 아니다. 단지 명목상의 진행이 아닌, 높은 이해력을 바탕으로 한 그의 멘트는 프로그램을 더욱 풍성하게 만든다.

그것은 잠깐의 대화를 통해서도 느낄 수 있다. 김구라를 만난 필자는 그가 속사포처럼 내뱉는 말 속에도 꼭 필요한 내용이 모두 담겨 있다는 점에서 매우 놀랐다. 질문을 하는 순간 곧바로 그에 대해 답변하는 김구라의 순발력과 입담은 정말 감탄스러웠다.

그러나 김구라는 "공부를 따로 하는 건 아니다"라고 한다. 그가 밝히는 박학다식의 비결이다.

"다방면에 관심이 많아서 의식적으로 이것저것 많이 보려고 노력한다. 〈썰전〉 같은 프로그램을 위해서는 신문을 꼬박꼬박 챙겨서 볼 뿐 아니라 제작진이 주는 자료를 정독, 숙지하고 들어간다."

김숙,
'공감' 예능의 뿌리

'여자 예능은 안 된다'는 방송가의 편견을 깨고 2016년 후반에는 KBS 2TV 〈언니들의 슬램덩크〉가 동시간대 시청률 1위를 차지해 화제가 됐다. 여성 예능 가뭄기가 끝나고 다시금 단비가 내리기 시작했다는 평가도 이어졌는데, 그 중심에 있는 인물이 바로 김숙이다.

2015년 10월 윤정수와 김숙이 JTBC 〈최고의 사랑—님과 함께 2〉에 새 커플로 투입된다고 알려졌을 당시 이들에게 주목하는 사람은 아무도 없었다. 하지만 첫 만남부터 '방송을 위한 완벽한 쇼윈도 비즈니스 커플'임을 선언한 이들은 이전의 연애·결혼 버라이어티 커플들에게서 전혀 볼 수 없었던 새 캐릭터를 창조했다.

연애 버라이어티 프로그램에서 여성 출연자가 다소 수동적으로 그려졌던 것과 전혀 다르게 김숙은 초장부터 확실히 주도권을 잡았다. 윤정수를 완전히 휘어잡으며 가식과 거짓 없이 자기 역할을 뚝딱 해내는 김숙에

여성 예능인 전성시대를 연 김숙

게는 '퓨리오숙' '가모장숙' '숙크러쉬' 등의 별명이 따라붙었다.

김숙은 여세를 몰아 〈언니들의 슬램덩크〉로 여성 예능인 전성시대를 열었다. 〈언니들의 슬램덩크〉가 론칭했을 당시 각 분야에서 '센 언니'로 둘째 가라면 서러운 이들이 모인 만큼 '퓨리오숙' 캐릭터 역시 더욱 강조될 거라 예상됐다. 하지만 김숙은 전혀 새로운 모습을 보여줬다. 김숙의 이야기이다.

"오히려 남자가 한 명이라도 있으면 세게 보이려고 했을 텐데 여자끼리 있으니 그럴 필요가 없더라. 남자들한테는 세게 할 수 있겠는데, 여동생들 한테는 그럴 필요가 없는 것이다."

따라서 〈언니들의 슬램덩크〉는 자연스럽게 멤버들의 진짜 모습을 보여 주는 것에 집중했고, 그것이 여성 예능의 장점인 '공감'의 뿌리가 됐다. 이는 앞서 김숙이 여성성이 아닌 남성성을 내세워 사랑받은 것이 아님을 반증하 는 증거이기도 하다. 향후 이어질 여성 예능의 가능성에 더욱 희망을 싣게 되는 이유다.

롱런하는 예능 MC들에서도 알 수 있듯, 대중들은 꼭 새로운 것만을 추구하지는 않는다. 사람들에게 볼거리를 주고 웃음을 줘야 하는 예능에 서조차도 더욱 효과적인 요소는 인간의 본질, 꾸미지 않은 그 사람의 본질 자체라고 할 수 있다. 롱런 MC들은 아무리 시대가 변하고 세월이 간다 해도 '인간의 본질'만큼 영원한 트렌드도 없다는 것을 증명해준다.

액터테이너,
연기돌의 반대

2016년 연기돌이라는 아이유가 드라마 〈달빛연인―보보경심 려〉에 출연하며 연기력 논란에 시달렸다. 그간 몇몇 드라마에 간간히 출연해왔던 가수 출신의 아이유가 드디어 연기력 바닥을 드러낸 것이라는 이야기도 나왔다. 그 전까지는 주인공 같은 전면적인 배역을 맡지 않았던 아이유에게 〈달빛연인―보보경심 려〉는 본격적인 시험대가 되었던 셈이다. 사극이기 때문에 연기력 논란이 불거졌다는 것은 변명이 되지 않았다. 연기력을 기본으로 갖춘 사람이라면 사극이든 현대물이든 장르는 문제가 되지 않을 것이기 때문이다. 이에 반대로 연기돌에 대응하는 액터테이너가 주목받았다.

　새삼 눈에 띄기 시작한 액터테이너를 이해하려면 싱어테이너 혹은 아이돌테이너를 살펴봐야 한다. 한동안 대부분의 예능 프로그램은 개그맨과 가수 출신의 싱어테이너(싱어+엔터테이너)들이 장악했다고 해도 지나침이 없어 보였다. 개그맨들의 예능 프로그램 진출은 사실 자연스러운 현상이라 별다르게 여겨지지 않았다. 그런데 그간 예능 프로그램에 진출한 가수 출신들은 '예능감이 없을 것'이라는 막연한 예상을 뒤집으며, 그들이 단지 뮤지션이 아니라 엔터테이너로서의 역량도 충분히 가지고 있음을 잘 보여주었다. 대형기획사의 아이돌들이 데뷔하자마자 예능 스타로도 활약할 수 있는 역량을 계발하거나 트레이닝하는 이유도 이 때문이다.

배우의 예능 프로그램 출연은 예전에 가끔씩 있었지만 이제는 이 역

배우들의 예능 프로그램 출연이 많아지고 있다. <삼시세끼-어촌편>의 차승원과 유해진, <꽃보다 할배> 백일섭, 박근형, 이순재, 신구가 대표적이다.

시 쉽게 접할 수 있다. KBS 2TV 〈해피선데이—남자의 자격〉의 배우 이정진, KBS 〈천하무적 야구단〉의 오지호와 김성수, 〈꽃보다 할배〉의 백일섭, 박근형, 이순재, 신구, 〈삼시세끼〉의 차승원과 유해진 등 예능 프로그램에 출연한 배우들은 무척 많다. 또 게스트나 참여자를 넘어 아예 프로그램 진행자로 나섰던 배우들도 있었다. 〈박중훈쇼〉의 박중훈과 〈고쇼〉의 고현정이 그 예인데, 두 프로그램 모두 그리 오래 유지되지는 않아서 아쉬움이 있다. 그나마 선방한 것은 KBS 〈승승장구〉의 김승우였다. 안재욱의 경우에는 드라마를 통해 배우로서의 인지도를 상당히 쌓았는데 후에 음악 활동을 하며 가수로서도 큰 인기를 끌었던 예에 속한다.

본업인 연기는 물론
다양한 퍼포먼스도 가능

~~~~~

액터테이너는 연기가 본업인데 노래와 춤 등의 퍼포먼스도 모두 가능한 젊은 연예인들을 지칭하는 표현이다. 이들은 연기가 부업인 연기돌(연기하는 아이돌)과는 개념상 반대된다. 즉, 액터테이너에게는 연기가 메인이고 노래가 부업이 되는 셈이다. 엑터테이너로 불리는 이들은 기본 모델이 기무라 타쿠야木村 拓哉가 속해 있는 일본의 스맙SMAP이며 국내 스타로는 장근석, 이민호, 이준기 등의 배우들이 꼽힌다. 과거 홍콩의 장국영과 유덕화는 뛰어난 배우였는데도 콘서트를 열 정도로 춤과 노래에 능했고, 초반부터 두 가지 활동을 병행했다. 하지만 이들은 개별적으로 혼자 활동하는 이들

배우와 가수, 두 가지 역량이 내재되어 있는 <치즈인더트랩><안투라지>의 서강준

이었지 집중적으로 기획 및 육성된 이들은 아니었다. 이들은 다른 뮤지션 아이돌과 마찬가지로 멤버 합숙 생활은 물론이고 보컬 및 연기, 안무, 악기 수업 등 아이돌그룹의 트레이닝 과정을 똑같이 밟는다.

해외에서 발매한 음반을 매개로 팬 미팅과 콘서트를 연다는 점에서 액터테이너는 아이돌가수들과 같다. 물론 노래와 예능 등 다방면에서 능력 있는 이들을 길러내는 것이지만, 먼저 배우로 데뷔하거나 그것에 중심축을 둔다는 점에서 다르다.

배우 하정우가 30억 원을 투입해 다섯 명의 신인 배우로 구성된 그룹을 육성하는 대형 프로젝트를 추진한 적이 있다. 그것이 바로 액터테이너를 표방한 배우 그룹 '서프라이즈'였다. 이들은 연기자들인데도 일본 킹 레코드와 계약을 맺고 2015년 10월 28일 퍼스트 데뷔 싱글 앨범 〈서프라이즈 플라이트Surprise Flight〉를, 2016년에는 일본에서 두 번째 싱글 〈쉐이크 잇 업Shake It Up〉을 발매했다.

배우와 가수, 두 가지의 역량이 함께 내재되어 있는 것이 서프라이즈의 새로운 콘셉트였다. 이들은 실제로 활발한 연기 활동이 우선이었다. tvN 〈치즈인더트랩〉, 드라마 〈안투라지〉의 서강준, SBS 〈돌아와요 아저씨〉의 이태환, MBC 〈최고의 연인〉의 강태오, tvN 월화드라마 〈혼술남녀〉와 영화 〈수색역〉의 공명, 뮤지컬 〈은밀하게 위대하게〉의 유일이 서프라이즈 소속이다.

일반적으로 배우들은 일정 인지도를 갖게 되면 연기와 CF 외의 다른 활동을 하지 않는다. 하지만 이들은 음악 활동을 계속한다. 팬 미팅을 겸한 해외 프로모션 역시 대개는 1회성에 머무는 데 반해 액터테이너는 정기적인 대규모 국내외 공연을 이어간다. '유명해지는 것과 관계없이 대외활동은 활발하게 지속한다'는 전제조건을 따르기 때문이다. 그들은 처음부터 대규모 행사들을 통해서 입지를 다진다는 점에서 일반 배우들과 다르다. 또한 드라마의 흥행 성공에 관계없이 자신의 존재감을 알릴 수 있으며, 연기

드라마 <혼술남녀>의 공명도 배우와 가수, 두 가지 역량을 지닌 대표적인 인물이다.

외의 다른 대외적 활동을 통해 드라마 출연에 관해서 이목이 집중될 수 있다는 장점도 있다.

예능보다 연기가
안정적인 활동 기반

앞서 예를 들었던 아이유는 가수이면서 배우로도 활동하고 있는데, 점차 주연배우로서의 입지를 끌어올리는 과도기에 있다고 보인다. 걸그룹 핑클 출신인 성유리의 경우는 드라마를 통해 안정적인 연기자 생활을 유지하는 선례를 남겼다. 남자 가수의 경우에는 신화 출신의 에릭과 GOD의 윤계상이 이에 해당하고, 산울림의 김창완처럼 관록 있는 조연배우로 자리 잡은 경우도 볼 수 있다.

이에 반해 연기자로서의 도전에 실패한 사례도 있는데, 핑클의 이효리가 대표적이다. 이효리는 예능 프로그램에 출연하는 것만이 아니라 진행자로서의 입지를 갖추기도 했다. 사실 그녀가 진정으로 자리 잡고 싶어 했던 분야는 바로 연기였다. 그래서 한때는 〈세잎 클로버〉 같은 드라마의 주연을 꿰차기도 했지만 혹평에 시달려야 했던 아픈 기억이 있다.

여성 아이돌이나 걸그룹 출신의 아이돌가수들, 특히나 섹시 콘셉트로 어필해왔던 가수들은 드라마로 표착하려는 경향이 강하다. 이유는 연예인 생활을 하는 데 예능 분야보다는 연기 분야가 더 안정적인 활동 기반을 제공하기 때문이다. 더구나 본격적인 예능인으로 자리 잡으려면 무수한 경쟁을 뚫어야 하고, 진행자로서의 입지를 유지하려면 입담이나 재치 등이 지속적으로 유지되어야 한다. 이효리의 경우에는 드라마에서 배우로 세우지 못한 입지를 토크쇼 〈매직아이〉에서 예능인으로 대신해보려 했지만 이 또한 여의치 않았다.

해외 시장을
기본 무대로 삼다

~~~~~~

그런데 새로운 흐름을 만들고 있는 액터테이너 그룹에는 어떤 특징이 있을까. 액터테이너 아이돌은 대개 활동 기반을 국내로만 한정하지 않는다. 다시 말해 그들은 해외 시장을 기본 무대로 하고, 음악 활동 역시 해외를 타깃으로 삼기 때문에 이 두 가지가 시너지 효과를 낼 수 있게 한다. 한국 드라마들은 제작 단계부터 이미 해외 시장을 겨냥하는 경우가 많기 때문에 해외에서 인지도가 있는 액터테이너들을 드라마에 적극적으로 캐스팅하는 것이 당연하다. 그러므로 액터테이너들은 비록 국내에서 완전한 입지를 갖추지 못했어도 해외의 반응과 활동에 힘입어 배우로서의 국내 활동에 탄력을 받을 수 있다. 그렇기 때문에 처음부터 일약 유명 주연 배우가 아니어도 서서히 그들의 입지는 커질 수밖에 없을 것이다.

기존의 배우들은 인기가 있으면 그때서야 부랴부랴 음악 활동을 하게 되어 준비나 능력이 미흡한 상태에서 음악 활동을 시작했다. 이에 팬들에게 서투르다는 인상을 주기에 바빴다. 반대로 기존의 가수들은 음악과 연기 활동을 병행했지만 연기 활동은 한시적이거나 일시적인 것에 그쳤고, 특히 아이돌은 나이가 들어가면서 음악 활동을 포기하는 것이 자연스러운 수순처럼 보이기도 했다. 노래 활동과 연기 활동이 적절하게 이뤄지기보다는 어느 하나를 내려놓는 것이 일반적이었던 것이다. 하지만 엑터테이너는 이를 전면적으로 뒤집는다는 점에서 보았을 때 앞으로도 주목해볼 가치가 있다. 다만 연기자 출신의 코칭 트레이닝 시스템이 소속사 차원에서 튼실하게 갖춰져야 한다는 전제조건이 있기는 하지만 말이다.

신新최치원들,
연예계의 U턴 스타

한류 열풍이 지속되는 가운데 과거의 한류 패턴과는 다른 스타화 현상이 일어나고 있다. 한국에서 유명한 스타가 중국에서 인기를 끄는 것이 대체적인 기존 한류 스타화 현상이라고 할 수 있다. 그런데 이제는 비록 한국에서는 스타의 반열에 미처 올라가지 못했지만 오히려 해외에서 스타가 되어 한국에서의 입지를 강화하는 인물들이 등장하고 있다. 이런 현상을 가리켜 '신新최치원 코드'라 할 수 있다.

우선 최치원이라는 인물이 어떻게 이름을 얻었는지 살펴볼 필요가 있겠다. 신라의 6두품으로 신분상의 한계에 있던 최치원은 당나라 빈공과에 장원으로 합격하여 2년 뒤 선주宣州 표수현위漂水縣尉 등의 관직에 올랐고,

황소의 난이 일어나자 제도행영병마도통직을 받아 일명 〈토황소격문討黃巢檄文〉을 지어 일약 스타가 된다. 이후에 신라로 돌아와서는 시독侍讀 겸 한림학사翰林學士, 수병부시랑守兵部侍郞과 지서서감사知瑞書監事가 되었다. 만일 최치원이 계속 신라에만 있었다면 불가능한 직책들에 올랐으니, 이는 글자 그대로 금의환향이었다.

오늘날 시진핑習近平 중국 국가주석은 이런 최치원을 한중 교류의 상징적인 인물로 자주 언급했다. 2013년 6월 한중 정상회담에서 그는 최치원의 시 〈범해泛海〉를 인용했고, 2014년 7월 서울대 특강에서도 최치원을 한중 양국관계를 상징하는 인물로 언급했다. 또한 '2015 중국 방문의 해' 개막식 행사 축하메시지에서 최치원의 〈호중별천壺中別天〉을 직접 인용했다.

중국 활동으로 국내 입지를 굳히는
연예계 제2의 최치원들

그런데 최근 한류 스타들 중에는 최치원과 같은 행보를 보이는 이들이 꽤 있다. 한국에서 한계를 느끼고 중국에서 활동하면서 중국은 물론 한국에서 더 큰 입지를 갖게 된 인물들이 등장하고 있는 것이다. 그러니 이들은 가히 연예계의 최치원, 제2의 최치원들이라고 부를 만하다.

배우 추자현은 주로 조연으로 활동하던 한국에서 벗어나 중국으로 갔고, 그곳에서 신인으로 바닥부터 시작해 톱스타의 반열에 올랐다. 추자현의 드라마 출연료는 초기보다 열 배 이상 상승하여 현재는 회당 1억 원

이상이라고 알려져 있다(참고로 한국의 톱스타 김태희는 중국에서 7,000만 원 정도 받는다고 한다). 추자현의 이런 스토리는 한국에서 엄청난 주목을 받았다. '홍드로'라는 별명을 가진 홍수아 역시 한국에서는 주목을 받지 못했지만, 중국에서 큰 인기를 모아서 제2의 추자현으로 언급되기도 했다.

황치열은 한국에서 9년간 활동했지만 일반인에게는 생소했던 무명가수였다. 그런 그가 중국 후난위성TV의 중국판 〈나는 가수다〉를 통해 일약 대륙의 스타가 되었다. 한국에서 싱글앨범 하나만 내고 몇 번 예능에 출연한 게 전부였다. 하지만 황치열은 중국판 〈나는 가수다〉에서 가창력은 물론 뛰어난 랩과 댄스 실력까지 선보이며 중국 대륙을 들썩이게 했다. 중국 팬들에게 '황쯔리에黃致列'로 불리며 '대륙의 남신'으로 주목받는 그는 이어 중국 드라마에 캐스팅되는가 하면 단번에 수십만 장의 앨범 판매고를 올리기도 했다. 그는 KBS 2TV의 예능 프로그램 〈해피투게더〉에 출연해 중국에서는 한국보다 100배 이상의 출연료를 받는다고 밝힌 바 있다.

〈런닝맨〉 멤버인 이광수 역시 이와 비슷한 예에 속한다. 비록 국내에서는 유재석의 인기에 비할 수 없는 이광수지만 중국에서는 배용준의 인기에 버금갈 정도의 대우를 받는다. 〈런닝맨〉의 또 다른 멤버인 지석진이나 김종국 역시 국내보다 중국에서 더 인기를 끌면서 외려 국내 가치까지 끌어올렸다. 비슷한 예로 배우 최성국은 중국에서 '코믹 연기의 지존' '아시아를 대표하는 빅3 표정대장'에 선정되기도 했다.

이처럼 중국은 단지 신인이나 무명이 유명해질 수 있는 것뿐 아니라 기존 스타들에게도 다시 인기를 재견인할 수 있는 기회를 제공하는 무대 역할을 한다. 과거에는 배우 채림, 가수 이정현 등이 중국의 인기를 등에 업고 다시 국내에서 힘을 발휘한 바가 있고, 중국에서의 높은 인지도 덕에 한국 드라마에 지속적으로 출연하는 경우도 있다. 대표적인 예가 장나라다. 장나라는 중국에서 출연한 드라마들이 시청률 1위를 기록하고 음반 역시 매번 성공했다. '천후'라는 호칭이 따라다니고 '중국을 대표하는 미인 10인' 중 1위에 뽑히기도 했던 그녀는 2007년 중국에서의 인기 정점 이후 그 인기에 힘입어 한국에서도 줄곧 주연을 맡고 있다.

U턴 스타, 그래도
국내 지지기반이 필요하다

이런 현상의 주인공들은 금의환향, 혹은 'U턴 스타'라고 부를 수 있다. 주로 한국에서 인기를 얻어 해외로 진출했던 과거의 한류 스타들과 이들 사이에는 분명히 다른 점이 존재한다. U턴 스타들은 오히려 국내에서 인정받지 못했던 자신들의 진가를 해외 무대에서 인정받았다는 점에서 긍정적이라고 볼 수 있다. 대중연예인이란 팬들이 원하는 것을 만족시켜줄 때 존재의 이유가 있는데, 그 팬들을 국내에만 한정시킬 필요는 없다. 물론 그들이 U턴 스타가 된 것은 오랫동안 엄청난 노력을 기울이고 실력을 갈고닦았기 때문에 가능한 일이었다. 특히 추자현의 경우에는 강한 도전정신이 큰 힘을 발휘했다.

다만 이들에게는 한계점도 존재한다. 중국에서의 인기가 식으면 한국으로 돌아와야 할 텐데 국내 기반이 약하다면 난감해질 수 있다는 것이 그것이다. 그렇기에 이들은 지금부터라도 국내 팬들을 확보하기 위해 노력해야 한다. 해외에서의 인기가 언제까지나 한국에서 주목받을 수 있는 킬러 콘텐츠 자체는 아니기 때문이다. 더구나 중국과 한국 사이에서 자신의 입장을 명확히 해야 할 날이 올 수 있다. 2016년 사드 정국에서 중국 네티즌들은 중국에서 활동하고 있는 한국 연예인들에게 입장 표명을 요구했다. 김수현, 전지현, 윤은혜, 그리고 쯔위의 사례를 볼 때 이런 면은 여전히 한국 스타들에게 넘어야 할 난제가 될 것이다.

사실 중국을 향해 달려가는 '연예계의 최치원'은 이후에도 많아질 수밖에 없다. 확실히 중국은 거대한 플랫폼이자 기회의 땅이기 때문이다. 그런데도 한편으로 그곳에서는 언제든, 또 누구든 국가의 지시와 명령에 따라 움직여야 하고 견제와 통제 또한 강해지고 있으므로 한국 연예인들에게 그리 쉬운 곳이라고는 할 수 없다.

중요한 것은 그러한 대륙 시장이 한국의 문화콘텐츠에 긍정적인 자극이 되어야 한다는 점이다. 그렇지 않고서는 한국의 문화는 물론 연예인들도 경쟁력을 갖기 힘들기 때문이다. 그래야만 미래의 한류가 유지될 수 있다는 것을 '신최치원 현상'은 말해주고 있다.

interview
한국 예능 방송사에 한 획을 그은 김영희 PD

"'재미'와 '공익'
두 마리 토끼를 잡는 게 목표"

김영희 PD는 한국 예능 방송사에 한 획을 그은 인물이다. 1990년대 MBC 〈일요일 일요일 밤에〉의 '몰래카메라'와 '양심냉장고', MBC 〈느낌표〉의 '눈을 떠요'와 '책을 읽읍시다' 등을 통해 공익 예능 프로그램의 새로운 장을 열었다. 이어 2011년에는 MBC 〈나는 가수다〉로 다시 한 번 대한민국 예능계를 주름잡았고, 이듬해에는 플라잉 PD(연출과 자문 역할을 하는 프로듀서) 자격으로 중국으로 건너가 〈나는 가수다〉와 〈아빠! 어디 가?〉의 중국판을 대성공시키며 새로운 한류를 이끄는 주역이 됐다. 그의 목표도 야심차다.

"'재미'와 '공익' 두 마리 토끼를 다 잡는 것이다."

2015년에는 29년간 몸담았던 MBC를 그만두고 본격적으로 중국 진출에 나선 김 PD는 2016년 후난위성TV 예능 프로그램 〈폭풍효자〉를 선보이며 한중 공동제작의 틀을 마련했다. 흔히 '나이는 숫자에 불과하다'고 하지만, 그는 다른 사람들이 은퇴를 꿈꾸는 50대 후반에 중국으로 건너갔다. 한국 예능계의 미래에 대해 서슴없는 조언을 던지는 것은 물론이다.

"한국 방송의 미래를 중국 시장 진출에서 찾고 있다."

그가 설립한 중국제작사 B&R에서 처음 제작한 〈폭풍효자〉는 성인 자녀(연예인)가 부모님의 고향이나 자신이 태어나서 자란 집에서 부모님 두 분 중 한 분과 5박 6일 동안 지내며 소중한 시간들을 기록하는 프로그램으로 예능과 교양, 다큐멘터리를 종합한 새로운 형식의 프로그램이라 할 수 있다.

〈폭풍효자〉는 연예인들이 부모님과 함께 시간을 보내고 함께 밥을 지어 먹거나 편지를 쓰는 등의 미션을 통해 예전에는 알지 못했던 서로의 모습을 점차 발견하게 되는 내용을 담았다. 중국의 톱스타 안젤라 베이비Angela Baby의 남편인 황샤오밍黃曉明을 비롯해 쩡솽郑爽, 뚜춘杜淳, 빠오뻬이얼包貝爾, 천챠오언陳喬恩, 차오거曹格와 같은 중국 톱스타들이 대거 참여해 기획 단계부터 화제를 이루며 많은 스타들과 함께했다.

〈폭풍효자〉가 중국에서 성대하게 제작발표회를 여는 등 화제가 됐다.

제작발표회 당일에 이 뉴스가 중국 5대 포털사이트에 게재됐는데 약 6억 명 정도가 봤을 것으로 예상한다. 취재진뿐 아니라 팬들도 오고 토크쇼 형식으로 진행되는 등 중국에서도 특별한 케이스의 제작발표회였다. 아마 황샤오밍, 쩡솽, 뚜춘 등 중국 최정상급 스타들이 출연한다는 점에서 큰 화제가 된 것 같다.

황샤오밍과 쩡솽, 뚜춘 모두 중국에서 정상급 스타다. 섭외 과정은 어땠나?

중국에서 연예인들은 신과 같은 존재다. 할리우드보다 더하다고 해도 과언이 아니라서 한 번 만나려면 매니저의 허락을 구하고 미리 약속을 잡은 뒤 제한된 시간에만 만날 수 있다. 나는 다행히 앞서 〈나는 가수다〉 〈아빠! 어디 가?〉 같은 프로그램으로 중국 내 인지도가 있어서 그들을 비교적 쉽게 만날 수 있었다. 이후 수개월간의 설득 작업을 통해 한 명씩 출연진이 확정됐다. 캐스팅을 위해 중국 전역을 다니며 비행기만 60번 정도 탔다.

중국 톱 연예인들이 민낯을 드러내고 부모와의 관계를 공개하는 등 사생활을 고스란히 보여주는 것이 쉽지는 않은 관행인데.

프로그램의 취지에 공감하는 분들 위주로 출연진을 정했다. 단순히 TV 출연이 아니라 정말 부모자식 간에 함께하는 시간을 소중히 여기고 이런 여행의

내 것을 주장하기보다는
'상대방이 원하는 것'이 무엇인지에
집중하는 마인드가 필요하다

기회를 원하는 이들 위주로 커플을 선정했다. 막상 제작에 들어가보니 부모 자식 간의 정이 자연스럽게 담기면서 서로 눈물을 쏟는 등 예상하지 않은 장면이 많이 나와 출연자와 제작팀 모두 만족스럽게 마무리했다.

제작 규모도 중국에서도 전무후무하다고 들었다.

산둥성, 랴오닝성, 하북성, 요녕성, 흑룡강성 등 중국 각지와 대만까지 가서 촬영했다. 촬영이 이뤄지는 두 달간 600여 명의 스태프가 A팀과 B팀으로 나뉘어 계속 움직였고, 연예인 한 팀당 카메라가 50~60대 정도 설치됐다. 정확한 액수를 밝힐 수는 없지만 제작비만 수백억 원 대에 이른다. 촬영 분량이 너무 많아 편집을 위해 대규모 서버를 마련했는데, 그걸로도 모자라 기존 서버에서 한 대를 더 증설했다.

지난해 4월 MBC를 퇴사하고 중국 진출을 선언한 지 9개월 만의 성과다. 그동안 어떤 과정을 거쳐 프로그램이 완성됐는지 궁금하다.

사실 2~3년 전 중국에서 거액을 받고 프로그램 연출 제의를 받았다. 하지만 당시는 혼자서 중국에 간다 해도 현 예능계 판도에 별다른 변화를 일으키지 못할 것 같아 고심 끝에 거절했다. 이후 직접 제작하고 저작권을 확보하고, 팀이 움직일 수 있는 확장성 있는 형태로 가자는 생각에 MBC를 나와 본격적인 준비를 하기 시작했다. 결정하는 순간부터 지금 생각해보면 '대체 어떻게 이게 가능했을까' 싶을 정도로 일이 일사천리로 진행됐다. 2015년 5월부터 기회회의에 들어가 10월 광고주와 계약했고, 2016년 1월쯤 편성받을 수 있을 거라 예상했는데 예상대로 됐다.

중국 시장의 문을 두드리는 한국 제작사의 발걸음도 가열차다. 글로벌 콘텐츠를 만드는 데 가장 중요한 것이 뭐라고 보나.

간단한 원칙이 있다. '로마에 가면 로마법을 따르라'는 말이 있는데 나는 '로마에 가면 로마 정서를 따르라'고 말하고 싶다. 법보다 정서가 우위에 있다는 얘기다. 협업을 하려면 상대방이 원하는 걸 끊임없이 들으면 된다. 현재 중국 사회가 고민하는 게 무엇이고 어떤 콘텐츠를 원하는지를 계속 얘기하고, 듣고, 수정해가는 작업을 해왔다. 내 것을 자꾸 주장하기보다는 '상대방이 원하는 것'이 무엇인지에 집중하는 마인드가 필요하다.

제작 과정에서 한국과 중국 제작진의 의견 차이도 있었을 것 같은데.

당연히 있다. 중국 제작진은 대부분 말도 잘하고 자기주장도 많은 편이라 한번 토론이 벌어지면 난상토론이 되기 일쑤였다. 시간이 지나치게 길어지면 내가 중재를 했다. 대부분 내가 정리하면 따라주더라. 그래도 촬영을 해보니 눈물 나는 장면에서는 함께 운다. 국가를 넘어선 만국 콘텐츠의 힘이 있다는 걸 다시 한 번 느꼈다.

한국 프로그램의 진출이 많아지면서 광전총국廣電總局(우리나라의 방송통신위원회에 해

당하는 중국 기관)의 규제도 많아지고 있다.

그동안 한국 예능 프로그램이 다수 진출했고, 비슷한 리얼 버라이어티물이 범람해왔기 때문에 이에 대한 규제안이 내려오곤 한다. 이 또한 중국인들의 정서를 읽고 받아들이는 마음으로 대응해야 한다. 우리 입장에서 그들을 뜯어 고치려 하지 말고, 규제안을 내게 된 그들의 정서가 무엇인지를 먼저 헤아리는 게 우선이다.

반대로 한국에서는 중국 예능에 집중되고 있는 현 상황에 대해 '인력유출'이라는 평가가 있기도 하다.

나는 '인력유출'이란 말에 동의하지 않는다. 반대로 현재 한국 방송 콘텐츠 시장을 볼 때 '유출'하지 않으면 과연 무엇을 어떻게 할 것인가? 이제는 '한국' '중국'이라는 경계가 아닌 글로벌한 관점에서 방송 시장을 바라봐야 한다. 박지성이나 기성용이 해외 진출을 하듯 필요 수요가 있다면 방송 PD들도 해외로 나가는 게 당연하다. 어느 국가의 콘텐츠가 아니라 글로벌한 경쟁력 있는 콘텐츠를 지향해야 한다는 얘기다.

다른 사람들은 은퇴를 앞두고 있을 나이에 중국 진출을 선언한 김 PD의 궁극적인 목표가 뭔가.

'부끄럽지 말아야겠다'란 말이 문득문득 마음에 떠오르곤 한다. 2016년을 기준으로 PD 생활 30년을 맞았는데 첫 중국 프로그램을 제작하게 돼 의미심장하다. 중국과 한국 모두에게 기여하는 프로그램을 만들고 싶다는 내 약속을 지키고 싶다.

중국 시장 진출에 있어 가장 고려해야 할 점은 무엇일까?

돈만 벌어오겠다는 생각이라면 절대적으로 실패한다. 방송을 통해 중국 사회에 기여하고 중국 사회의 발전에 도움을 주며 그 이익을 서로 나누겠다는 마음가짐이 필요하다. 서로 윈-윈할 수 있는 방향을 찾음과 동시에 각자의 정서나 문화에 상처를 주면 안 된다는 점도 기억할 필요가 있다. 중국은 중국이고 한국은 한국이다. 때문에 섣불리 '한류'라는 이름으로 우월적 지위를 행사하려 해서는 안 된다. 그래서 사실 '한류'라는 말에는 다분히 위험성이 있다. '한류'라는 표현을 쓸수록 모두 경계하게 되는 것 같다. 일본 문화가 한국에 한창 들어오던 시기에 우리가 반발심을 가졌던 것과 마찬가지다. 그러니 그들 문화와 정서에 맞게 변화해야 하는데, 이는 중국 사회에 기여하고자 하는 마음이 있어야 가능한 일인 듯싶다. 돈은 그 이후에 따라오는 거다.

예능 프로그램을 바라보는 김 PD만의 시선이 있는 것 같다. 프로그램을 만들 때 제작자로서 품고 있는 가치관이 있다면?

사는 데 돈보다 훨씬 중요한 게 있다고 생각한다. 그게 뭔지는 모르겠지만 돈보다 훨씬 중요한 가치가 분명 존재한다. 어떤 사람들에게는 이 말이 굉장히 건방지게 들려서 "먹고 살 만하니 저런 말을 한다"고 할 수도 있다. 그렇지만 나는 돈을 좇아 무엇인가를 하지는 않았고, 그보다 훨씬 더 중요한 뭔가가 있다고 생각해왔다. 그게 무엇인지는 각자가 찾아야 하는 것 같다. 돈에 너무 좌지우지되지 않고 '그 무언가'를 찾아간다면 프로그램도, 인생도 더욱 훌륭해지고 그 가치 또한 훨씬 높아지지 않을까 생각한다.

"<태양의 후예>는 팀플레이가
완벽한 프로젝트였다"

'유 아 마이 에브리씽You Are My Everything~'

2016년 어딜 가나 들을 수 있었던 곡 중 하나는 바로 KBS 2TV <태양의 후예>의 주제곡 'You Are My Everything'이 아니었을까 싶다. <태양의 후예>는 2016년 2월 24일 첫 방송에서 14%대(닐슨코리아 기준) 시청률로 출발했고, 계속 상승세를 이어가더니 불과 5회 만에 27.4%를 기록했다. 이는 2014년 히트 드라마인 <별에서 온 그대>(이하 <별그대>)의 최종회가 기록한

28.1%와 불과 0.7% 포인트 차다. 〈태양의 후예〉는 38.8%라는, 무려 40% 가까운 시청률로 종영했다. 〈응답하라〉 시리즈를 만들어낸 CJ계열 채널의 선전 및 종편 드라마, 웹 드라마 등 다양한 콘텐츠의 홍수 속에서 40% 가까운 시청률을 이뤄냈다는 것은 대단한 성과다. 한국수출입은행 해외경제연구소가 펴낸 보고서에 따르면 〈태양의 후예〉를 32개국에 수출한 총액은 약 70억 원, 거기에 간접수출과 생산·부가가치 유발 효과는 1조 원 이상이다. 2016년 시청자들의 마음을 사로잡은 〈태양의 후예〉는 탄생 과정부터 이미 대박 드라마였는지도 모른다.

〈태양의 후예〉에 대한 중국의 반응이 엄청났다. 2016년 〈태양의 후예〉가 중국에서 성공한 이유가 뭔가?

한마디로 중국 인터넷과 한중 동시 방송효과다. 중국은 젊은 친구들이 인터넷 방송 스트리밍 서비스를 통해 보는 데 익숙하고, 따라서 국내와 중국에서 동시 방송을 한다는 것이 이 친구들한테는 신상 아이템을 함께 보는 것과 마찬가지다. 아이폰이 미국과 한국에서 동시 판매된다고 하면 국내 소비자들도 선점에 대한 욕구가 생기는 것처럼 말이다. 그게 시너지가 됐다. 한중 동시방송은 아시아 전체에서 화제를 모으기에 충분했다. 그 결과 한국콘텐츠진흥원의 리포트에 따르면 〈태양의 후예〉의 매출액은 국내외 합쳐 3,000억 원 이상으로 예상되고, 예상 수익만 500~1,000억 원 이상에 이른다. 물론 지금 이 시간에도 세계 각국으로의 판권 계약이 진행 중이다.

톱스타 송혜교, 송중기, 톱작가인 김은숙 작가가 참여했다는 것만으로도 제작비가 가늠된다. 여기에 의학 드라마를 위한 소품들과 전쟁영화를 보는 듯한 버라이어티한 장면들, 미지의 공간 우르크 등 〈태양의 후예〉의 촬영 규모는 결코 작지 않다. 제작비의 3분의 1이 중국 동영상 서비스 업체인 아이치이愛奇芸 인터넷 선전송으로 이뤄졌다고 들었다.

영화를 해서 그런지 복불복이라고 생각했다. 영화는 잘될 거라고 했던 작품이 잘 안 되는 경우도 많고, 안 될 거라고 했던 것이 대박을 기록하는 경우도 많으니까. 처음에 〈태양의 후예〉 대본을 들고 결정권자들이 토론을 했는데, 이건 누가 봐도 회당 10억 원짜리라서 말도 안 되는 걸로 결정됐다. 처음부터 돈 문제에서 막힌 것이다.

결국 제작비 조달을 위해 〈태양의 후예〉 제작을 위한 '〈태양의 후예〉 문화산업 전문회사'(이하 문전사)를 설립, 영화 투자배급사인 뉴NEW의 참여와 KBS가 공동 투자하는 형식으로 참여하게 됐다.

이 과정에서 중국 아이치이에 인터넷 전송만 회당 약 3억, 16회 기준 총 48억 원으로 선판매된 것이다. 〈별그대〉가 중국 아이치이에 인터넷 전송권 판매 시 전 회차 방영권과 기타 저작권, 판권을 포함해 26만 위안(약 4,000만 원)의 헐값을 받은 것에 비하면 이는 매우 유리한 조건이었다. 당시는 〈태양의 후예〉의 시놉시스를 끝내고 있을 때였는데, 마침 아이치이 부사장이 우리에게 제안을 해왔다. 그는 15분 동안 우리에게 아이치이가 〈별그대〉의 마케팅을 어떻게 성공시켰는지 들려줬는데, 그 사람이라면 같이 일하고 싶다는 생각이 들었다. 당시 12만 불 계약이 최고가였는데 25만 불을 불렀다. 두 배 이상이니 그쪽에서도 당황하는 눈빛이었지만 결국 계약이 이뤄졌다. 그렇게 제작비의 3분의 1이 안정적으로 조달됐다.

〈태양의 후예〉는 어찌 보면 드라마와 영화 산업의 컬래버레이션이라 해도 과언이 아니다. 〈태양의 후예〉 제작에 〈7번방의 선물〉 〈신세계〉 등을 투자배급한 '뉴NEW' 가 참여했으니 말이다. 실질적으로 프로듀서 역할을 도맡아온 서 대표 역시 드라마는 처음이었는데, 영화계 경험 덕분에 사전제작이 어렵게 느껴지지 않았던 것인가?

중국에서는 프로그램을 방영하기 전에 사전심의가 이루어지고, 〈태양의 후예〉 역시 심의를 받아야 했다. 이 과정에서 드라마를 하던 분들과 함께 고민이 많았다. '12부까지 찍어놓고 하면 안 될까'란 이야기도 오갔는데, 중국에서는 16회까지 완본 심의가 들어가야 한다고 했다. 그런데 난 이 과정이 익숙했다. 영화는 늘 이러니까. 완전하게 제작된다는 것은 전체 공간과 예산을 한꺼번에 통제할 수 있는 이점이 있다.
완전한 스토리로 선보여야 하는 영화계에서 늘임과 줄임의 규모를 측정해온 나에게 사전제작 드라마를 작업해야 한다는 것은 오히려 장점이었다. 그런데도 드라마가 6회 정도까지 나오면 피드백이 진행돼야 하는데, 그런 부분이 없다는 것은 드라마 쪽에서는 눈 뜬 장님처럼 일하는 격이었다. 영화 한 편의 러닝타임은 120분인데, 드라마 시리즈 전체의 러닝타임은 1,200분이니 말이다. 그건 김원석 작가가 영화계에 있었기에 가능했던 것 같다.
김 작가는 16회 대본의 줄기를 꼬박 그려냈고, 거기에 김은숙 작가는 심장이 녹아내릴 만큼 알싸한 양념을 첨가했다. 그렇게 우리는 대박 드라마를 만들어나갔던 것 같다. 동그란 원이 있다고 가정해보자. 거기서 하나의 선이 빠지면 원을 만들 수 없지 않나. 〈태양의 후예〉는 누가 뭐래도 팀플레이가 완벽한, 누구 하나라도 빠지면 전체적으로 완성되지 않는 프로젝트였다.

2008년 대표님이 드라마와 영화 제작사였던 바른손에서 일할 때였다. 영화 〈좋은 놈, 나쁜 놈, 이상한 놈〉과 영화 〈마더〉로 대박을 친 후였는데, 당시 종편 선정이 어디로 결정될지가 이슈였다. 그때 중앙일보에서 JTBC 개국 드라마로 내보낼 색다른 기획을 찾고 있다고 했다. 그래서 몇 가지 구상을 하며 고민하던 차에 한 후배가 자료를 건네주었는데, 《국경 없는 의사회》 르포집이었다. 〈태양의 후예〉가 그 7년 전 《국경 없는 의사회》에서 발전된 것 같다.

그렇다. 《국경 없는 의사회》는 기득권 세력으로 분류되는 의사들, 그들이 자신의 이권을 포기하고 인권을 위해 목숨까지 내놓는 헌신적인 삶이 줄거리였다. 재난이 나면 48시간 내에 병원 문을 닫고 나가야 하는 '국경 없는 의사회'의 삶에 매료되었다.
나는 〈태양의 후예〉에 희생과 봉사, 노블리스 오블리주를 담고 싶었다. 영화 〈닥터 K〉의 연출부로 만나 친하게 지내고 있던 김원석 작가에게 내 생각을 말했더니 "형, 이거 재밌겠다"라고 하더라. 본인이 메디컬 드라마에 흥미로워했고, 그렇게 시작되었다.

메디큐브의 존재를 몰랐더라면….

맞다.《국경 없는 의사회》에서 모티브를 얻었기에 세계 각국에서 벌어지는 재난 현장을 배경으로 〈태양의 후예〉를 만들어야 했는데, 이게 보통 작업이 아니었다. 그런데 아이티 지진으로 각국의 응급시스템과 관련된 자료들이 신문에 난 적이 있고, 그때 메디큐브의 존재를 알게 되었다. 일본에서는 재난이 일어나면 12개의 컨테이너 박스로 이뤄진 메디큐브가 공항에 신속히 준비된다. 의사들로 하여금 재난 현장에 마련된 메디큐브 안에서 진료를 보게 해준다는 것이다.

메디큐브는 엄청난 규모의 〈태양의 후예〉 배경을 현실적이면서도 실현 가능하도록 설정할 아이디어를 제공했다. 우리(서우석 대표와 김원석 작가)는 각종 자료들을 깊이 연구하고, 직접 인도네시아 구호단체의 재난 현장에 취재를 가고 했다. 작가가 철두철미하게 조사한 자료를 바탕으로 쓰면 극의 리얼함뿐 아니라 재미까지도 배가시킬 수 있다. 그런 점에서 나는 김원석 작가를 믿었다.

하지만 그것만으로 방송을 할 수는 없었다. 시간이 걸리는 동안 처음 의뢰했던 종편채널은 개국했고, 개국방송으로는 하지 못했다. 하지만 포기하지 않았고 김 작가에게 월급을 주면서 20부까지 완성하게 되었다. 꼬박 2년 반이 걸렸다.

한국 드라마 사상 없었던 '김원석 시나리오 작가와 김은숙 드라마 작가'의 역대급 작품이 서 대표의 주선으로 이뤄지게 되었다고 들었다.

〈태양의 후예〉가 만들어지기까지는 그야말로 산 넘어 산이었다. 무엇보다 국내 드라마 현실에 맞지 않는 규모와 내용이 발목을 잡았다. 지인들에게 조언을 구하려고 대본을 보여주면서 김은숙 작가도 보게 했는데, 김 작가가 쭉 읽더니 이러는 거다.

"누가 썼는지 참 잘 썼네. 그런데 한국에서 이렇게 쓰면 안 돼요. 한국 드라마에서는 멜로라인이 등장해야 하는데 그런 게 없잖아요."

이미 〈파리의 연인〉부터 〈온에어〉 〈상속자들〉 등의 히트 드라마를 낳은 스타작가로 인정받는 김 작가의 조언은 뼈아팠지만 반드시 곱씹어봐야만 했다.

그러고 나서 얼마 후 김은숙 작가한테서 연락이 왔다. 당시 〈상속자들〉을 끝내고 새로운 방식의 작업에 갈증이 있었던 것 같다. 김원석 작가에게 동의를 받을 수 있다면 참여하고 싶다고 해서 김 작가에게 물어봤더니 바로 "콜이죠"라고 하더라. 그렇게 두 사람이 첫 작업을 하게 되었다.

김은숙 작가가 합류하면서 〈태양의 후예〉는 새로운 국면을 맞이하게 됐다. 스타작가라는 수식어에 걸맞게 한 지상파 방송사에서 러브콜이 들어왔다. 그런데 재난 드라마라고 이야기하니 방송사가 적잖이 당황하더라. 김은숙 작가의 전작들처럼 〈태양의 후예〉도 로맨틱 코미디라고 생각했던 거였다. 방송사 측은 "이익을 내려면 회당 제작비가 6.5억 원을 넘기면 안 된다"고 했는데, 내 감에는 회당 10억 원 안팎이었다. 사실 회당 5억 원 규모라고 해도 스케일이 큰 기획인데 10억 원 안팎이라니 다들 놀랄 수밖에.

결국 영화 제작사 뉴NEW의 김우택 대표에게 도움을 요청했다. 당시 뉴는 드라마 사업으로 진출하는 것을 고려 중이었는데, '드라마 사업을 하려면 최소한 김은숙 작가 정도는 돼야 투자할 가치가 있지 않나' 생각하고 있었다. 그런데 마침 김은숙 작가가 〈태양의 후예〉 집필을 맡고 있었고 내가 도움을 청하

좋은 대본은 절대 무너지지 않는다

대본에는 생명력이 깃들어 있다

니, 김우택 대표는 1주일만 시간을 달라고 하더라. 그리고 1주일 뒤 김 대표는
〈태양의 후예〉의 투자를 결정하며 편당 제작비 7억 원을 제시했다. 나의 꿈이
이뤄지는 순간이었다.

**7년의 세월, 〈태양의 후예〉가 본격적으로 촬영에 들어가기 전까지의 이야기만으로도
지면을 채우고도 남을 것 같다. 그 쉽지 않은 여정을 견딜 수 있었던 힘이 궁금하다.**

좋은 대본은 절대로 무너지지 않는다. 〈건축학 개론〉도 내가 알기로는 수없는
영화사들이 거절하는 바람에 12년이나 걸렸다. 하지만 대본에는 생명력이 깃
들어 있다. 김원석 작가가 그런 생명력을 만들었다면, 김은숙 작가는 리모델
링을 잘해서 완성시킨 셈이다.
두 사람의 최대 장점은 지독히 성실하다는 점이다. 24시간에서 잠자는 시간
을 뺀 나머지 시간은 온전히 일하는 데 썼던 것 같다. 괜히 톱클래스가 아니
다 싶더라. 그리고 회의할 때만큼은 후배와 선배 관계를 떠나 자유로운 분위
기에서 의견을 주고받았는데, 그런 토론들이 현실적인 캐릭터를 뽑아내는 데
도움이 컸다고 본다. 유시진과 강모연의 소신 있으면서도 유머러스한 캐릭터
를 창조하는 데는 집단 토론과 성실함이 있었다.

배우 송중기를 캐스팅하는 과정은 어땠나?

작가 컬래버레이션을 마친 뒤엔 캐스팅 단계에서 난항을 겪었다. 여러 차례
나름 합리적인 이유로 섭외가 불발되고 있는 상황이었다. 제작자 입장에서는

배우가 우리 작품에 올인해주기를 바라지만 당시 캐스팅 과정에 있던 배우들은 〈태양의 후예〉 스케줄이 다른 작품들과 겹치거나 해서 올인하기 쉽지 않은 상황이었다.

그때 송중기라는 카드가 등장했다. 군 제대를 앞두고 있는 송중기에 대해서는 사실 우려 반 기대 반이었다. 여전히 '앳된' 소년의 모습이 연상됐기에 남성미 물씬 풍기는 유시진 대위 역할을 과연 잘 소화할 수 있을까 싶었는데, 송중기는 군에서 시놉시스를 읽은 뒤 "이거 재밌네요. 저 할게요"라며 적극적으로 반응해왔다.

그리고 2015년 송중기의 제대에 맞춰 작업을 시작했다. 당시 송혜교가 이미 중화권에서 인기를 끌고 있었고 안정감을 주는 카드였다면, 송중기는 잠룡 같은 카드였다. 우리는 송중기라는 친구가 서서히 입소문을 타게 만들었다. 사전제작을 한 덕분에 다양한 비주얼이 확보되었고, OST에 사전제작물을 넣어서 뽑으니까 소스가 많았다. 이것은 중국에서 송중기라는 젊은 친구에 대해 호기심을 극대화시키기 위한 노력이었다.

제2의 〈태양의 후예〉가 나올 수 있을까?

실제로 시즌 2에 대한 요구가 많다. 그런데 시즌 2가 나오려면 무엇보다 시스템이 뒷받침되어야 한다. 비인기종목이 올림픽에서 준우승할 때면 매번 정부는 "인재를 육성하고, 선진 인프라를 구축하겠다"고 말만 하지 낳. 제2의 〈태양의 후예〉가 나오려면 방송사에 독립조직이 있어야 한다고 생각한다. 프로젝트별로 장기화할 수 있는 시스템이 구축되어야 한다는 뜻이다. 물론 지금 많은 분들이 시도를 하고 있을 수도 있지만.

KBS 다큐멘터리 〈슈퍼피쉬〉 5부작이 좋은 예라고 생각한다. 그 다큐멘터리는 내게 놀라움 그 자체였다. 긴 시간을 고집스럽게 이어온 동안 방송사 안에서는 인사이동도 있었을 테고 반대하는 사람도 있었을 텐데 그걸 버텨내고 만들었으니 말이다. 제2의 〈태양의 후예〉는 〈슈퍼피쉬〉를 만들 듯 접근해야 한다. 성과주의나 실적위주의 시스템에서 벗어나 장기기획을 할 수 있도록 밀어주는 분위기가 중요하다는 것이다.

Pop Culture Trend 2017

PART 3

대중문화
드라마·영화
트렌드

현실과
판타지 사이

아재파탈,
40대 배우들의 만개

40대를 아직도 황혼의 나이라 할 수 있을까? 적어도 2016년 드라마 분야에서의 40대는 만개滿開의 나이에 가깝다. 드라마 속 40대들은 여전히 청춘의 마음으로 로맨스를 즐기고 싱글 라이프를 만끽한다. 그러다 보니 드라마의 꽃이라 할 수 있는 미니시리즈를 책임지는 남녀 주인공들의 나이도 점점 높아지고 있다.

1990년대만 하더라도 미니시리즈 주인공은 20대 배우들의 전유물이었다. 〈별은 내 가슴에〉(1997)의 최진실, 〈토마토〉(1999)의 김희선, 〈모래시계〉(1995)의 고현정, 〈해피투게더〉의 김하늘은 물론 전지현, 송승헌, 이병헌, 차태현 등은 20대의 풋풋한 나이에 주인공 자리를 꿰차 당대 최고의 스타로 군림했다. 당시만 하더라도 40대는 물론 30대에 접어들면 주인공 자리에서 내려오는 것이 당연한 일이었다.

하지만 30대뿐 아니라 40대 배우까지도 미니시리즈 주인공으로 등장하는 광경이 낯설지 않은 2016년이었다. 꽃중년이라는 키워드가 본격적으로 등장하기 시작한 것은 2009년. 〈내조의 여왕〉의 윤상현, 〈시티홀〉의 차승원이 그 중심에 있었다. 이후 방송가에서 이들의 전성기로 보고 있는 2012년과 2013년에는 장동건, 김수로, 이종혁, 김민종이 주연으로 출연한 〈신사의 품격〉이 방영됐고, 김혜수의 〈직장의 신〉, 최지우의 〈수상한 가정부〉, 고현정의 〈여왕의 교실〉이 줄줄이 방송을 탔다. 그 물결의 연장선에 있는 것이 2014년과 2015년에 방영된 김희애의 〈밀회〉, 김성령의 〈여왕의 꽃〉이다.

2016년 역시 상반기에 방송된 미니시리즈 중 3040 배우가 주인공을 맡은 예가 셀 수 없이 많았다. 주인공으로 출연한 배우들 중 30대는 김강우, 김래원, 김아중, 류준열, 문채원, 박해진, 서인국, 서현진, 송중기, 송혜교, 이민정, 이요원, 이진욱, 이하늬, 에릭, 장나라, 전혜빈, 정경호, 정지훈, 한예슬, 한효주, 황정음 등이다. 40대로는 김수로, 마동석, 박신양, 신하균, 엄태웅, 윤상현, 염정아, 이성민, 장혁, 조진웅, 전도연, 지성, 최강희가 있다. 그 가운데 분투한 20대 배우는 김고은, 김우빈, 박소담, 박신혜, 수지, 서강준, 성준, 혜리 정도에 불과하다.

하반기 역시 공유, 공효진, 김하늘, 서인국, 송윤아, 이민호, 이상윤, 이영애, 이준기, 전지현, 전혜빈, 조진웅, 주진모, 지창욱, 최지우 등 3040 배우들이 주요작의 주인공 자리를 꿰찼고 눈에 띄는 20대 배우는 김고은, 박보검, 서강준, 아이유 정도가 전부다.

3040 세대가 대중문화를
주도하는 층으로

〜〜〜〜〜

안방극장에서 3040 배우들의 파워가 커진 이유는 오늘날 3040 세대
가 대중문화를 주도하는 층으로 확고히 자리 잡았기 때문이다. 10~20대
시절이었던 1990년대에 X세대로 불리며 TV 드라마 등 대중문화를 적극적
으로 소비해왔던 이들은 나이를 먹고도 여전히 문화의 주요 소비층으로 군
림하고 있다. 1990년대부터 대중문화와 동반 성장한 이들 세대는 2010년에
도 TV 드라마 시청률을 좌우하는 주요 시청층이 됐다. 이들에게 인지도가
높은 김혜수, 김희애, 김희선, 이영애, 송윤아, 최지우 등 1990년대 톱스타들
이 다시 드라마 주인공으로 복귀하는 현상이 연이어 일어나는 것도 이 때

조진웅에 이어 옴므파탈의 계보를 잇고 있는 드라마 <굿와이프>의 유지태

문이다. 방송국이나 제작사의 입장에서는 주요 시청층의 맞춤형 캐스팅을 위해 이들을 포기할 이유가 없으니 말이다.

중년 배우들의 활약에 신조어도 생겨났다. 2010년을 강타한 키워드 '꽃중년'에 이어 2015년에는 tvN의 〈시그널〉에 출연해 깊이 있는 연기력과 함께 순정 마초의 이미지를 보여준 배우 조진웅을 필두로 '아재파탈'이라는 키워드가 등장했다. 아재파탈은 '아저씨'와 '옴므파탈homme fatale'이 결합된 합성어로 '치명적인 매력을 가진 아저씨'를 뜻하는데 OCN 〈38사기동대〉의 마동석과 MBC 〈결혼계약〉의 이서진, tvN 〈굿와이프〉의 유지태 등이 조진웅에 이어 옴므파탈의 계보를 잇고 있다. 또래에 비해 젊어 보이는 외모에 중후한 멋과 매너, 여기에 센스까지 갖춘 남성상을 일컫는 아재파탈은 중년 남성을 겨냥하는 패션뷰티 업계 마케팅 키워드로 한창 떠오르기도 했다.

중년 여배우들은 걸크러시 열풍을 주도했다. 〈시그널〉의 김혜수, 〈굿와이프〉의 전도연, 〈K2〉의 송윤아 등은 20대 시절 연기했던 철없고 통통 튀는 캐릭터에서 벗어나 형사, 변호사, 영부인 등 전문성과 카리스마를 갖춘 워너비 여성상으로 분했다. 또한 극중 남자 주인공의 보조 역할에 머무르지 않고 사건을 주도적으로 해결하며 자신 앞에 맞닥뜨린 불만족스러운 상황을 전복시켰다. 과거 20대 여배우들의 전유물인 신데렐라형 캐릭터들을 벗어나 한층 진보된 여성상을 보여주기 시작한 것이다. 이는 세월에 따라 성장한 연기력과 관록이라고 말할 수 있는 여유에 장르물의 인기가 합산된 결과다.

20대 배우들의
빈자리가 변수

벌써 몇 년째 지속되어온 30대, 특히 40대 배우들의 강세가 앞으로 얼마나 더 지속될지를 묻는다면 사실 구체적으로 답하거나 단정하기 어렵다. 하지만 분명한 것은 현재 활발히 활동 중인 3040 배우들이 자신만의 영역을 공고히 한 것에 비해 20대 배우들은 많이 발굴될 수 없는 환경이 자연스럽게 조성됐다는 것이다.

2016년 하반기 현재 드라마에서 주인공을 맡고 있는 20대 여배우로는 tvN 〈치즈인더트랩〉의 김고은, tvN 〈신데렐라와 네 명의 기사〉의 박소담, JTBC 〈청춘시대〉의 한예리 등이 있는데, 이들 모두는 영화 쪽에서 발굴돼 드라마 쪽으로 수혈된 배우들이다. 20대 배우들이 부족하다 보니 KBS 2TV 〈구르미 그린 달빛〉의 김유정, tvN 〈싸우자 귀신아〉의 김소현, JTBC 〈마녀보감〉의 김새론 등 아직 10대인 배우들이 그 자리를 메우는 일도 생겨났다.

뒤늦게나마 방송국에서 나서 젊은 감성의 웹 드라마나 하이틴 드라마를 통해 20대 스타들을 발굴하려 하고 있지만 4~5년 전부터 발굴된 스타들이 적다 보니 이제는 30대 초반 배우층이 눈에 띄게 줄어든 것이 또 요즘 캐스팅 담당자들의 고민거리가 됐다. tvN 〈또 오해영〉의 서현진, MBC 〈굿바이 미스터 블랙〉의 문채원, MBC 〈W〉의 한효주 정도가 2016년에 주인공을 맡을 수 있었던 30대 초반 여배우다. 남자배우의 경우 이보다 상황이 좀 더 낫긴 하지만 군입대라는 변수가 존재한다.

20대 배우들이 주연인 드라마 <신데렐라와 네 명의 기사> <치즈인더트랩>

    조연이라면 몰라도 드라마의 흐름을 주도해나가는 주연 자리는 단순히 파격 신인 발탁으로 해결될 수 있는 문제가 아니다. 수십 년간 규칙적으로 연기해온 노련한 중견배우들과 훈련이 덜 된 신인이 맞붙었을 때 몰입감은 확실히 떨어질 수밖에 없다. 실력을 어느 정도 갖춘 젊은 배우들은 해외 진출, 광고 등 연기 외적인 활동이 다양해져서 연기에만 집중할 수 있는 환경이 되지 않다 보니 실력이 정체되어 있기도 하다.

20대 콘텐츠가 주도해도
40대의 아성은 건재할 것

    그렇지만 변화의 조짐은 분명히 보인다. 미디어가 파편화되고 모바일 시대가 도래하면서 대중은 TV뿐 아니라 스마트폰, VOD 서비스, 소셜 미디어나 포털 사이트 등 다양한 창구를 통해 콘텐츠를 소비할 수 있게 됐다. 방송국의 수익 구조 또한 TV 중심의 시청률 외에 인터넷, 모바일 중심의 화제성이라는 새로운 잣대 속에 재편되기 시작했다. 기업 광고주들이 광고 판매의 기준을 시청률에만 두지 않고 온라인과 SNS상 화제성까지 염두에 두고 있기 때문이다.

아무래도 화제성을 주도하는 것은 인터넷 문화에 익숙하지 않은 40대 이상의 시청자들이 아닌 20대들이다. 더 이상 중장년층의 기호에 맞는 캐스팅만으로는 수익을 담보할 수 없게 된 지금, 20대들이 열광하는 콘텐츠는 늘어날 수밖에 없다. 그리고 콘텐츠의 수가 늘어나면 배우의 발굴과 훈련도 자연스레 뒤따르게 된다.

물론 1020 세대가 선호하는 콘텐츠가 트렌드를 주도하는 날이 온다고 할지라도 꽃중년의 아성은 무너지지 않을 것으로 보인다. 20년 전 할리우드의 40대 여배우 시대를 열었던 영화 〈매디슨 카운티의 다리The Bridges of Madison County〉(1995)의 메릴 스트립Meryl Streep과 〈진실Death and the Maiden〉(1994)의 시고니 위버Sigourney Weaver 모두 60대인 지금까지 주연으로 당당히 활약 중인 것처럼 걸크러시 김혜수와 아재파탈 조진웅도 20년 후까지 건재하지 않을까.

브로맨스,
형제애와 로맨스의 경계

로맨스라고 하면 대개 남녀 간에 벌어지는 사랑 이야기를 떠올리곤 한다. 그런데 최근에는 남성들 간의 로맨스가 펼쳐지는 영화와 드라마들이 쏟아지는 것은 물론 대중가요에서도 이러한 노래나 캐릭터가 등장하고 있다. 남녀 간이 아닌 남남 간의 로맨스가 대중문화 코드의 대세가 되어가고 있는 것이다. 그렇다면 이러한 남성들 간의 로맨스에는 어떠한 사례들이 있으며 이러한 로맨스는 누가, 왜 원하는 것일까.

우선 남남 로맨스의 사례들을 살펴보자. KBS 2TV의 드라마 〈태양의 후예〉에서는 송송(송중기·송혜교) 커플이나 진구·김지원이라는 남녀 커플만이 아니라 남성과 남성 간의 관계도 눈길을 끌었다. 그 주인공은 송중기와 진구였다. 심지어 그들은 똑같은 줄무늬 옷을 입고 등장하기도 했다. 이는 커플티를 연상시켰는데, 대개 커플티는 사귀는 사람들이 같이 입고 다닌다는 점을 생각하면 흥미로운 지점이었다.

남성 주인공들의 알 듯 말 듯한
미묘한 감정을 담은 말

영화와 드라마에서는 이런 '브로맨스bromance'가 눈길을 끌고 있다. 브로맨스는 형제를 뜻하는 '브라더brother'와 사랑을 뜻하는 '로맨스romance'가 결합한 신조어인데, 남성 주인공들의 알 듯 말 듯한 애틋 미묘한 감정을 담고 있다는 점에서 그저 우정을 강조하는 '버디buddy'라는 개념과는 또 다르다. 앞서 언급했듯 브로맨스의 대표적인 예로 드라마 〈태양의 후예〉에 등장했던 송중기(유시진)와 진구(서대영)를 들 수 있다. 남녀 커플의 스토리도 재미있지만 남남 커플의 우정을 넘어선 달달한 감정은 확실히 〈태양의 후예〉에 흥미를 더했다. tvN의 〈응답하라 1988〉의 류준열과 박보검은 좋아하는 여자를 두고 브로맨스를 선보였다.

영화에서 〈내부자들〉의 이병헌과 조승우, 〈검은 사제들〉의 김윤석과 강동원, 〈동주〉의 강하늘과 박성민 등의 관계 역시 넓게는 브로맨스에 속한다고 볼 수 있다. 남자 캐릭터들에게서 나타나는 이런 감정의 깊이감에 대응해 여성들의 경우에는 영화 〈아가씨〉처럼 여성 캐릭터들의 미묘한 감정이 담긴 백합 코드, 즉 여성들 간에 미묘하고 격정적인 감정이 분출되는 분위기가 눈길을 끌기도 했다.

<동주>의 강하늘과 박성민의 관계 역시 넓게는 브로맨스에 속한다.

　이런 변화는 영화와 드라마에서는 물론 뮤지션들 사이에서도 쉽게 인식되고 있다. 물론 이런 기미가 가장 먼저 감지된 것은 예능 프로그램이었지만 사실 공연계에서도 이런 현상이 나타난 지는 꽤 되었다. 공연계에서 브로맨스를 전면에 내세운 작품으로는 연극 <M버터플라이>와 <프라이드>를 비롯해 뮤지컬 <여신님이 보고 계셔> <풍월주> 등이 있다. 이런 작품들은 작품성은 물론 대중성에서도 좋은 평가와 함께 인기를 끌어 공연계에서는 "브로맨스를 내세운 작품들은 흥행불패다"라는 말이 나올 정도였다. 여전히 이런 작품들이 관객들을 찾아가고 있고, 이런 브로맨스 코드가 있는 작품의 경우 폭발적인 좌석점유율을 기록하기도 한다.

남성과 남성 간의
정서적 관계, 케미

이와 비슷한 말로 과거에 '버디 무비buddy movie'가 있었다. 버디 무비는 두 명의 남자 주인공이 등장하여 남자들만의 관계를 드러내는 영화를 지칭하는 표현인데, 1969년에 개봉한 미국 영화 〈내일을 향해 쏴라Butch Cassidy and the Sundance Kid〉 같은 작품이 버디 무비의 대표격이라 할 수 있다. 버디 코드는 1980년대 후반의 〈영웅본색〉이나 〈첩혈쌍웅〉 등 홍콩 영화에 이르러 한층 더 진하게 표현된다. 당시의 홍콩 영화 주인공들은 우정을 넘어선 끈끈한 의리를 기본으로 했다. 이어 1990년대에는 버디 코드가 여성들에게 적용된 〈델마와 루이스Thelma & Louise〉라는 영화도 선보인 바 있다.

그렇다면 브로맨스와 버디 코드는 어떤 점에서 다를까? 버디 코드는 단지 형제애나 우정, 그리고 의리에 그치는 반면 브로맨스는 그렇지 않다. 브로맨스라는 표현에서 초점을 맞춰봐야 하는 부분은 바로 '로맨스'다. 로맨스는 주로 남녀 간에 일어나는 '사랑의 감정'과 관련된다. 그렇다면 브로맨스는 바로 남성과 남성 간에 일어나는 정서적 관계를 말한다. 그러나 그것이 정말 사랑인지는 알 수가 없다. 요즘 말로 하자면 '케미'가 일어나는 듯 보일 뿐이다. 화학적 작용을 뜻하는 '케미'라는 말은 단순한 호감이나 친근함과는 다르다. 정신을 못 차릴 정도의 격정적 감정이 일어나야 하기 때문이다.

이렇게 남성 간의 묘한 사랑의 감정이 일어나는 것은 동성애 문화의 부각 때문이다. 동성애 문화가 수면 아래의 서브컬처subculture에 머물던 단계에서는 이러한 남성들 간의 케미가 주목받지 못했다. 그런 이야기를 꺼내는 것 자체가 금기였기 때문에 살짝 언급만 해도 분위기는 무거워졌다. 하지만 지금은 동성애에 대한 생각도 다소 변화하여 이제는 그렇게 무거운 주제로만 받아들이지는 않게 되었다. 여기에서의 포인트는 '반드시 동성애를 받아들이는 것이 아니'라는 데 있다. 즉, 브로맨스는 '동성애'라기보다는 그와 비슷한 '동성애 코드'에 부합한다고 봐야 한다.

동성애인 줄 알았는데
알고 보면 남녀 이성애

이런 브로맨스가 많아진 이유는 여성 관객들의 힘 때문이다. 드라마와 영화, 공연 문화의 핵심 주도층은 여성이다. 여성 관객들은 레즈비언 코드에는 별 관심이 없다. 문화는 미지의 아우라가 있어야 하는데, 바로 남성의 동성애가 그 영역 안에 있다. 이성에 대한 알 수 없음은 호기심을 자극하기도 하는데, 더구나 꽃미남인 멋진 남성들이 벌이는 케미라면 더욱 흥미진진하다. 물론 남성 관객들은 이런 남성들 간의 케미에 대한 관심이 별로 없고, 오히려 예전 같은 버디 무비 스타일을 여전히 원한다. 정도의 차이는 있을지언정 브로맨스의 주인공들이 하나같이 잘생겼고 미끈한 까닭은 그 밑에 이런 맥락이 흐르고 있기 때문이다.

무엇보다 브로맨스는 버디 형식과 비교했을 때 남성들도 우정과 의리를 넘어 사랑, 즉 애愛의 관계가 될 수 있다는 점에서 문화적 다양성이라는 관점에서의 메시지를 우리에게 던져준다. 그러나 그것이 반드시 육체적 욕망 충족의 차원이 아니라는 점에서 동성애와는 거리가 있다. 물론 이는 오로지 그것을 보는 시청자, 관객, 그리고 팬들이 판단할 문제긴 하지만 말이다. 최근에는 여성들 사이의 케미, 즉 백합 코드가 적용된 작품들도 선보였다. 영화 〈아가씨〉가 대표적인 예라 할 수 있는데, 이 영화의 엔딩 장면은 여성들 간의 정사신으로 끝난다. 이는 남성 중심의 질서에 대한 동성애적 반격이라 새삼 눈길을 끌기도 했다.

브로맨스나 백합 코드는 동성애 관련 개념이라고 할 수 있으나 이전까지의 동성애 코드와는 다소 다르다. 동성애 코드란 결국 동성 간의 사랑을 다루는 것인 줄 알았는데, 알고 보면 남녀 이성애 관계를 다루는 것이 핵심 코드다. 본래 대중 대상의 공연 문화에서 동성애 코드는 여성이 아닌 남성에게 초점이 맞춰지고, 때문에 이런 작품들의 흥행은 주관객인 여성에게 달려 있다. 동성애 소재가 등장하는 공연일수록 티켓 판매가 더 잘된다는 분석도 있다. 물론 여기에서의 동성애는 남성들의 호모 섹슈얼을 의미한다.

사실 남성들은 레즈비언이 나오는 영화에 관심이 없다. 그러니 과연 남자들이 레즈비언 영화를 얼마나 이해할 수 있을지 의문이기도 하다. 당연히 〈아가씨〉 같은 레즈비언 영화는 대중 흥행에서 한계가 있다. 여성들이 대중적으로 원하는 것은 남성들의 동성애 코드이기 때문이다. 그 남성들은 하나같이 잘생긴 외모, 이른바 꽃미남이어야 한다. 경제적 격차와 양극화의 심화는 성적인 측면에서도 결핍을 강화할 수밖에 없다. 본래의 대상을 찾지 못하면 대체 대상을 찾는 법이다. 이성 간의 상대적인 박탈과 소외는 결국 동성 간의 관계에서 만족을 추구하는 분위기로 연결될 테지만, 그렇다고 그것이 더욱 충만하고 소망스런 결과를 만들어내지는 못할 것이다. 결말은 비극적이거나 파멸적일 수 있다.

정의,
다양한 드라마를 통해 변주되다

드라마가 그려내는 판타지는 현실의 결핍과 무관하지 않다. 현실에서 채워지지 않는 갈증들을 판타지를 통해 채워주는 것이 드라마의 속성이기 때문이다. 최근 몇 년 동안 이어져온 트렌드이기도 하지만 2016년에도 사회정의에 대한 소재들이 드라마로 다뤄진 것은 그 때문이다. 이른바 '갑을 정서'가 생겨나고 '금수저, 흙수저'에 대한 아픈 정서들이 심지어 놀이형태로까지 등장하며, 세월호 참사 같은 지워질 수 없는 기억들이 불러일으킨 '공정하고 올바른 사회'에 대한 갈증은 다양한 드라마들을 통해 변주되었다.

〈동네변호사 조들호〉나 〈캐리어를 끄는 여자〉 같은 드라마들은 변호사를 등장시켜 권력자들에게 핍박받는 힘없는 서민들의 편에 서서 법 정의가 구현되는 모습을 보여줬고, 〈시그널〉이나 〈기억〉 같은 드라마는 우리 사회

갑과 을로 나뉘어지는 시스템에 대한 통쾌한 일침을 담은 드라마 <판타스틱>

의 정의 문제가 망각으로 잊혀져가는 현실을 그렸다. 〈판타스틱〉과 〈옥씨남정기〉는 갑과 을로 나뉘어지는 시스템에 대한 통쾌한 일침을 담아냈다면, 〈육룡이 나르샤〉 같은 사극은 여말선초의 시대상황을 끌어와 그 혼돈의 시기에 새로운 세상에 대한 꿈을 그려냈다.

서민들의 편에 서서
'히어로'가 된 변호사들

드라마 속에서 변호사라는 직업은 이중적인 면을 가지기 마련이다. 하나는 권력과 돈에 붙어 그들의 이권을 챙겨주는 존재로서의 변호사이고,

다른 하나는 그런 권력과 맞서 사건의 진실을 파헤치고 억울한 누명을 쓴 이들을 보호해주는 존재로서의 변호사이다. 물론 이들은 법정 드라마 같은 장르에서는 함께 등장해 대립각을 세우는 경우가 많다.

우리네 법정 드라마에서 본격적인 법 정의의 문제에 천착하기 시작한 건 그리 오래되지 않았다. 2000년대 초기에 등장했던, 변호사들이 주인공인 트렌디 드라마들은 사실 법 정의의 문제를 다뤘다기보다는 변호사라는 직업이 갖는 막연한 로망을 주인공에게 덧씌워 풀어낸 멜로 드라마였다. 이런 사정은 당대에 의사들이 주인공으로 등장했던 트렌디 드라마들도 마찬가지여서 이 드라마들은 무늬만 의학 드라마, 법정 드라마라는 비아냥을 듣기도 했다.

하지만 이런 비판의 목소리들 때문에 전문직에 대한 관심은 점점 높아졌고, 그에 따라 법정 드라마에서는 응당 다뤄져야 할 법적인 디테일들이 등장하기 시작했다. 2005년 방영된 〈변호사들〉이 그 초기의 관심을 담아냈다면 2008년 방영된 〈신의 저울〉, 2010년 〈검사 프린세스〉, 2014년 〈개과천선〉, 〈오만과 편견〉, 2015년 〈리멤버〉 그리고 2016년 〈동네변호사 조들호〉〈굿와이프〉〈캐리어를 끄는 여자〉 등은 본격 법정 드라마들이라 할 수 있다.

2016년의 특징은 힘없는 서민들의 편에 서서 일종의 '히어로'가 된 변호사의 이야기가 두드러졌다는 점이다. 〈동네변호사 조들호〉는 인권변호사 조들호가 돈 없고 배경 없어 누명을 쓴 서민들을 위해 법정에서 그들을 변호하는 이야기를 담았다. 유전무죄, 무전유죄라는 말이 나오는 현실 속에서 이런 변호사는 서민적인 영웅서사의 주인공이 되기 마련이다. 본래 장르는 로맨틱 코미디지만 인권변호사가 주인공이었던 〈미녀 공심이〉도 바로 이러한 법 정의의 문제를 간접적으로 다룬 바 있고, 〈캐리어를 끄는 여자〉 같은 법정 드라마는 변호사가 아닌 사무관을 주인공으로 세워 역시 약자들을 뒤에서 변호하는 인물을 다뤘다. 물론 〈굿와이프〉는 미국 드라마를 원작으로 하며 정치와 권력, 법 정의가 교차되는 지점에서 일과 사랑에 대한 이야기를 담았지만 여기서도 법정 소재들은 대부분 우리네 사회가 희구하던 법 정의의 문제를 끌어내기 마련이었다.

지금도 여전히 미제로 남은 사건들에 대한 사회적 환기

변호사들이 등장하는 법정 드라마이면서도 색다른 방식으로 우리네 현실의 사회정의 문제를 담아낸 작품이 〈기억〉이다. 이 드라마는 주인공인 변호사가 자신이 알츠하이머에 걸렸다는 사실을 알게 되면서 벌어지는 이야기다. 과거 뺑소니 사고로 사망한 아들에 대한 아픈 기억을 갖고 있는 주인공은 당시 제대로 진상규명이 되지 않은 채 망각으로 덮어두려 했던 그 기억이 사실은 자신의 현재를 만들었다는 걸 뒤늦게 알게 된다. 즉, 자신이 일하는 로펌 사장의 아들이 뺑소니범이었고, 자신을 계속 감시하기 위해 로펌이 그를 채용했던 것이 지금까지 이어져왔다는 것을 알츠하이머로 기억을 잃을 위기상황에서 깨닫게 되었던 것.

이처럼 〈기억〉이 담은 내용은 단순한 법정 드라마의 법 정의 같은 막연한 판타지가 아니라, 우리가 그토록 많이 겪으면서도 망각으로 지워졌던 사건 사고의 문제들이 현재에 어떻게 기능하고 있는가 하는 것이다. 이 드라마의 모티브는 그래서 세월호 참사와 직접적으로 연결되어 있다. 참사의 진상규명이 이뤄지지 않은 상황에서 이를 덮어버리려는 망각의 시도는 결국 또 다른 참사로 이어진다는 경고다.

〈시그널〉은 과거와 현재를 이어주는 무전기라는 판타지 설정을 이용해 미제사건을 해결하는 독특한 형사물이었지만, 역시 사회정의와 관련한 '기억'의 문제를 다루었다. 무전기에 얽힌 판타지를 설정해 과거를 변화시켜 현재를 바꿔보려는 시도는 이렇게 기억에서 잊혀져가는 미제사건의 해결에 대한 갈망을 담아낸다. 〈시그널〉이 과거의 미제사건을 다루는 방식은 그래서 현실에서 모티브를 가져와 판타지를 통해 이를 해결해보려는 일종의 '씻김굿' 같은 성격을 띠게 된다.

법정 드라마이면서도 색다른 방식으로 우리네 현실의 사회정의 문제를 담아낸 드라마 <기억>

성수대교 붕괴사건, 1982년 군부독재시절 벌어졌던 대도大盜 조세형 사건, 화성연쇄살인사건, 이형호군 유괴납치살인사건 등등 한때 우리 사회를 시끄럽게 만들었던 일들은 이 드라마에서 주요한 소재로 등장하는데, 〈시그널〉의 등장인물들은 이를 다시금 되돌려 사건을 재조명하거나 아니면 희생자 발생을 막으려 안간힘을 쓴다. 결국 이 판타지 설정이 얘기해주는 건 지금도 여전히 미제로 남은 사건들에 대한 사회적 환기다. 망각이 덮어가고 있는 기억들에 대한 안타까움 말이다.

정의에 대한 갈증,
갑을 정서의 양상으로 나타나다

대중들이 갖고 있는 정의에 대한 갈증은 갑을 정서의 양상으로도 나타난다. 이른바 '갑질' 하는 세상에 대한 을들의 시원한 한 방을 담는 '사이다' 드라마들의 등장이다. 조선후기 김만중이 쓴 《사씨남정기》에서 따온 제목의 〈욱씨남정기〉는 '사씨남정기'가 인현왕후를 내몬 장희빈의 패악을 풍자했듯이, '개저씨'들이 수시로 갑질하는 우리네 현실을 풍자했다.

하청업체들을 마치 하인처럼 쓰고 버리는 대기업 황금화학의 횡포에 시달리던 중소기업 러블리 코스메틱은 그러나 그 황금화학에서 나와 러블리 코스메틱으로 온 욱다정이라는 인물에 의해 을의 반란을 꿈꾼다. 물론 현실적으로 대기업의 횡포에 가까운 제안을 거부한다는 건 일어나기 힘든 일이지만, 〈욱씨남정기〉는 드라마를 통해서나마 통쾌하게 갑을 뒤집는 을

'갑질' 하는 세상에 대한 을들의 시원한 한 방을 담은 드라마 <욱씨남정기>

의 반전을 보여준다.

　한편 〈판타스틱〉은 시한부 판정을 받은 여주인공과 그를 사랑하는 발연기 우주대스타의 사랑이야기를 다루면서 동시에 갑질 하는 변호사 집안의 부정과 맞서는 통쾌한 을의 반란을 담아냈다. 친구들이 서로 뭉쳐 정치권과 결탁하려는 갑질 집안을 한바탕 뒤집어놓는 이야기는 그 사이다 전개만으로도 충분히 박수받았다.

　2016년 한 해 '고구마 현실에 던지는 사이다 판타지'는 일종의 성공방정식처럼 자리 잡은 바 있다. 이것은 드라마가 단순히 이야기의 재미를 추구하기보다는 현실의 답답함을 끌어와 이야기를 통해서나마 통쾌함을 선사하는 것으로 대중들의 답답한 마음을 위로해줬다는 뜻이다.

〈육룡이 나르샤〉,
국가의 정의를 묻다

~~~~~~~~

　"원래 우리 땅에서 한 해에 400석의 곡식이 나왔어. 국법? 국법에 의하면 40석은 나라에, 40석은 향리에 바쳐. 그게 바로 법이야. 하지만 난 태어나서 단 한 번도 그런 걸 본 적이 없어. 내가 태어나던 해 우린 240석을 바쳤대. 내가 여섯 살이 되던 해 320석을 바치고 그리고 얼마 전에 주인이라고 주장하는 여덟 명의 귀족에게 자그마치 360석을 바쳤어. 남아 있는 40섬으로 1년을 살아야 되는 인원은 200명이 넘어. 그게 어떤 숫자인지 모르겠지? 하루에 밥 두 숟가락씩만 먹고 살아야 된단 이야기야."

　조선 창업을 다룬 사극 〈육룡이 나르샤〉는 초반부에 고려 말이 처한 상황을 바로 이 9할의 세금 이야기로 꺼내놓는다. 이 사극이 보여주는 것처럼 고려 말, 나라는 정의롭지 못해서 가진 자들은 더 많이 빼앗아가고 못 가진 자들은 더 많이 빼앗겨 굶어 죽어간다. 그렇기에 시대의 육룡이 나서서 조선이라는 새로운 나라를 꿈꾸고 세워나간다는 것이 이 사극의 서사다.

　본래 사극은 과거를 꺼내와 현재를 이야기하는 것이다. 따라서 〈육룡이 나르샤〉가 굳이 여말선초 상황을 소재로 가져왔다는 것은 당시 시대적 상황이 현재 대중들이 느끼는 정서와 유사하다는 것을 말해준다. 샐러리맨들은 매달 유리지갑에서 각종 보험료며 세금이 뭉텅뭉텅 빠져나가고, 치솟는 전세금 때문에 어쩔 수 없이 무리해서 은행빚을 얻어 산 집은 가격이 뚝뚝 떨어지는데 이자는 따박따박 나간다. 아이들은 점점 커가고, 몇 년도 안 되어 계속 바뀌는 교육정책 때문에 이리저리 휘둘리며 여기 찔끔 저기

찔끔 보내는 학원비도 만만찮다. 결혼을 기피하고 출산율이 떨어지는 건 당연한 결과. 육아와 교육이 마치 사치처럼 느껴지게 만드는 현실이다.

〈육룡이 나르샤〉는 바로 이런 현실의 이야기를 여말선초의 상황을 빌어 국가가 추구해야 할 정의란 어떤 것이어야 하는지를 말한다. 극 중 정도전이 이성계에게 '국가國家'의 한자를 풀이하며 그 의미를 설파하는 장면에서 이 점을 엿볼 수 있다.

"장군. '나라 국'자는 창으로 땅과 백성을 지키라는 것이지요. 이게 나라입니다. 이 '나라 국'에 이 글 자(집 가)를 더하면 땅과 백성을 창으로 지켜내어 가족을 이룬다, 이것이 국가입니다."

2016년의 드라마들은 어떤 장르이건 크고 작은 정의의 문제들을 담았다. 그것은 우리네 현실이 갖고 있는 사회정의에 대한 결핍이 그 어느 때보다 깊었다는 것을 말해준다. 물론 드라마가 이런 문제제기를 통해 사회정의를 구현할 수는 없다. 하지만 적어도 그 문제를 환기시키고 계속해서 질문을 던지며 때로는 답답하고 상처 입은 대중들에게 위로를 주었던 것만은 분명하다. 그리고 때로는 많은 질문들이 모여 해답이 만들어지기도 한다. 그런 면에서 사회정의를 담은 드라마들은 그 나름의 기능을 해왔다고 여겨진다.

멜로,
초현실적 판타지를 만나다

본래 12세기 중엽부터 13세기 초까지 전성기를 누렸던, 기사담을 다룬 로맨스romance라는 장르는 공상적이고 초자연적인 것에 대한 취향이 들어있었다. 우리가 잘 알고 있는 아서왕King Arthur 이야기가 바로 이 로맨스 장르에 속한다.

　이러한 공상적이고 모험적인 이야기를 뜻하던 로맨스가 현재에 이르러서는 '연애 이야기'를 지칭하는 뜻으로 바뀌었다. 그래서일까. 최근 들어 로맨스를 담은 멜로 드라마들이 초현실적인 판타지를 통해 새로운 모험을 감행하고 있는 모습에서는 마치 과거 본래의 로맨스적 이야기로 돌아가고 있다는 느낌마저 든다.

　2016년 상반기 인기를 누렸던 〈또 오해영〉은 전형적인 로맨틱 코미디

장르의 서사를 담았지만 그 안에 미래를 보는 능력을 가진 남자주인공을 집어넣음으로써 서사의 긴장감을 높였고, 〈W〉 같은 드라마에서는 현실의 여자주인공이 웹툰 속 남자주인공과 사랑에 빠지는 이야기로 현실과 가상을 넘나드는, 말 그대로 로맨스 장르가 보여주던 모험 멜로 서사를 담아냈다. 또한 〈마녀보감〉 〈싸우자 귀신아〉 그리고 〈푸른 바다의 전설〉 〈도깨비〉 같은 드라마들 역시 마녀나 귀신, 혹은 인어나 도깨비와의 사랑이야기를 담음으로써 초현실적인 판타지를 그렸다. 이제 멜로 장르에서 초현실적인 판타지를 가져가는 것은 그리 이상한 일이 아니게 되었다. 본래 로맨스 장르가 그러했던 것처럼.

초자연적 능력까지 요구하는
멜로 드라마의 남자주인공

～～～～

사실 멜로 드라마 주인공의 면면이란 당대의 대중들이 갖는 판타지를 담기 마련이다. 과거 1990년대의 멜로 드라마에서 남자주인공이 주로 재벌 2세로 등장해서 여자주인공을 신데렐라로 만들어줬다는 것은 당대의 판타지가 재력에 집중되어 있었음을 말해준다. 하지만 이런 판타지는 시대에 따라 달라지기 마련이다. 재벌 2세가 자신의 노력이 아니라 태생적으로 얻은 신분 덕에 그 위치를 점하게 됐다는 사실은 대중들에 의해 서서히 로망이 아닌 혐오로 변질되어왔다. 판타지적 존재로서의 재벌 2세라는 남자주인공이 후에 좀 더 현실적인 일을 하는 실장님으로 바뀌었고, 그

241

초현실적인 판타지를 그린 드라마 〈마녀보감〉

후에는 의사나 변호사, 나아가 요리사 같은 전문직을 가진 인물로 바뀐 것도 그 때문이다.

그러다 늙지 않는 외계인이 주인공인 〈별에서 온 그대〉 같은 작품이 등장하면서 주인공에 대한 판타지는 초자연적 능력으로까지 나아가게 되었다. 〈너의 목소리가 들려〉에 등장하는, 타인의 목소리를 읽는 능력을 가진 인물이나 냄새를 시각적으로 볼 수 있는 능력을 가진 〈냄새를 보는 소녀〉, 순간적으로 빠르게 움직이는 것들을 슬로우 모션으로 볼 수 있는 동체시각을 가진 주인공이 등장하는 〈미녀 공심이〉 같은 드라마들은 모두 그래서 멜로 드라마가 요구하는 주인공에 대한 판타지가 이제는 초자연적 능력까지 나아가게 됐음을 보여준다.

〈또 오해영〉은 남자주인공에게 자신이 사랑하는 여자의 미래를 보는 능력이 있다는 점에서 그 연장선에 있는 작품이라 할 수 있지만 이러한 능력이 오히려 그를 고통스럽게 하는 형벌 같은 장치로 등장한다. 자신이 미리 바라보는 세계에서 사고를 당하는 여자주인공을 구하기 위해 절박해지는 남자주인공의 이야기나, 그 남자주인공이 어느 날 사고로 죽어가는 모습은 그래서 이 드라마의 몰입감을 훨씬 높였다. 남녀 간의 밀고 당기는 재미가 멜로가 갖는 재미의 원천이라면 여기에 깃들은 이 남자의 능력은 두 사람이 의도치 않게 만나고, 또 감정이 더 간절해지는 동력으로 작용했기 때문이다.

흥미로운 건 이런 설정이 마치 〈또 오해영〉을 멜로판 〈시그널〉을 보는 것만 같은 느낌으로 바꿔놓았다는 점이다. 과거를 고쳐 미래를 바꾸는 판타지 설정을 가진 〈시그널〉이 그랬듯이, 〈또 오해영〉은 남자주인공이 갖고 있는 미래를 보는 능력, 혹은 기시감을 통해 그가 다른 말과 행동을 선택했을 때 또 다른 미래를 만들어갈 수 있다는 이야기를 들려주었다. 여타의 멜로 드라마들이 그저 벌어지는 사랑과 미움의 감정들을 담아내기만 했다면, 〈또 오해영〉은 이런 '선택'의 문제를 넣음으로써 사랑에 대한 좀 더 철학적인 이야기를 가능하게 해주었던 것이다.

가상이 현실 깊숙이
침투해 들어와 있기 때문

그런데 과거 같으면 말도 안 된다고 치부됐을 이러한 초현실적 판타지들은 어째서 최근 들어 가능해진 걸까. 그 단초를 잘 보여주는 작품이 바로 〈W〉다. 독특하게도 현실의 여주인공이 'W'라는 웹툰 속 가상의 남자

주인공과 사랑에 빠지는 이야기를 다뤘다는 점에서 이 작품은 현대판 '피그말리온Pygmalion'의 이야기라고 할 수 있다.

〈W〉는 그 기저에 가상과 현실의 경계가 얇아져버린 현재의 대중들의 달라진 감각을 기저에 깔고 있다. 즉, 웹툰이라는 가상을 이제는 지극히 현실적인 것으로 다루어도 그리 이상하게 여기지 않을 정도로 가상은 우리네 현실 깊숙이 침투해 들어와 있음을 보여주는 것이다. 애니메이션 캐릭터에 대해 그것이 마치 실제로 존재하는 것인 듯 엄청난 애착을 보이는 이들을 과거에는 성숙하지 못한 '아이'처럼 여겼지만, 이제는 그들이 '키덜트'라는 명칭으로 지칭되며 어른으로 살아가는 모습이 긍정되는 시대로 바뀌었다. 이것은 디지털 세상이 열어놓은 가상의 세계가 현실의 삶을 바꿔놓고 있는 지금, 우리가 갖고 있는 가상에 대한 감각 역시 달라지고 있다는 것과 무관하지 않다. 이런 가상과 현실의 공존이 어느 정도 이해되는 지점에서 〈W〉와 같은 드라마가 만들어진 것이다.

〈W〉는 가상의 인물인 웹툰 속 주인공이 자신을 지우려는 작가와 맞서는 대담한 이야기를 건넸다. 즉, '아무리 작가가 작품의 신과 같은 존재라 해도, 자기가 만들었다는 이유만으로 과연 주인공을 마음대로 살리고 죽일 수 있는가에 대한 질문이 이 판타지 설정에서 가능해졌다. 물론 이 판타지 스토리는 가상과 현실을 넘나드는 모험담으로 그려졌지만, 그 안에 담겨진 진짜 이야기들은 이러한 작가 담론이나 가상과 현실 담론, 혹은 신과 인간에 대한 이야기 같은 철학적 문제들을 충분히 상기시키고도 남음이 있었다.

이미 가상현실과 증강현실 같은 기술들이 가상을 통해 현실을 바꿔

가고 있는 것처럼 〈W〉의 세계는 그저 한 편의 드라마라고만 말할 수 없는, 우리의 가상이 갖는 무게감을 잘 드러냈다고 보인다. 그리고 이것은 드라마 같은 콘텐츠들이 이제 초현실적 판타지를 담아내도 그럴 듯하게 받아들여지는 중요한 이유가 되고 있다.

귀신, 마녀, 인어 같은
초자연적인 존재와의 사랑

꽤 많은 고전들이 다루고 있는 타자에 대한 입장은 두 가지로 나뉜다. 하나는 타자를 자신과 다르지만 그래도 이해하고 공감하려는 입장이고, 다른 하나는 자신과 다른 그 타자를 공포의 존재로 받아들여 배척하고 물리치려는 입장이다. 고전으로서의 《모비 딕Moby Dick》이나 《드라큘라Dracula》 같은 작품, 또 초창기에 공포물에서 등장하기 시작했던 좀비나 늑대인간, 귀신 같은 존재들은 대부분 후자의 입장으로 타자를 그려냈다. 즉, 공포스러운 존재인 그들과 싸우는 것이 중요한 스토리 모티브로 기능했던 것이다.

하지만 최근 들어 이러한 타자에 대한 입장은 전자 쪽으로 바뀌어가고 있다. 스티븐 스필버그Steven Spielberg감독의 〈E.T〉가 〈에일리언Alien〉이 그리는 외계인에 대한 공포 반응과는 정반대로 외계인과의 우정을 그려냈던 것처럼, 우리네 〈별에서 온 그대〉에서도 엄청난 초자연적 능력을 가진 외계인이 여자주인공과 서로 사랑을 나눈다. 과거 〈전설의 고향〉에서 자주 다뤄졌던 구미호 이야기는 여전히 공포스러운 존재로 구미호를 그렸지만, 최근

〈내 여자친구는 구미호〉 같은 작품에서의 구미호는 남다른 능력을 가진 사랑스런 존재로 그려진다.

〈싸우자 귀신아〉 〈마녀보감〉 같은 작품들이 그려내고 있는 것도 바로 이런 이질적이고 초자연적인 능력을 가진 존재들과의 사랑이다. 〈마녀보감〉에서 마녀인 여자주인공과 인간인 남자주인공은 그 존재적 차이에도 불구하고 '청춘'으로서의 공통된 고통에 공감하는 인물들로 등장한다. 〈마녀보감〉의 여자주인공은 마녀로서 태어나 자신이 사랑하는 존재는 모두 죽는다는 저주 때문에 결계가 쳐진 공간에서 세상과 결별하며 살아왔는데, 이

이질적이고 초자연적인 능력을 가진
존재들과의 사랑을 담은 드라마
〈싸우자 귀신아〉

와 비슷하게 남자주인공은 세상 안에 있지만 노비 신분인 어머니를 통해 서자로 태어나 양반과 노비 어느 쪽에도 속하기 어려운 존재로 살아간다. 결국 결계를 뛰어넘은 두 사람이 서로 만나 사랑하는 이야기는 이질적 존재로서 배척하는 관계가 아닌, 청춘으로서의 공감하는 관계로 그려진다.

〈싸우자 귀신아〉는 인간이지만 귀신을 보는 능력을 가진 남자주인공이 실제 귀신인 여자주인공을 만나 사랑하게 된다는 이야기다. 마치 〈고스트버스터즈Ghostbusters〉 같은 귀신 퇴치 이야기가 모험담의 한 궤를 이루지만, 그래도 서로 다른 존재인 귀신과 인간이 그 존재적 차이를 극복하고 사랑을 이뤄가는 이야기가 중심축을 이룬다.

〈별에서 온 그대〉로 엄청난 반향을 이끌었던 박지은 작가의 새로운 작품인 〈푸른 바다의 전설〉 역시 인어라는 타자와의 사랑에 빠지는 이야기다. 인어 이야기라고 하면 대부분 동화 '인어공주'를 먼저 떠올리지만 이 드라마는 우리네 《어우야담於于野譚》에 들어 있는 담령과 얽힌 인어의 이야기를 모티브로 했다. 인간과 물고기의 중간체로서 인어를 바라보는 두 가지 시각이 이 드라마에서는 서로 부딪친다. 인어를 잡아 기름을 짜내 돈을 벌려는 지극히 자본적인 시각이 한 축이라면, 인간이 잃어버린 순수 그 자체를 보여주는 인어를 보호하고 함께 공존하려는 시각이 다른 한 축이다. 즉, 현재 많은 국내외 콘텐츠들이 보편적으로 추구하고 있는 타자와의 바람직한 관계를 이 드라마 역시 초현실적 존재인 인어를 통해 그려내고 있는 것이다.

비현실을 통해 현실을
반추하는 우화의 하나

~~~~~~

이처럼 초현실적인 판타지를 담게 된 멜로는 마치 한 편의 우화처럼 읽힌다. 비현실적인 이야기임에는 틀림없지만 그 비현실을 통해 현실을 반추하는 우화의 하나로 다가오기 때문이다. 〈또 오해영〉의 이야기가 '정해진 운명'과 '선택으로 바뀌는 운명'에 대한 한 편의 우화처럼 느껴진다면, 〈W〉는 피조물이 갖는 자유의지에 대한 우화처럼 다가온다. 〈싸우자 귀신아〉나 〈마녀보감〉이 모두 현재를 살아가는 청춘들의 고단함을 귀신이나 마녀 같은 소외된 존재들을 통해 구현해낸 우화라면, 〈푸른 바다의 전설〉은 인어를 통해 그리는, 현대인들이 잃어버린 순수에 대한 우화로 읽힌다.

그저 남녀 간의 사랑을 다루며 달달한 느낌이었던 멜로가 초현실적 판타지를 만나서 어떤 사회적 의미 같은 것들을 담게 된 건 바로 이런 우화적 기능이 그 안에서 가능해졌기 때문이다. 한때 멜로는 분명 보편적으로 대중들이 좋아해온 스토리 구조였지만, 지나치게 비슷비슷한 패턴에 갇힘으로써 식상해졌다는 소리를 들은 바 있다. 트렌디 드라마들이 한참 쏟아져 나오던 2000년대 초반이 그러했다. 하지만 최근 들어 초현실적 판타지를 만난 멜로는 그 식상함을 극복하고 동시에 우화적 기능을 통해 당대 현실을 들여다보는 쪽으로까지 확장되었다. 이런 진화과정을 통해 멜로는 다시금 그 기지개를 켜고 있다.

일제강점기,
'부끄러운 역사'를 뛰어넘다

일제강점기, 우리 민족의 암흑기를 재조명함으로써 교훈을 얻으려는 움직임 때문일까? 아니면 지금도 흔들리고 있는 우리의 시대적 소명과 역사를 바로잡으려는 바람 때문일까? 최근 영화계에서 일제강점기를 배경으로 하는 영화가 강세다. 주로 현대적인 소재의 스릴러나 블록버스터가 강세였던 영화계 흐름에서 이런 움직임은 이례적으로 읽히기도 한다.

불과 몇 년 전까지만 하더라도 '일제강점기'라는 시대적 배경과 소재는 한국 영화계에 별다른 매력으로 어필하지 못했다. 영화 〈도마 안중근〉(2004, 5만 명)을 비롯해 〈청연〉(2005, 54만 명), 〈라디오 데이즈〉(2008, 21만 명) 〈모던 보이〉(2008, 76만 명) 등의 작품이 대규모 제작비로 기획 단계부터 화제가 됐지만 줄줄이 흥행에 참패했다. 때문에 일제강점기를 배경으로 하는 작품은 점점 더 제작자와 관객의 눈에서 멀어져갔다. 이 같은 작품들이 실패한

데는 여러 이유가 있지만 무엇보다 관객과의 공감대 형성이 부족했던 것이 가장 큰 패인으로 꼽힌다. 간혹 〈원스 어폰 어 타임〉(2008, 156만 명), 〈좋은 놈, 나쁜 놈, 이상한 놈〉(2008, 668만 명) 등이 흥행에 성공하긴 했다. 그렇지만 이들 작품은 일제강점기를 배경으로 차용했을 뿐 이야기 구도 면에서 봤을 때 코믹 또는 웨스턴 액션물의 성격이 강했다. 그런데 이제 일제강점기 코드의 영화는 하나의 흐름을 이루고 있다.

일제강점기 영화, 한국 영화의 '대세'가 되다

변화는 지난 2015년부터 감지됐다. 여름 극장가에 등장한 영화 〈암살〉(감독 최동훈)이 관객 1,270만 명을 기록하며 문화계 신드롬의 주인공으로 등극한 것이다. 그 영향 때문일까? 2016년에 개봉했거나 2017년 개봉을 앞두고 있는 화제작들 중에는 일제강점기를 배경으로 하지 않은 작품이 더 적을 정도로 일제강점기는 2016년 영화계의 화두로 떠올랐다.

윤동주 시인의 일대기를 다룬 〈동주〉(감독 이준익)와 일본군 위안부에 끌려간 소녀들의 이야기를 크라우드 펀딩으로 제작한 〈귀향〉(감독 조정래)이 묵직한 메시지로 관객들의 호평을 받으며 문을 연 데 이어 〈아가씨〉(감독 박찬욱)는 칸 국제영화제 경쟁 부문에 진출하는 쾌거를 이뤘다. 일제강점기 여가수들의 이야기를 다룬 〈해어화〉(감독 박흥식)에 이어 조선의 마지막 황녀 덕혜옹주의 비운의 스토리를 담은 〈덕혜옹주〉(감독 허진호)는 예상을 깨

일제강점기를 배경으로 한 영화 <동주>와 <귀향>

고 관객수 550만 명을 돌파했다(2016년 10월 현재).

　워너브라더스가 약 862만 달러(약 100억 원)를 투자한 첫 한국 영화이기도 한 〈밀정〉(감독 김지운)은 1920년대 항일 무장독립 운동단체였던 의열단의 이야기를 담은 작품으로 개봉 첫 주에 200만 관객을 돌파하는 잭팟을 터뜨렸고, 750만 명이라는 관객수를 기록했다. 2017년 개봉을 앞둔 〈군함도〉(감독 류승완)는 일본에 강제징용된 조선인들의 이야기를 그린 작품으로 〈베테랑〉의 류승완 감독이 메가폰을 잡고 송중기, 소지섭, 황정민 등 최고의 스타들이 합류해 기획 단계부터 해외에서까지 큰 이슈가 됐다. 이쯤 되면 일제강점기는 이제 매력 없는 소재가 아니라 한국 영화계의 '대세 소재'로 떠올랐다고 해도 과언이 아니다. 무엇이 이런 변화를 만들었을까?

그동안 눈을 돌리지 않았던
'미지의 영역'

~~~~~~

일제강점기는 그동안 한국 영화계에서는 눈을 돌리지 않았던 '미지의 영역'에 해당한다. 바꿔 말하면 일제강점기는 소재의 보물창고가 아닌 금기의 영역이었는데 그 금기의 봉인이 풀리고 있는 것이다.

우선 일제강점기 자체는 지금까지 '부끄러운 역사'라는 의식 때문에 외면되어 왔지만, 영화의 소재 측면에서 보자면 새삼 매우 다양한 요소를 발견할 수 있기 때문에 최근 관심이 집중되고 있다. '부끄러운 역사'라고 치부하는 것은 여전한 콤플렉스의 발동 때문이었다. 왜 그런 심리가 남아 있었을까. 그것은 여전히 우리가 일본에 못 미치는 약소국에 불과하다는 의식이 강했기 때문이다. 하지만 한국은 이제 그러한 콤플렉스 안에만 갇혀 있지는 않다. 삼성 핸드폰이 세계를 주름잡고 한류가 일본을 비롯한 세계 대중 문화시장에서 각광받고 있는 것처럼 말이다. 일제강점기 코드의 영화들은 일제강점기의 문제들을 담담히 마주하면서 어떻게 대할 것인가를 고민하게 만들고 있다.

일제강점기가 주목받는 또 다른 이유는 이를 소재로 하여 접근했던 영화들이 성공했기 때문이다. 윤동주 시인을 소재로 2016년에 개봉한 영화 〈동주〉는 처음으로 윤동주 시인을 영화화한 작품이고, 〈암살〉은 대중적 흥행에서도 큰 성공을 거두면서 새로운 가능성을 볼 수 있게 해줬다. 이들 영화에서 다루었던 '암살' '밀정' '시인'이라는 콘셉트나 소재에 이어 심지어 영화 〈아가씨〉에서는 '동성애'라는 소재도 등장했다. 그간 여타의 한국 영화에서 제대로 다뤄지지 않았던 이러한 요소들은 일제강점기라는 배경과 어우러져 신선한 소재로 작용하며, 새로움에 목말라하는 영화계에 반가운 소재 창고의 역할을 하게 되었다.

또한 일제강점기는 한국에서 모더니티가 탄생한 시공간이기 때문에 문화사적으로 매우 중요한 가치를 지니고 있다. 관객은 영화 속 미장센을 통해 마치 오늘날의 사회문화상의 시원적 자취를 추적해볼 수 있는 재미도 찾게 된다. 영화 〈아가씨〉의 류성희 미술감독이 한국 영화인 최초로 칸 영화제의 벌칸상The Vulcan Award of the Technical Artist을 수상한 것은 이 때문이다. 어쨌든 한국 역사의 여러 시기 중 가장 조명이 덜 된 일제강점기의 이야기들이 영화화를 통해 공감대를 얻는 데 성공하면서 일제강점기는 앞으로도 여러 소재를 낳을 수 있는 보고寶庫로 여겨지게 되었다. 그만큼 일제강점기를 다루는 영화들이 앞으로도 많이 등장할 가능성은 높아지고 있다는 뜻이다.

일제강점기를 바라보는
관점이 바뀌다

이렇게 소재 차원에서 외연이 넓어진 것은 일제강점기를 바라보는 관점이 바뀌었기 때문이다. 그간의 '진지함'에서 '감성적 감각성'을 강화했다. 〈아나키스트〉나 〈도마 안중근〉의 경우를 봐도 내용은 진지하기만 했다. 일제강점기는 비분강개의 독립의지를 돋우는 주제의식을 가져야 한다는 의무감이 가득했기 때문이다. 이러한 면은 소재를 제한시키는 것뿐만 아니라

윤동주 시인을 처음으로 영화화한 작품인 <동주>는 청춘들의 이야기를 담고 있다.

스토리 전개나 결론이 천편일률적인 획일성을 낳음과 동시에 대중적 흥미를 떨어뜨리는 요인이 되었다. 이에 반해 현재의 일제강점기 코드의 영화들은 대중성을 강화했다. 따라서 감성을 자극하거나 게임 요소 또는 활극 액션 같은 오락적인 요소를 넣었고, 다양한 볼거리와 즐길 거리를 배치하면서도 감성을 자극하고 여기에 주제의식은 잃지 않으려고 노력한다. 여기에는 그동안 발전한 영화촬영기법이나 연출 노하우, 컴퓨터 그래픽 기술이 적용되었다. 이를 통해서 예전의 단순한 일제강점기 배경의 영화와는 질적인 차이를 보이게 되었다.

또한 일제강점기 배경의 영화들은 단지 과거의 이야기에만 머물지 않는다. 다른 시대극도 그렇지만, 특정 시대를 배경으로 할 때 현재를 살아가는 관객들의 고민을 담아내거나 그 정서를 건드리면 대중적인 관심을 받을 수 있다. 예컨대 영화 〈귀향〉이나 〈동주〉는 청춘의 정서를 건드리고 있다. 이 두 영화의 주인공은 다름 아닌 청춘들이기 때문이다. 그때의 청춘이나 지금의 청춘은 시대 상황은 다르지만 심리적인 측면에서 비근하다. 전망이 불투명한 사회적 환경 속에서 청춘의 삶은 불안정함 속에 있기 때문이다. 이런 점에서 일제강점기의 엄혹한 환경에서 자신의 장래와 미래를 고민하는 청춘들의 이야기에는 현재의 청춘들도 충분히 공감할 수 있었다. 영화 〈암살〉은 가족 코드를 통해 가부장적인 환경에서 고민하는 청춘의 모습을 부각시키기도 했다. 영화 〈밀정〉은 상대적 악역을 통해서 조직 내부에서 갈등하는 현대인들의 모습을 투영해냈다.

우경화하는 일본, 대선을 앞둔
정치적 관심도의 상승

일제강점기가 한국 영화의 배경이 되는 데는 현재의 정치적인 요인도 작용한다. 아베 신조安倍晋三 일본 총리의 집권 후 일본은 점차 우경화되면서 시대적 불안을 더욱 강화하고 있고, 그로 인해 일제강점기가 단지 먼 과거가 아닌 미래가 될 수 있음을 인식하게 만들기 때문에 더욱 그러하다. 예컨대, 한국과의 위안부 문제 협상에 비상식적인 태도로 일관하고 있는 일본의 모습 등이 대중의 울분을 자아내면서 반일 감정이 고조되고 있다. 이러한 상황에서 실제 위안부를 소재로 만들어진 영화 〈귀향〉이 대중의 주목을 받을 수 있었다. 이는 제작비 조달을 위해 14년 만에 크라우드 펀딩으로 어렵게 제작됐는데도 대중의 열화와 같은 성원 속에 무려 358만 명이라

저예산 영화의 한 획을
그은 영화 〈귀향〉

는 관객수를 기록한 점에서도 알 수가 있다. 위안부 소재의 영화가 크게 흥
행한 것은 이러한 시대적 분위기가 작용을 했고, 영화 〈귀향〉은 저예산 영
화의 한 획을 그은 작품으로 남게 됐다. 〈귀향〉의 조정래 감독의 이야기다.

"역사가 제대로 청산되지 않고 있는 상황에 대한 대중적 공감대가 이
뤄지면서 〈귀향〉 같은 영화에 관심이 많이 쏠린 것 같다."

여기에 더해 2017년은 대선이 치러지는 해라는 점도 정치에 대한 대중
의 관심을 높이고 있다. 이는 자연스레 역사, 정치적 메시지를 담은 작품에
대한 관심도로 이어지는 중이다. 2015년 기록적인 흥행세를 보인 〈암살〉을
비롯, 〈동주〉 〈밀정〉 등 일제강점기를 다룬 작품들은 현대를 살고 있는 우
리의 모습도 반추해볼 만한 메시지를 담고 있다. 세 작품 모두 선조들의 치
열한 독립운동을 다루면서, 제대로 된 주권국가의 권리를 행하지 못했을
때의 아픔을 여실히 보여주고 있다. 그러면서 어떻게든 조국의 독립을 이뤄
내려는 이들의 모습을 통해 점차 우경화하는 동북아시아 정세 속에서 한
국이 해야 할 역할이 무엇인가를 일깨워주고 있기도 하다.

이에 더해 정치적 변화까지 앞두고 있다 보니 지금 시기에서 일제강점

기는 더욱 각광받는 소재인 것이다. 〈동주〉를 연출한 이준익 감독도 말한다.

"일제강점기는 그동안 부끄러운 역사라는 인식 속에 애써 외면해왔던 것이 사실이기에 앞으로도 나올 수 있는 아이템이 상당하다는 것이 매력적이다. 여기에 현재를 돌아볼 수 있는 교훈과 메시지를 전해주고 있다는 점에서도 의미 있는 소재로 자리하고 있다."

영화에서 어떤 소재를 다루든 관객의 마음을 움직이는 데 있어 가장 중요한 것은 영화를 풀어내는 방식과 영화에 담긴 시각일 것이다. 이런 차원에서 볼 때 〈동주〉 같은 작품이 의외의 흥행세를 보인 것은 한 인간으로서 욕망을 지닌 동주와 올바른 가치를 추구하고자 하는 동주의 갈등이 관객의 마음을 울린 것이다. 결국 관객의 마음을 두드리는 가장 큰 요소는 인간의 진정성인 것이다. 이러한 인간의 진정성이 시대의 격랑 속에서 어떻게 표현되고 발화되는가를 탐구하면서, 현대를 사는 이들이 추구해야 할 가치는 무엇인가를 자연스럽게 보여주고 있다.

헬조선,
현실의 아픔을 콘텐츠를 통해 해소

'헬조선'이라는 단어가 우리에게 익숙해진 지 오래다. 현실에서 아픔을 느낀 대중들이 숨 돌릴 곳을 찾는 것일까. 최근 영화나 드라마 작품 속에서 '헬조선'이 반영되고 있고, 그 작품들이 대중들에게 큰 반응을 얻고 있다.

'헬조선'은 한국 사회의 부조리한 단면을 지옥에 빗댄 표현이다. 앞으로 우리 사회를 짊어져야 할 일꾼인 20대는 취업난에 허덕이고 있고, 많은 노인들이 노후를 대비하지 못해 쓸쓸한 최후를 맞이하고 있다. 부익부빈익빈이 더욱 더 심화되고 있는데, 정부와 정치권은 국민을 외면하고 있다. 2014년의 세월호와 2015년의 메르스 사태 때의 정부 대응은 충격을 넘어 '살아남기조차 힘든 한국'의 속살을 드러냈다. 정부는 국정교과서와 위안부 합의 등을 통해 역사의식에도 허점을 보였고, 벤처 신화의 주인공은 검찰

권력의 스폰서였다는 게 밝혀졌다. 경제권력과 언론권력, 정치권력은 더할 나위 없이 부패해 있다. '헬조선'이 익숙하게 들릴 수밖에 없는 이유다.

현실의 아픔을
콘텐츠를 통해 해소하다

~~~~~~~~

현실에서 아픔을 느낀 대중은 시대의 갈증을 콘텐츠를 통해 풀고 있는 모양새다. 현실의 아픔을 노골적으로 그린 작품들이 연달아 흥행을 하고 있다. 친일파를 다룬 영화 〈암살〉과 경제권력의 갑질을 파헤친 영화 〈베테랑〉, 세대 간의 갈등을 드러낸 영화 〈사도〉 등에 이어 2016년에 대중이 열광했던 작품에도 요즘 시대의 '헬조선'이 존재한다. 이 배경에는 현실의 아픔을 공감하고 위로받고자 하는 대중의 심리가 녹아 있는 것으로 해석된다.

2015년 11월에 개봉해 900만 관객을 넘는 흥행을 이룬 〈내부자들〉은 영화가 아니라 현실이라는 이야기가 나온다. 언론권력과 경제권력, 검찰, 정치권의 야합, 권력의 조직적인 성매매 등 〈내부자들〉에서 나타났던 이야기들은 1년여가 지난 2016년에 현실로도 벌어져 더욱 놀라움을 안겼다.

이 영화는 19금 관람불가인데도 900만 관객이라는 기념비적인 스코어를 기록했다. 권력이 민중을 대하는 천박한 태도를 노골적으로 옮겨놓은 대사와 스토리, 그리고 최후의 승자는 서민계급이라는 점이 대중에게 통쾌함을 안긴 것으로 보인다. 권력이 무너지는 내용의 〈내부자들〉은 권력의 갑질에 상처받은 대중의 아픔을 대신 해결해준 측면이 있다. 온라인을 살펴보면 2016년에도 〈내부자들〉에 대한 극찬이 이어지고 있는데, 대부분은 이 영화가 갖고 있는 부조리에 대한 의견이다. 2016년 추석 연휴 당시 TV로 방영된 〈내부자들〉은 13%가 넘는 시청률까지 기록했다.

2015년 〈암살〉을 시작으로 2016년 〈동주〉와 〈덕혜옹주〉 〈밀정〉은 일제강점기를 다루고 성공한 영화다. 〈동주〉는 단 5억 원의 순제작비만으로 100만 관객을 넘겼고, 〈덕혜옹주〉는 550만을, 〈밀정〉은 2016년 하반기에 750만 관객을 돌파했다. 불과 몇 년 전까지 일제강점기를 다룬 작품들이 워낙 비장하고 무겁다는 점에서 기피되어온 것과 반대로 최근의 일제강점기 작품은 성공공식을 써나가고 있다. 이 또한 당시 처단되지 않은 친일파가 현실에도 부정적인 영향을 끼친다는 것을 대중이 인지하기 시작했기 때문이다.

그 시대에 이름을 남기지 못하고 떠나간 독립군에 대한 미안함과 함께 역사에 대한 관심이 높아진 것도 한 이유다. 아울러 위안부 문제를 돈으로 해결하려 하는 일본과 한국 정부에 대한 불신이 한 축을 담당했다. 친일파가 독립군보다 후세에 더 잘살고 있다는 현실 역시 '헬조선' 모습의 하나로 여겨진다. 일제강점기 영화를 통해 당시에 대해 알아보고 소통하려는 대중의 심리가 작품의 흥행으로 이어지는 것이다.

2016년작 〈터널〉은
헬조선의 총체

2016년 여름에 개봉한 〈터널〉 역시 '헬조선'의 총체다. 이 영화는 터널

이 무너진 가운데 인권보다 자본을 더 중시하는 정부의 태도, 이와 함께 그 무엇보다 가장 중요한 고위관계자를 향한 의전이라는 공무원의 마음가짐을 비꼰 작품이다. 한 사람이 터널에서 죽느냐 살아 나오느냐에 대한 단순한 플롯에 정부의 의전과 생명보다 소중한 자본에 대한 일침을 담은 이 영화는 712만 관객을 동원했다.

〈터널〉은 하정우의 원맨쇼라 불릴 정도로 출연 배우가 많지 않고 흔한 액션 하나 없는 드라마성 영화다. 여름에 개봉하기에는 힘이 약하다는 우려를 깨고 흥행에 성공했다. 그 배경에는 '세월호'와 '메르스' 등의 사태에서 보여준, 책임지지 않는 정부에 대한 불신을 꼬집어준 것에 대한 통쾌함이 존재한 것으로 해석된다. 특히 남편이 죽을지도 모르는 위기에 처한 아내를 만나자마자 사진을 찍자는 공무원들의 태도, 수십 일 만에 겨우 살아난 사람보다 더 중요한 장관을 향한 의전을 보여주는 마지막 장면은 일종의 블랙코미디로 많은 사람들에게 회자된 대목이다.

최초의 좀비물인 〈부산행〉에서 좀비 발생을 두고 '시위와 폭동'으로 알린 정부의 대응과 그것을 경계하지 않고 받아쓴 뉴스보도 역시 두 사태를 떠올리게 하며 정부와 언론의 문제점을 꼬집었다. 이 영화의 흥행이 '헬조선'과 밀접한 관련이 있는 것은 아니지만, 대부분 흥행한 작품에는 이렇듯 '헬조선'이 녹아 있다.

2017년 1월 개봉 예정인 영화 〈더킹〉은 정치검찰이라 불렸던 대검찰청의 '중앙수사부'(중수부)를 소재로 삼는다. 국내 최고의 엘리트 집단이라는 검사들이 보여주는 천박한 이기심을 가볍고 유머러스하게 풀어낸다고 한다. 〈관상〉의 한재림 감독이 연출하고 조인성과 정우성을 비롯해 배성우, 박정민, 김의성, 김아중 등 연기파 배우들이 대거 출연한다. 배우진이 출중한 것과 별개로 한국 사회의 단면을 짚어낸다는 점에서 이 작품 역시 커다란 흥행이 예상된다.

드라마에서는 서민의 아픔을 그려낸
헬조선이 등장

드라마에서는 서민의 아픔을 그려낸 '헬조선'이 속속 드러난다. 전형적인 신데렐라 스토리인 SBS 〈질투의 화신〉은 달달한 삼각관계 주인공의 자리에 비정규직인 기상캐스터를 앞세워 현실적인 문제점을 드러냈다. 단 돈 몇 푼이라도 더 벌기 위해 자존심을 굽히는 공효진의 행동은 꼭 다른 사람의 이야기로 들리지 않지만, 그런데도 자신감을 갖고 열심히 살아가는 그의 모습은 또 다른 희망을 안겨준다. 공효진이 연기한 이 캐릭터의 인간적인 모습이 많은 대중의 공감을 이끌어낸 것이다. 〈질투의 화신〉은 최고 시청률 15% 이상을 기록했는데, 여러 가지 이유 중 공효진을 앞세워 비정규직의 현실적 아픔을 담담히 표현해낸 지점이 인기의 한 축을 담당했다는 분석이 있다.

JTBC에서 방영된 드라마 〈청춘시대〉는 20대 초반 다섯 여성을 캐릭터로 각자가 처한 상황 속에서 당면한 불안을 소재로 삼아 호평을 받았다. 이들이 느끼고 있는 미래에 대한 불안은 곧 현실의 문제를 반영한 것이다. 특히 한예리가 연기한 윤진명은 빚을 갚기 위해 몇 가지 알바를 하는 인물인

각기 다른 환경에 처한 다섯 명의
여성이 가지고 있는 미래에 대한
불안을 담은 드라마 <청춘시대>

데 사랑마저도 사치로 여긴다. 〈청춘시대〉는 그렇게 빡빡하게 살아야 겨우
꿈을 꿀 수 있는 20대의 실제적 고민을 훌륭히 표현한 작품이다. 다섯 캐릭
터 중 윤진명 캐릭터가 대중의 가장 높은 공감과 사랑을 받은 이유는 시청
자들이 느끼는 고통과 가장 밀접했기 때문이다.

SNS 등의 영향으로 사회문제에 대한 대중의 관심은 더욱 커지고, 파급
력과 확산 속도도 엄청 빠르다. SNS 게시물 등에는 전문가들 못지않게 사
회 문제를 냉철하고 정확하게 분석한 일반인들의 글도 많다. 어쩌면 전문가
들의 글이나 견해보다는 대중과 같은 입장에서 자신들의 마음을 고스란히
대변한 일반인들의 글과 견해가 더욱 공감을 많이 얻는 것일 수도 있다. 더
욱이 2016년 10월에 터진 '최순실 게이트'는 역사에 기록되기에도 부끄러
운 헬조선의 극치를 보여줬다.

이런 국내 상황은 당분간 크게 달라지지 않을 것으로 보이고, 우리 사

제가 어떻게 하면 윤선배한테
도움이 될지 알려주세요.

제가 할 수 없다면
주님이 도와주세요. 아멘.

**20대의 실제적 고민을 훌륭히
표현한 드라마 <청춘시대>**

회의 각박하고 부조리한 현실의 문제점을 정확히 짚어낸 작품들은 앞으로
도 더욱 인기를 끌 것으로 전망된다. 우리 사회가 가지고 있는 아픔을 영화
로, 콘텐츠로 위로한다는 측면에서 많은 사람들이 공감할 수 있는 작품들
이 계속 등장할 것이기 때문이다. 지금도 송강호 주연의 〈택시 운전사〉 〈제
5열〉, 최민식 주연의 〈더 프리즌〉 등 헬조선을 주제로 한 영화들이 제작되
고 있다. 앞으로도 시대가 안고 있는 상처를 끄집어내는 소재는 영화나 드
라마의 흥행 포인트의 한 축을 이룰 가능성이 높다.

천만 영화,
시즌을 겨냥하다

한 국가의 영화 산업이 어떤 단계에 와 있는지 체크할 수 있는 가장 편리한 지표는 박스오피스다. 그리고 어떤 숫자는 마치 주술처럼 산업을 이끌기도 한다. 미국 영화에서 그 숫자는 '1억' 달러였다. 1975년 여름 스티븐 스필버그의 〈죠스Jaws〉는 최초로 북미 지역에서 1억 달러 이상의 수익을 거둔 시즌 영화가 되었고, 할리우드는 이때부터 '블록버스터'의 시대로 접어들었다. 스필버그는 '1억 달러 돌파' 영화 〈죠스〉를 통해 새로운 할리우드를 발명한 셈이며, 할리우드는 지금까지 40년 넘게 여전히 〈죠스〉가 만든 공식 아래에 있다.

한국 영화에 유의미한 숫자가 있다면 '1,000만'으로, 이른바 '천만 영화'의 시대가 열리면서 한국 영화는 비로소 블록버스터의 시대에 진입했다고

천만 영화의 시작 <실미도>

할 수 있다. 2003년 12월 24일에 개봉된 〈실미도〉는 다음 해 2월(당시엔 체계적인 시스템이 없어 배급사 자체 집계에 따른 것이긴 하지만), 58일 만에 전국 관객 1,000만 명을 돌파했다.

　중요한 건 '천만 영화 〈실미도〉'가 갑자기 등장한 것은 아니라는 점이다. 사실 당시는 천만 영화 초읽기에 들어간 상황이었다. 1999년 말부터 팽창해나간 한국 영화 산업은 '언젠가는 1,000만 관객을 넘어서는 영화가 등장할 것'이라는 기대감 속에 있었는데, 그 토대는 당시의 극장 상황이었다.

　1998년에 멀티플렉스 시대가 열리면서 한국 영화는 격변을 겪는다. 스크린 수에 대한 공식 집계가 시작된 1999년부터 살펴보자. 1999년에 588개였던 스크린 수는 2000년에 720개, 2001년에 818개, 2002년에 977개, 그리고 〈실미도〉가 나온 2003년에 1,000개를 돌파하며 1,132개에 이르렀다.

관객 증가로 가능해진
와이드 릴리즈

~~~~~~~

　이런 갑작스런 증가는 한 편의 영화를 수많은 극장에 동시에 걸 수 있는 '와이드 릴리즈wide release'를 가능케 했다. 이때 등장한 것이 바로 〈쉬리〉(1999)였다. 당시 이 영화는 582만 명의 관객을 동원했는데(배급사 자체 집계는 620만 명), 1999년 총 관객수가 5,472만 명이었음을 감안하면 전체 관객수의 10.6%를 차지한 엄청난 흥행이다. 2015년 기준으로 환산하면 약

영화 제목	감독	배급사	개봉일	기간	총 관객수
〈실미도〉	강우석	시네마서비스	2003년 12월 24일	58일	11,081,000명
〈태극기 휘날리며〉	강제규	쇼박스	2004년 2월 4일	39일	11,746,135명
〈왕의 남자〉	이준익	시네마서비스	2005년 12월 29일	45일	12,302,831명
〈괴물〉	봉준호	쇼박스	2006년 7월 27일	21일	13,019,740명
〈해운대〉	윤제균	CJ	2009년 7월 22일	33일	11,453,338명
〈아바타〉	제임스 캐머런	이십세기폭스	2009년 12월 17일	38일	13,772,426명
〈도둑들〉	최동훈	쇼박스	2012년 7월 2일	21일	12,983,841명
〈광해, 왕이 된 남자〉	추창민	CJ	2012년 9월 13일	38일	12,323,555명
〈7번방의 선물〉	이환경	NEW	2013년 1월 23일	32일	12,811,213명
〈변호인〉	양우석	NEW	2013년 12월 18일	32일	11,374,861명
〈겨울왕국〉	크리스 벅 외	디즈니	2014년 1월 16일	46일	10,296,101명
〈명량〉	김한민	CJ	2014년 7월 30일	12일	17,615,039명
〈인터스텔라〉	크리스토퍼 놀런	워너브러더스	2014년 11월 6일	50일	10,304,503명
〈국제시장〉	윤제균	CJ	2014년 12월 17일	28일	14,261,627명
〈어벤져스: 에이지오브울트론〉	조스 웨던	디즈니	2015년 4월 23일	25일	10,494,499명
〈암살〉	최동훈	쇼박스	2015년 7월 22일	25일	12,705,783명
〈베테랑〉	류승완	CJ	2015년 8월 5일	25일	13,414,200명
〈부산행〉	연상호	NEW	2016년 7월 20일	19일	11,081,425명

*2016년 11월까지의 통계. 영화진흥위원회 통합전산망 자료, 《한국영화연감》, 배급사 자체 집계 등을 참조

2,300만 명이니 그 임팩트만 놓고 본다면 〈쉬리〉의 흥행은 천만 영화 이상이었고, 이로써 충무로는 한국 영화의 잠재력을 깨닫게 된다.

이후 메가 히트작이 이어진다. 2000년엔 〈공동경비구역 JSA〉가 579만 5,820명(배급사 자체집계)을, 2001년엔 〈친구〉가 818만 1,377명(배급사 자체집계)을 기록한다. 〈조폭 마누라〉(2001), 〈가문의 영광〉(2002), 〈살인의 추억〉(2003) 등이 500만 명 이상의 관객과 만난 것도 이 시기였다. 그리고 2003년 겨울 시즌에 〈실미도〉가 등장했다. 천만 영화는 스크린 수와 관객수가 급증하던 시기에 언젠가는 나올 수밖에 없었던 시대적 산물이었던 셈이다.

그렇다면 〈실미도〉에서 시작된 천만 영화의 간략한 역사를 살펴보자. 지금까지 나온 천만 영화는 총 18편인데, 그중 한국 영화가 14편이고 외국 영화가 4편이다.

시즌 영화를 노리는
한국형 블록버스터

영화의 내용과 장르를 중심으로 앞의 표를 살펴보면 〈괴물〉(2006)부터 어떤 패턴이 보인다. 바로 '시즌 영화'가 시작된 것이다. 이전까지 〈실미도〉와 〈태극기 휘날리며〉(2004), 〈왕의 남자〉는 겨울이나 설 시즌에 개봉되었고, 감성에 호소하며 현대사를 다룬 시대극 혹은 팩션에 가까운 사극이었다. 하지만 〈괴물〉은 다르다. 여름 시즌에 개봉된 이 영화는 컴퓨터그래픽을 기반으로 한, 괴수 캐릭터가 등장하는 액션 스펙터클 영화다. 이후 나오

'시즌 영화'의 패턴이 보이기 시작했던 〈괴물〉

는 스펙터클 재난 영화인 〈해운대〉(2009), 톱스타들이 한데 모인 범죄 영화 〈도둑들〉(2012), 사극을 토대로 한 해양 액션 〈명량〉(2014), 그리고 좀비 영화인 〈부산행〉(2016)까지 모두 〈괴물〉의 계보 안에 있다고 할 수 있다.

〈괴물〉에서 언급할 또 하나의 중요한 지점은 '세대교체'의 측면이다. 〈실미도〉의 강우석 감독(1960년생), 〈태극기 휘날리며〉의 강제규 감독(1962년생), 〈왕의 남자〉의 이준익 감독(1959년생)은 모두 1980년대에 영화를 시작한 세대다. 반면 〈괴물〉의 봉준호 감독(1969년생) 이후엔 윤제균 감독(1969년생), 최동훈 감독(1971년생), 김한민 감독(1969년생), 류승완 감독(1973년생) 등 새로운 세대가 등장한다. 이들은 선배 세대보다 블록버스터 장르 영화의 비주얼과 문법에 좀 더 익숙한데, 〈괴물〉 〈해운대〉 〈도둑들〉 〈베테랑〉 등의 영화엔 그런 세대적 특성이 반영되어 있다.

하지만 〈괴물〉과 함께 독과점 문제가 대두된다. 이는 '천만 영화'의 어두운 그림자였다. 당시 본격적으로 시작된 독과점 논쟁은 10년이 지난 지금은 아예 일종의 관행처럼 굳어진, 한국 영화 산업의 밸런스를 깨는 장애 요소다. 〈괴물〉이 개봉된 2006년의 스크린 수는 1,880개였는데 불과 2년 후인 2008년엔 2,004개로 드디어 2,000개를 돌파한다. 〈실미도〉 이후 약 5년 만에 스크린 수가 거의 두 배에 이른 것이다. 한국 영화는 스크린 수 1,000개 시대에 '천만 영화'의 영예를 안았다면, 2,000개 시대에 '독과점'이라는 독배를 들이킨 셈이다.

이것은 어쩌면 당연한 결과였다. 급격히 늘어난 스크린 수는 예전엔 상상도 못할 와이드 릴리즈를 가능케 했지만 그것을 규제하는 제도는 없었다. 동시에 '빠른 속도로 질주해 천만 관객에 다다르겠다'는, 다시 말해 흥행을 향한 브레이크 없는 욕망만이 작동했다. '1,000만 관객'에 다다르는 기간을 비교해보면 이를 쉽게 알 수 있다. 〈실미도〉가 천만 관객을 돌파하는 데 걸린 시간은 58일이었지만 이후 〈괴물〉은 21일, 〈명량〉은 12일이 걸렸다. 〈인터스텔라〉(2014)처럼 장기 흥행으로 천만 영화가 되는 경우도 있지만, 〈명량〉 이후 〈부산행〉까지 대부분의 천만 영화는 한 달 안에 목표를 이루었다.

천만 영화를
만들어낼 수 있는 시대

～～～

이것은 달리 말하면 '천만 영화를 만들 수 있는 시대'가 시작되었음을 의미한다. 처음 등장했을 때만 해도 천만 영화는 충무로에서 '하늘의 뜻'으로 여겨졌다. 그런데 상황은 2012년에 바뀐다. 여름 시즌의 〈도둑들〉을 시작으로 한국 극장가는 계절마다 천만 영화를 내놓았기 때문이다. 가을엔 〈광해, 왕이 된 남자〉가, 겨울엔 〈7번방의 선물〉(2013)이 있었다. 2013년 봄부터 가을까진 '준 천만 영화'라 할 수 있는 900만 명대의 〈아이언맨 3〉와 〈설국열차〉 및 〈관상〉이 이어진다. 그리고 그해 겨울에 〈변호인〉이 도착한다. 한국 영화는 어느새 1년에 서너 편의 천만 영화, 혹은 준 천만 영화가 등장하는 시장으로 커진 것이다. 이제 천만 관객은 더 이상 행운의 결과나 희귀 사례가 아닌, 한국 영화 산업에서 충분히 일어날 수 있는 일상적 사건이 되었다.

이런 상황은 아이러니를 만들어낸다. 한국 영화는 자의반 타의반으로 천만 영화를 동력으로 삼아 굴러가게 된 것이다. 뒤집어 이야기하면 한국 영화 산업은 천만 영화를 만들어내지 못하면 산업적 침체를 겪는다는 뜻인데, 이는 영화 제작의 양분화 현상으로 이어져 메가 히트작에 대한 의존도가 점점 커지고, 그 결과 중간 규모의 영화들은 점점 줄어들게 된다. 또

천만 관객을 돌파하는 데
12일이 걸린 〈명량〉

한 한 편의 천만 영화가 나오려면 여러 편의 영화들이 희생을 감수해야 하는 승자 독식의 구도가 형성된다. 10년 전과 비교해보자. 2006년에 300만 명 이상을 기록한 이른바 '대박' 영화는 10편이었지만 10년 후인 2015년엔 20편에 이르고, 이 영화들의 관객수가 전체 관객수에서 차지하는 비율은 42%에서 57%로 늘어났다. 대박 영화가 관객수의 절반 이상을 차지하는 구조가 된 것이다.

한국은 세계에서 손꼽히는
영화를 많이 보는 나라

이 과정에서 빼놓을 수 없는 건 한국 사회에서 영화가 지니는 위상이다. 장기적 경제 침체 속에서 영화는 '가장 싼 엔터테인먼트'로서 그 위력을 발휘했다. 쇼핑몰, 백화점, 식당가 등과 결합된 멀티플렉스에 가족 단위의 관객이 몰리기 시작했고, 20~30대 중심이었던 주 관객층은 40대 이상으로 확산되었다. 영화 자체의 오락적 측면이 강화되기도 했지만, 한국의 '관객 파워'가 폭발력을 갖게 된 것이다. 이는 평균 관람 횟수에서 명확하게 드러난다. 10년 전인 2006년에는 3.13회였던 평균 관람 횟수가 2015년에는 4.22회다. 미국이 3.6회, 호주가 3.3회, 프랑스가 3.1회니 한국은 세계에서 손꼽히는 '영화 많이 보는 나라'가 된 셈이다.

종종 저널에서 '천만 영화의 법칙'에 대한 기사를 접하곤 한다. 하지만 그런 법칙 따윈 없다. 영화 자체의 상업적 메리트가 전제되어야 하지만,

천만 영화는 상당 부분 산업적 결과다. 우린 2012년 여름부터 '천만의 시대'에 접어들었고, 이것은 하나의 패러다임이 되어 한국 영화를 이끌고 있다. 물론 시장이 확장되고 영화에 대한 대중적 관심 역시 증폭되는 등 천만 영화 덕분에 거둔 성과는 인정해야 한다. 어쩌면 천만 영화는 21세기의 한국 영화가 발명한 최고의 히트 상품일지도 모른다. 하지만 그다음 단계가 '2천만 영화'가 되어선 안 된다. 이젠 천만 영화와 함께 등장한 산업적 불균형을 바로잡으려는 현실적 노력이 필요한 시기이기 때문이다. 언제까지 '10,000,000'이라는 숫자에 사로잡혀 그 이면에서 마이너스를 기록하는 영화들을 외면할 것인가. 이젠 '상생'과 '합리성'을 진지하게 고민할 때가 되었다.

다양성 영화,
박스오피스와의 경계를 허물다

박스오피스에 관심 있는 관객이라면, 한국 극장가는 두 개의 리그로 이뤄져 있음을 알고 있을 것이다. 먼저 우리가 일반적으로 '박스오피스'라고 부르는 메이저 리그가 있다. 와이드 릴리즈를 통해 수백 개에서 심할 땐 1,000개 이상의 상영관을 확보한 주류 영화들이 다투는 바로 그 리그다. 영화진흥위원회의 통합전산망에선 그 영화들을 '상업영화'라는 범주로 구분하기도 한다.

그 옆에는 마이너 리그를 이루는 '다양성 영화'가 있다. 매주 박스오피스 순위가 집계되어 발표되듯 이 영화들의 순위도 따로 발표된다. 규모 차이는 크다. 스크린 수가 100개를 넘기지 못하는 경우도 많고 주말 관객수가 1만 명이 안 되는 일도 부지기수다. 흥행작에 민감한 관객들에게 이 영화는 매우 낯선 대상인 경우도 많다. 제대로 영화를 알릴 만한 마케팅 비용이 없기 때문이다. 이 영화들은 TV에서 광고도 못하고, 포털 사이트에 배너를 띄우지도 못한다. 하지만 분명히 존재하며 한국 영화 문화의 중요한 한 축을 이루는 이것은 바로 '다양성 영화'다.

주류 상업영화와
다른 영화

~~~~~~~~~

그렇다면 어떤 영화들을 다양성 영화라고 부르는 걸까? 두 가지 정의가 가능하다. 첫 번째는 법적 절차에 의한 정의다. 한국 극장가에서 '다양성 영화'로 불리고 싶은 영화가 있다면 그 제작자나 수입업자는 반드시 영화진흥위원회에 '다양성 영화'로 인증해달라는 신청을 해야 하고, 심사를 거쳐 적절하다고 판단될 경우에 인정받게 된다. 여기엔 혜택이 있다. 일단 등급심사 비용을 면제받고, 예술영화 상영체인에서 상영될 수 있으며, 재심사를 통해 지원금을 받을 길도 열린다.

자연스레 두 번째 정의에 대한 질문이 생겨난다. 그렇다면 다양성 영화로서 '적절하다고 판단'되는 기준은 무엇인가? 여기서부터 한국만의 독특한 영화 범주인 '다양성 영화'에 대한 숱한 논쟁이 시작된다. 2007년 영화진흥위원회가 발간한 〈'넥스트플러스 시네마 네트워크' 사업기획안〉이라는 문건을 보면 '다양성 영화'를 이렇게 정의하고 있다.

- 예술영화, 독립영화, 다큐멘터리 영화 등을 통칭한다.
- 이와 유사한 의미로 사용되는 '작은 영화'는 제작·배급·상영 규모에 따른 개념으로, 규모의 경제만 강조되어 읽혀질 수 있는 소지가 있다.
- 따라서 정책 생산과 진흥 사업을 주관하고 있는 영화진흥위원회는 '작은 영화'라는 용어가 경제적 규모의 전제를 스스로 위축시킬 우려가 있다는 점에서 '다양성 영화'라는 용어를 제안한다.

이 정의만으로 부족하다면 이보다 조금 더 명확하게 정의한 '다양성 영화의 범주화'라는 항목을 살펴보자.

<1차 분류>
예술영화, 독립영화, 다큐멘터리 영화, 고전영화 등.

<2차 분류>
■규모의 경제(양적 측면)
수익 확대를 목적으로 대규모 제작비가 투여되거나 와이드 릴리즈되는 상업영화와 달리 제작·배급·상영 규모 면에서 '작은 영화'.

■문화적 가치(질적 측면)
_예술성 및 작품성을 중요시하는 영화
_영화 스타일이 혁신적이며 비관습적인 서사 및 미학적 가치를 지닌 작품
_복잡한 주제를 다루어 대중적 소통이 쉽지 않은 영화
_상업영화 바깥에서 영화·문화·사회·정치적 이슈를 언급하는 영화
_타 국가의 문화나 사회에 대한 이해와 소통을 돕는 영화

적잖은 항목으로 기준을 제시하고 있지만, 사실 다양성 영화의 정의는 모호하다. 상업적 규모가 '작다'는 것은 상대적인 개념이고, '예술영화'와 '독립영화'라는 것 역시 명확하게 잡히는 개념이 아니기 때문이다. 혁신적 스타일? 비관습적 서사? 이 모두는 객관적 기준이 될 수 없다.

결국 다양성 영화를 규정하는 것은 주류 상업영화와의 '다름'이다. 평균 제작비 이상이 투여되어 만들어진 재미 중심의 킬링 타임용 장르 영화가 아니라 틀에 박힌 스타일을 벗어나고, 관객에게 현실을 일깨우며, 스타가 등장하지도 않고, 장르를 내세우지도 않으며, 감독의 예술적 세계를 존중한 개성적인 저예산 영화. 이 정도가 다양성 영화의 모습이라 할 수 있을 것이며 영화진흥위원회의 심사위원들 역시 이런 면에 초점을 맞추고 있다.

폭력적인 배급,
상영 시스템에 희생당한 영화들

그렇다면 한국 영화계가 다양성 영화에 관심을 가진 것은 언제부터일까? 답은 2000년대 초다. 1998년에 멀티플렉스가 등장하고 1999년 〈쉬리〉 이후 르네상스가 시작되면서 한국 영화는 급격한 산업화를 맞이한다. 이것은 분명 환영할 만한 일이었지만 부작용도 있었다. 이른바 '와라나고 운동'은 이를 나타내는 상징적 사건이었다.

2001년에 개봉된 임순례 감독의 〈와이키키 브라더스〉, 장현수 감독의 〈라이방〉, 문승욱 감독의 〈나비〉, 정재은 감독의 〈고양이를 부탁해〉 등은 관객들의 호응과 영화적 의미가 상당했는데도 극장가에서 빠른 시간 안에 사라진다. 스타를 캐스팅하지 않았고 대규모 마케팅을 할 수 없었으며 상업영화의 문법을 따르지 않은 비주류적 감성을 지녔던 이들 영화는 관객의 반응이 오기까진 일반적인 상업영화보다 좀 더 시간이 필요했던 것이다. 하지만 극장들은 '초반 실적'이 좋지 않은 이 영화들을 지켜주지 않았고, 관객들은 이 영화들의 장기 상영을 요구하는 운동을 벌였다.

뭔가 다른 시스템이 필요한 이런 상황에서 2002년 영화진흥위원회의 '아트플러스 네트워크' 사업과 한국독립영화협회의 대안적 배급에 대한 고민이 결합해 '다양성 영화'에 대한 논의를 끌어냈다. 즉, 다양성 영화는 산업적으로 저조했던 시기에 작은 영화들을 보호하기 위한 제도가 아니라 오히려 산업적 팽창기에 폭력적인 배급 및 상영 시스템에 희생당하는 영화들을 위해 만들어진 개념이라 할 수 있다. 그 필요성에 의해 2000년대에는 초주류 극장 시스템과 다른 예술영화나 독립영화를 집중적으로 상영하는 극장 네트워크가 만들어졌고, 다양성 영화는 그 혜택을 받았다.

이러한 문제의식은 당시 한국 영화계의 가장 중요한 이슈였던 스크린쿼터 수호 운동과도 연결된다. 1990년대 말 한국 영화계엔 '종 다양성'이라는 용어가 들어온다. 말 그대로 영화의 다양성을 존중하자는 것이다. 신자유주의의 경쟁 시스템 안에서 영화 산업은 자본 논리에 의해 독점화되기 쉬우며, 블록버스터가 극장가를 과도하게 장악하게 된다. 그럴 경우 작가영화나 예술영화 혹은 실험영화나 독립영화처럼 일반적인 상업영화와 다른 성격의 영화들은 설 자리를 잃게 되며, 이러한 영화들을 사랑하는 결코 '무시할 수 없는 소수'의 관객들은 소외된다. 시장 논리를 넘어 법과 제도에 의

해 일군의 영화를 보호할 필요성이 절실해졌던 것이다.

스크린쿼터 수호 운동이 당시 할리우드 직배 영화에 눌려 기를 펴지 못하던 자국 영화를 보호하기 위한 논리였다면, 다양성 영화는 다른 관점에서 소수의 영화를 보호하려는 개념이었다. 이것은 모두 영화라는 문화의 생태계를 보호하기 위한 것이며, 2001년 파리의 유네스코 총회에서 채택된 '세계문화 다양성 선언'과도 연결된다. 이것은 "국력의 차이와 무관하게 각 나라는 자국의 문화를 유지하고 종의 다양성을 보존해야 한다"는 내용을 중심으로 하여 총 12조로 이뤄진 선언으로 다음과 같은 주장이다.

"문화 다원주의는 문화 교류에 도움을 줄 뿐만 아니라, 공공생활을 지탱하는 창조적 역량을 강화하는 데 기여한다."

특히 문화 상품은 단순 상품이나 소비재로 취급되어선 안 된다고 밝히며, 시장 논리가 문화 다양성을 보존하고 증진할 수 없기에 공공 정책이 반드시 수반되어야 한다고 선언문은 말한다. 이처럼 다양성 영화는 산업적 필요성뿐만 아니라 당시 세계의 문화적 흐름과도 일맥상통하는 중요한 개념이며, 한국 영화가 산업화되면 될수록 강조될 필요가 있다.

다양성 영화 전용관이
예술영화 전용관 네트워크와 결합

그렇다면 '다양성 영화'는 현실적으로 어떤 과정을 거쳐 지금에 이르렀을까? 1999년부터 영화진흥위원회는 '예술영화'를 인정하는 작업을 하긴

공동체 상영으로 10만 명의 유료 관객, 12만 명의 무료 관객을 만난 영화 <우리 학교>

했지만, 다양성 영화라는 이름으로 본격적인 주목을 받은 건 2007년부터다. '다양성 영화 전용관'이 기존의 예술영화 전용관 네트워크와 결합해 전국적으로 30여 개로 늘어나면서 작지만 의미 있는 성과들이 생겨나기 시작한 것이다.

김명준 감독의 〈우리 학교〉(2007)가 대표적인 예다. 독립 다큐멘터리인 이 영화는 전국 극장에서 약 3만 4,000명의 관객과 만났는데 공동체 상영을

연도	편수	관객수	비율
2007년	97편	4,364,749명	2.8%
2008년	140편	4,055,168명	2.7%
2009년	153편	7,048,885명	4.5%
2010년	192편	2,807,018명	1.9%
2011년	197편	4,766,478명	3.0%
2012년	232편	3,692,507명	1.9%
2013년	333편	3,723,352명	1.7%
2014년	367편	14,283,284명	6.6%
2015년	349편	8,307,266명	3.8%

'다양성 영화'의 산업적 비중, 《한국영화연감》 자료 참조

통해(자체 집계에 의하면) 10만 명의 유료 관객과 12만 명의 무료 관객을 만났다. 이후 다양성 영화의 산업적 비중은 다음과 같다(《한국영화연감》 자료 참조).

2007년에 100편에 가까웠던 다양성 영화의 개봉 편수는 2015년 현재 349편으로 3.5배가량 급성장한 반면 관객은 두 배가량 증가하는 데 그쳤다. 즉, 편당 관객수가 줄어든 셈인데, 이는 너무 많은 영화를 다양성 영화로 인증해주는 탓도 있지만 예전에 비해 '다양성 영화'를 상영할 수 있는 극장 자체가 제대로 확보되지 않았기 때문이기도 하다.

또 하나의 특징은 매년 '다양성 영화'의 관객수 및 그것이 전체 관객수에서 차지하는 비율이 들쭉날쭉하다는 것이다. 이것은 몇 편의 '대박' 흥행작이 그해의 다양성 영화의 농사를 좌우하기 때문에 일어난 현상이다. 2009년엔 〈워낭소리〉가, 2014년엔 〈님아, 그 강을 건너지 마오〉와 〈비긴 어게인Begin again〉이 있었다. 일반적으로 다양성 영화는 전체 박스오피스에

다양성 영화의 흥행력을 결정적으로 확인시킨 〈워낭소리〉

서 2~3% 정도를 차지하기 마련인데, 이런 흥행작이 있는 해는 스코어가 급상승한다.

아래는 역대 다양성 영화들의 흥행 순위다. 집계가 시작된 후 전국 100만 명 이상을 동원한 '다양성 영화'는 10편이었다('영화진흥위원회 통합전산망' 자료 참조).

이 표를 보면 우린 작은 궁금증을 가질 수밖에 없다. 우린 앞에서 '다양성 영화의 범주화'를 통해 어떤 영화가 '다양성 영화'로 인정받게 되는지 살펴보았다. 하지만 현실적으로, 특히 2007년 이후 〈밀양〉(2007), 〈색, 계〉(2007), 〈영화는 영화다〉(2008) 그리고 결정타 역할을 한 〈워낭소리〉(2009)까지 다양성 영화가 지닌 의외의 흥행력이 확인된 이후엔 다양성 영화의 범위가 지나치게 넓어진 듯한 느낌이 있다. 과연 키이라 나이틀리Keira Knightley라는 세계적인 스타가 출연하고 800만 달러(약 100억 원)의 제작비가 들어간 〈비

순위	영화제목	연도	관객수
1	님아, 그 강을 건너지 마오	2014년	4,801,818명
2	비긴 어게인	2014년	3,429,948명
3	워낭소리	2009년	2,934,435명
4	하울의 움직이는 성	2004년	2,614,043명
5	색,계	2007년	1,924,208명
6	그대를 사랑합니다	2011년	1,649,407명
7	밀양	2007년	1,604, 439명
8	위플래쉬	2015년	1,589,048명
9	영화는 영화다	2008년	1,311,118명
10	슬럼독 밀리어네어	2009년	1,106,899명

역대 다양성 영화의 흥행순위. 영화진흥위원회 통합전산망 자료 참조

긴 어게인〉(2013)을 다양성 영화에 포함시키는 것이 옳은가? 미야자키 하야
오宮崎駿의 대작 애니메이션 〈하울의 움직이는 성Howl's Moving Castle〉(2004)
과 아카데미 작품상을 수상한 〈슬럼독 밀리어네어Slumdog Millionaire〉(2008)
는? 약 78만 명의 관객을 모았던 〈그랜드 부다페스트 호텔The Grand
Budapest Hotel〉(2014)은 심지어 직배사인 이십세기폭스가 배급한 작품이기
도 했다.

10년의 세월을 거치며
넓은 스펙트럼을 지니다

이처럼 일부 다양성 영화가 주류 박스오피스와의 경계를 허물기 시작
한 것은 최근의 경향인데, 〈비긴 어게인〉 〈그랜드 부다페스트 호텔〉 〈위플
래쉬Whiplash〉 등 일군의 외화들은 '아트 버스터artbuster'라는 괴상한 신조

다양성 영화가 메인 스트림 시장에서
위력을 발휘한 대표적인
아트버스터 〈비긴 어게인〉

어로 불리기 시작했다. '아트 필름art film'과 '블록버스터blockbuster'의 합성어인 아트버스터는 다양성 영화로 지정된 준 메이저급 외화가 메인 스트림 시장에서 위력을 발휘하는 경우를 가리킨다.

주로 한국의 독립영화, 다큐멘터리, 저예산 영화 등을 지원하기 위해 시작되었던 다양성 영화는 10여 년의 세월을 거치며 넓은 스펙트럼을 지니게 되었다. 소규모의 아동용 영화(주로 애니메이션), 할리우드의 작가영화, 유럽 영화제 수상작 등도 다양성 영화의 식구가 되었으며, 때론 100만 이상의 흥행작이 등장하기 시작했다. 하지만 이런 변화 속에서도 변하지 않는 것이 있다면, 점점 독점화로 치닫는 한국 영화 시장에서 다양성 영화들은 방부제 역할을 해야 한다는 사실이다. 몇 주 만에 수백만 명을 동원하는 블록버스터의 틈에서 김기덕과 홍상수의 작가영화, 우디 앨런Woody Allen의 독특한 코미디, 고레에다 히로카즈是枝裕和의 드라마, 〈한공주〉(2014)나 〈지슬〉(2013) 같은 한국 독립영화, 〈나의 소녀시대〉(2016) 같은 노스탤지어 무비, 〈이터널 선샤인Eternal Sunshine〉(2005) 같은 반가운 재개봉작 등 '다양성 영화'의 선전이 없었다면 우리의 영화 문화는 꽤나 퍽퍽했을 것이다.

interview
'여름에는 하夏정우' 공식을 세운 영화배우 하정우

"'생명의 소중함'이라는 주제에
관객들의 마음이 열린 듯"

그 어느 해보다 뜨거웠던 여름 기온만큼이나 2016년 영화계는 특별함
으로 가득했다. 특히 일명 '텐트폴 영화'로 불리는, 영화계에서 가장 상업적
성공 가능성이 높은 작품들이 쏟아져 나오는 여름 시장에서 국내 4대 메이
저배급사인 NEW(《부산행》), CJ엔터테인먼트(《인천상륙작전》), 롯데엔터테인먼트
(《덕혜옹주》), 쇼박스(《터널》)가 내놓은 빅4 영화들이 모두 손익분기점을 넘어
쏠쏠한 흥행 성적을 받아들었다. 해마다 한두 편의 천만 관객 영화를 내놓

는 데 그쳤던 여름 시장에서 한 편의 천만 영화가 탄생했고 네 편의 영화가 손익분기점을 넘겼다는 것은 한국 영화계의 다양성과 새로운 도약을 향한 청신호로 받아들여짐과 동시에 2017년 한국 영화계를 향한 밝은 미래를 전망케 한다.

2016년 여름 영화계를 강타한 가장 뜨거운 소식 중 하나는 하정우가 주연을 맡은 〈터널〉(감독 김성훈)의 흥행 성공으로 '여름에는 하夏정우'라는 공식을 세웠다는 것이다. 송강호, 황정민과 함께 충무로 캐스팅 0순위 배우로 꼽히고 30대 남자배우 중 유일무이한 티켓 파워를 자랑하는 하정우가 〈더 테러 라이브〉(2013) 〈군도〉(2014) 〈암살〉(2015)에 이어 〈터널〉로 연속 4년째 극장가 최성수기인 여름 시장의 흥행에서 성공함으로써 '여름에는 하夏정우'라는 가설을 정설로 굳혔다.

하정우는 지난 2013년 여름 신인감독인 김병우 연출의 〈더 테러라이브〉로 송강호와 봉준호 감독이 만난 글로벌 프로젝트 〈설국열차〉를 경쟁상대로 맞아 마치 다윗과 골리앗의 싸움 같은 절대적 열세의 싸움을 치렀지만 558만 관객을 모으며 보란 듯이 흥행에 성공했다. 당시 하정우는 테러범의 협박에 시달리는 뉴스 앵커 윤영화 역을 맡아 원맨쇼에 가까운 1인극을 펼쳤는데, 한국 영화에서는 보기 힘들었던 새로운 형식의 연기를 펼친 하정우를 향한 관객들의 반응은 놀라울 정도로 뜨거웠다.

2014년 여름 시장에서는 데뷔 시절부터 함께했던 윤종빈 감독의 〈군도〉에서 주연을 맡아 477만 관객을 모으며 액션 활극의 신세계를 펼쳐 보였고, 2015년 여름에는 최동훈 감독과 함께한 〈암살〉이 1,270만 관객을 모아 드디어 천만 배우에 등극했다.

2016년작 〈터널〉은 같은 해 개봉한 빅4 영화 중 가장 적은 제작비를 들인 작품이다. 재난 장르와 사회 비판적 색채가 결합된 주제 때문에 관객에게 다소 무겁게 다가갈 수 있다는 우려가 있었지만 관객들은 하정우의 '웃픈' 연기에 열광적으로 반응했다. 그 결과 〈터널〉은 712만 관객을 모았다. 무려 27일 동안 일일 박스오피스 1위를 지키며 2016년 최장기간 박스오피스 1위 영화로 기록된 〈터널〉은 2016년 여름 시장 성적만으로는 〈부산행〉에 이어 2위를, 2016년 개봉한 한국 영화들 중에서는 〈부산행〉〈검사외전〉〈밀정〉에 이어 흥행 4위에 오르는 기염을 토했다. 이쯤 되면 2017년 한국 영화계의 트렌드를 이끌 인물로 하정우를 선정해도 이의를 제기할 사람은 없지 않을까.

〈터널〉이 제작비로는 최약체였지만 2016년 여름 빅4 영화들 중 2위의 흥행 성적을 받았다. 관객들이 유독 하정우의 1인극에 열광하는 이유를 뭐라고 보나.

2016년 봄에 개봉한 박찬욱 감독의 〈아가씨〉라는 전작이 있었기에 〈터널〉이 더 뜨거운 것 아닐까. 다른 연출자에 다른 이야기, 전혀 다른 캐릭터이잖나. 최근 몇몇 기자분들께 "오랜만에 하정우다운 연기를 봐서 좋다"는 이야기를 들었는데 김성훈 감독이 영리하셨다는 생각이 든다. 촬영 전 함께 여행도 하며 나와 사적인 시간을 많이 보냈고, 그렇게 배우 하정우를 관찰하면서 장점과 매력을 캐릭터에 다 담아주셨다. 배우가 아무리 연기를 잘해도 영화에 두 발을 딛고 서지 못하면 아무 소용이 없는데, 〈터널〉의 성공은 김성훈 감독님

이제 장점을 발견해서 매력적인 캐릭터로 만들어주신 덕이다. 또 '생명의 소중함'이라는 주제에 관객들이 마음을 열어주신 부분도 있는 것 같다. 터널 속 연기를 펼칠 때의 내 고민은 단 하나, '어떻게 하면 이 캐릭터를 더 많은 관객이 설득될 수 있도록 만들 것인가'였다. 영화에서의 캐릭터는 재미를 위해 쓰이는 도구와 같다. 나는 그 도구로서 어떻게 쓰일지를 늘 고민한다. 다행히 이번에는 관객들이 잘 이해해주신 것 같다.

김용화 감독의 야심작이자 롯데엔터테인먼트가 사활을 건 〈신과 함께〉 1, 2부의 주연을 맡아 촬영에 한창이다. 작품 선택 이유와 촬영 중 에피소드가 궁금하다.

주인공 강림 역을 맡아 경기도 양수리, 안성 등의 세트와 부산 현지 세트 등에서 요즘 촬영 중이다. 2013년 김용화 감독님의 〈미스터 고〉가 내가 출연했던 〈더 테러 라이브〉와 경쟁작으로 만난 적이 있는데, 당시 김용화 감독님께 "형, 다음 작품은 꼭 함께할게요"라고 약속한 게 인연이 돼 〈신과 함께〉에 출연하게 됐다. 주호민 작가의 원작 웹툰이 독자들의 심금을 울렸던 만큼 〈신과 함께〉는 드라마적으로 봤을 때 매우 보편적인 힘이 있고, 인과응보나 업보라는 고전적 색채도 담겨 있다. CG가 많이 들어가는 작품인데 이 부분은 김용화 감독님이나 덱스터필름이 워낙 잘하는 분야니 믿음이 간다. 얼마 전 차태현 형이 라디오에서 말한 것처럼 허공을 향해 칼도 찌르고 대사도 치고 있다.(웃음) 차태현, 주지훈, 도경수, 김향기 등 새로운 선후배들과 처음 만나 친구가 되고 인간관계가 쌓여가는 게 배우로서 큰 축복이다. 한국에서 처음으로 시도된 좀비물인 〈부산행〉이 2016년 한 해 동안 큰 사랑을 받았던 것에서도 알 수 있듯이, 최근에는 새로운 장르와 시도에 대한 관객들의 기대감과 목마름이 있는 것 같다. 〈신과 함께〉는 새로운 형식의 영화이고 마치 한국판 〈반지의 제왕〉 같은 느낌마저 있기 때문에 나 역시 관객들의 기대감을 충족시켜드리고 싶고, 또 '충분히 기대할 만한 작품'이라고 말씀드리고 싶다.

영화 〈아가씨〉가 428만 4,633명의 관객을 모았으니 〈터널〉의 흥행에 더하면 2016년에 통산 1,100만 관객을 훌쩍 넘어선 셈이다. 〈아가씨〉에서 하정우가 연기했던 후지와라 백작은 캐릭터만 놓고 보자면 매력이나 멋짐과는 거리가 먼 야비한 악역에 가깝다. 최근 〈아가씨〉의 GVquest visit(관객과의 대화)에서 변영주 감독이 "하정우는 그냥 한 명의 배우가 아니라 박찬욱 감독의 오른팔 같은 동지 역할을 한 것 같다"고 말했던데.

박찬욱 감독님이 그 행사에서 "하정우는 자기가 어디까지 나서야 하는지 영리하게 안다. 배우는 본능적으로 돋보이고 싶은 존재고 여러 배우가 한 화면에 있으면 시선을 받고 싶어 하는데 그는 정말 절묘하게 물러나 있다"고 말씀하셨더라. 사실 상대역을 도와주고 그가 연기를 편히 펼칠 수 있게 할 때 오히려 제가 돋보인다고 본다. 연기 선수들이라면 누구나 상대를 위해 기꺼이 자리를 내어준다. 내가 돋보이고자 연기하는 것, 또는 나만 빛나 보이려고 하는 건 연기 초년병 때나 하는 일이다.

시간이 흐를수록 그런 생각이 든다. 연출자들이 하고자 하는 이야기, 구현하고 싶어 하는 세계를 가장 가깝게 창조할 수 있도록 쓰이고 돕는 것이 배우의 소명 아닌가. 윤종빈, 박찬욱, 나홍진, 최동훈, 류승완, 이윤기, 김성훈, 김

연기를 펼칠 때의 내 고민은 단 하나,
'어떻게 하면 이 캐릭터를 더 많은 관객이
설득될 수 있도록 만들 것인가'였다

용화 감독 등 나와 함께 작품을 한 감독님들은 물론 앞으로 함께할 감독님들에게도 나는 그렇게 쓰이고 싶다. 감독을 두 차례 경험하고 나니 이런 생각이 또렷해진다. 좋은 무기가 생긴 거다. '이 현장에 내가 어떻게 하면 도움이 될까'를 늘 고민하고 생각하게 된다. 예전에는 아이디어가 생각나도 그게 월권이고 실례라고 생각해 얘기를 아꼈지만, 내가 감독을 해보면서 그런 아이디어 하나하나가 얼마나 소중한지 알게 됐기에 이제는 다양한 이야기를 꺼낼 수 있게 됐다. 물론 감독님들이 그런 걸 불편해하는 현장이라면 이야기하지 않지만, 〈터널〉의 김성훈 감독과는 그런 부분에서 굉장히 말이 잘 통했다.

또 요즘 들어 관객을 만날 때도 여유가 생겼다. 팬들이 내게 "요즘 팬서비스가 너무 좋아졌다"고 하더라. '지금 이 사람들이 나를 위해 이 공간에 있는데 나의 최선은 무엇인가'를 생각하며 악수라도 한 번 더 하고 사인도 한 번 더 하게 된다. 팬들의 소중함이 무엇인지 알게 됐기에 너무 고마운 마음이 드는 거다.

〈터널〉의 김성훈 감독은 하정우에 대해 "하루 24시간을 분초 단위로 쪼개어 바쁘게 살면서도 항상 에너지가 넘치고 아이디어가 샘솟는다. 박지성에게 두 개의 심장이 있다면 하정우에게는 두 개의 뇌가 있는 것 같다"고 했다. 〈허삼관〉 이후 감독 하정우의 세 번째 연출작인 〈코리아 타운〉에 대해 들려달라.

감독과 주연을 동시에 맡았던 〈허삼관〉을 마치고 나서 든 생각이 있었다. 바로 '내가 하고 싶은 이야기가 무르익을 때까지 충분히 기다리자'는 것이었다. 내가 보고 싶은 영화, 나와 가장 닮은 이야기를 영화로 만들고 싶고, 장르 형식에서도 더 솔직해지려고 한다. 차기 연출작 〈코리아 타운〉은 2~3년 뒤에 만들 계획이다. 이경영, 마동석, 조진웅 세 배우를 이미 캐스팅했다. 이경영 선배나 조진웅, 마동석 형 모두 정말 멋진 사람들인데, 감독 입장에서 멋진 배우를 캐스팅하는 건 당연하다. 특히 이경영 선배는 평소에도 내가 존경하고 사랑하는 분인데, 젊었을 때 출연한 〈할렐루야〉나 〈써니〉 〈베를린〉을 보면 카메라 앞에서 눈빛과 표정을 통해 그분의 인간미가 여과 없이 뿜어져 나온다는 점이 무척 좋다. 내후년 혹은 그다음 해에 〈코리아 타운〉을 보여드릴 수 있으리라 본다.

배우, 감독 외에도 화가로 왕성히 활동 중인데 화가로서 이룬 것과 이후 계획을 들려준다면.

지난 2010년 이후 뉴욕, LA를 포함해 국내외 전시회에서 100여 점 이상의 작품을 선보였다. 가장 최근의 전시회는 2016년 1월 서울 호림아트센터에서 열었던 '네스프레소×하정우 #WhatElse'다. 나를 향한 미술 영역에서의 관심이 '배우 하정우'에게서 비롯된 것을 잘 알기에 미술 관련 인터뷰는 가급적 정중히 거절하고 있다. 전업 작가들에게 쏟아져야 할 관심이나 스포트라이트가 나를 향한다는 것이 부담스러워서다.

중앙대 연극과 졸업 후 엄청나게 오디션을 보러 다녔지만 쉽게 캐스팅이 되지 않던 시기에 그림을 접했다. 처음엔 문구점에서 스케치북을 사다가 수채화 물감으로 그리다가 에너지가 집중되는 것이 무척 즐거워서 점점 빠져들었고, 이후 캔버스도 사고 유화 물감도 사용하기 시작했다. 잭슨 폴록이나 바스

키아 같은 작가들이 나오는 영화를 찾아보고 또 화집도 사 보며 계속 그림을 그렸다. 레오나르도 다빈치의 그림도 스케치하며 연습하곤 했다. 그러다 보니 어느새 오늘까지 오게 됐다. 영화는 협업의 결과물이기에 내가 영화의 어떤 한 축에 해당된다면, 그림은 1부터 100까지 온전히 나의 것이라서 마치 나의 거울과 같다고도 할 수 있다. 그림을 그리는 시간이 내겐 가장 마음이 편안한 때다. 내 그림을 마주해서 얼굴이 화끈거릴 때도 있는가 하면, 짧은 시간 뚝딱 그렸는데 너무 만족스러울 때도 있다. 전업작가분들을 생각하면 여전히 그림에 대해서 말하는 것은 부끄럽고 민망하지만 작품 활동은 계속해나갈 계획이다. 그림 또한 영화 못잖게 나를 완성해가는 중요한 한 부분이기 때문이다.

10여 년에 가까운 시간을 한 명의 관객으로, 또 영화에 대한 글을 쓰는 사람으로 배우 하정우의 작품을 지켜봐왔다. 그 시간 동안 놀라운 점 중의 하나는 하정우의 머릿속에는 짧게는 2~3년, 길게는 10년 뒤의 계획들이 이미 세워져 있다는 것이었다. 그리고 그것들은 계획했던 시간을 앞당겨 반드시 실현이 되었던 것 같다?

하하. 그랬나? 난 잘 모르겠다.

배우, 감독, 화가 하정우는 한자리에 머물러 있기보다는 실행하고 실천하는 것을 즐기는 사람이고 그 과정에서 에너지를 얻는 예술가라고 할 수 있다. 한국 영화계의 소중한 자산인 하정우의 머릿속에 관객들이 상상도 못할 정도로 놀라운 계획들이 차곡차곡 쌓여가기를 기대한다.

과찬의 말이다. 그리고 정말 고맙다. 앞으로 나올 영화 〈신과 함께〉도 많이 기대해주길 바란다. 감히 한국판 판타지 영화의 새 장을 여는 영화라고 말하겠다. 나도 많이 기대된다.

interview
영화 <동주>의 이준익 감독

"일제강점기는 한국 영화의
가려져 있던 보물창고"

〈왕의 남자〉 〈라디오스타〉 〈즐거운 인생〉 〈사도〉…. 이러한 작품을 통해 인간의 모습을 누구보다 치열하고 따뜻하게 그려내면서 한국 영화를 대표하는 인물 중 한 사람으로 자리 잡은 이준익 감독은 2016년 가장 특별한 시도로 대중의 시선을 사로잡았다. 일제강점기를 배경으로 시인 윤동주의 삶을 그려낸 영화 〈동주〉로 평단의 호평뿐 아니라 예상 밖의 흥행기록을 경신한 것. 어느덧 예순을 바라보는 노감독의 목소리는 여전히 힘에 넘쳐 있고 눈빛은 형형하다. 그는 담담하게 말한다.

"죽는 날까지 재밌게 사는 사람이 왕이죠."

아직도 '하고 싶은 영화'와 '해야 할 것'이 많다는, 마음만은 여전히 '청년'인 그는 2016년 영화 〈동주〉로 의미 있는 시도를 감행, 흥행과 평단이라는 두 마리 토끼를 모두 잡았다. 총 제작비 5억 원에 19회차 촬영으로 상업광고 하나 없이 세상에 나온 〈동주〉는 저예산 영화라는 타이틀이 무색하도록 관객수 116만 명을 넘기며 선전했다. 무엇보다 이 작품은 그동안 한국 영화에서 가려져 있던 일제강점기를 다룬 수작으로 꼽히면서 이후 등장한 〈아가씨〉 〈덕혜옹주〉 〈밀정〉 등 일제강점기를 소재로 한 작품이 줄줄이 흥행하는 데도 한 몫을 담당했다. 이준익 감독은 "일제강점기는 한국 영화의 가려져 있던 보물창고"라며, 이 시기를 다룬 영화가 앞으로도 속속 등장할 것이라고 전망했다.

사극에 일가견이 있는 이준익 감독이 이번에는 일제강점기로 눈을 돌렸다.

사실 일제강점기는 영화적 소재의 보물창고다. 2015년 영화 〈암살〉이 성공한 것도 관객들이 이 시대에 관심을 갖는 촉발제가 됐다. 개인적으로는 20년 전 영화 〈아나키스트〉를 준비하면서 당시 시대에 대해 다방면으로 공부한 것이 이번에 많이 도움이 됐다. 〈아나키스트〉는 흥행 면에서 실패했지만 결과적으로 이번 작품의 주춧돌이 돼줬다. 일제강점기를 영화화하려면 배우들이 공부를 많이 해야 한다. 근과거이기 때문에 마음만 먹으면 풍부한 자료를 찾을 수 있는데, 그만큼 대중의 비판의 잣대가 무섭기도 하다. 그간 부끄러운 역사라는 의식 때문에 외면해왔지만 우리는 일제강점기를 알 필요가 있다. 윤동주의 시에 나와 있듯 부끄러움을 아는 건 부끄러운 게 아니다.

우문일지 모르지만 '왜 굳이 윤동주 영화를 만들었나'라는 원론적인 질문을 해보고 싶다.

사실은 짜증이 나서 만들었다. 나는 외국 영화를 많이 수입했는데 막상 외국에 나가 보면 그들은 한국의 역사와 전통과 문화를 너무 모른다. 이건 불공평하다는 생각이 들었다. 우리는 그들의 언어와 문화 등에 대해 열심히 공부하는데 왜 그들은 우리를 모르는가? 자존심이 상했다. 실제로 서양인들은 일본과 중국에 대해서는 잘 아는 반면 한국에 대해서는 거의 아는 바가 없다. 〈동주〉도 그렇고 내가 시대극에 집중하게 된 이유도 사실 그거다. 외국에 알리려면 최소한 자기 역사에 대해 잘 알고 있어야 하지 않을까.

윤동주 시인에 대해 특별히 영감 받은 지점이 있나.

몇 년 전 교토 영화제에 초대받은 적이 있는데 문득 윤동주 기념비를 찾아봐야겠다는 생각이 들어 시비詩碑를 찾아갔다. 일본이 죽인 조선 청년의 시비가 일본에 있는 걸 보니 아이러니하다는 생각을 했다. 더불어 그의 시가 나라와 민족을 뛰어넘는 어떤 공감을 불러일으킨 것이 아닐까 싶었다. 그런데 '교과서에도 실려 있어 대한민국 국민 모두가 자기는 윤동주의 시를 잘 안다고 여기는데 과연 그의 삶과 죽음에 대해서도 알고 있을까?' 하는 생각이 들었다. 윤동주의 생애를 모르는 채 그의 시를 좋아한다는 건 그저 자기 걸 좋아한다는 것밖에 안 된다. 정지용 시인의 시 〈압천〉의 배경인 교토의 압천을 직접 걷다 보니 윤동주가 이곳을 걷는 장면을 꼭 넣어야겠다는 생각이 머리를 스쳤다.

윤동주 시인의 여러 측면 중 '인간 윤동주'에 집중한 이유가 궁금하다.

태어날 때는 모두 한 개인으로 태어난다. 그 시대에 순응하면서 살 수도 있지만 굳이 거역하면서 살아온 인간들이 영웅이 되고 위인이 된다. 윤동주의 삶을 들여다보면 그는 위대한 영웅이기 이전에 그저 소심한 한 사람일 뿐이다. 시인으로서 대단한 성과를 낳았을 뿐 아니라 그는 자신의 두려움을 숨기지 않고 부끄러움을 고백하고 있다. 그런 면에서 '결과보다 과정이 아름다웠던 사람들의 이야기'를 담고 싶었다. 윤동주란 사람이 괄목할 만한 시인으로서 업적을 남기기 이전에 한 사람으로서 어떻게 살다 갔는지, 무엇에 영향을 받았는지를 인간적으로 들여다보고 싶었다.

흑백으로 담긴 영화가 색다른 매력을 보여주는 것 같다.

일제강점기를 배경으로 영화를 찍으려면 북간도, 교토, 도쿄를 오가며 찍거나 세트로 지어야 하는데 제작비가 감당이 되지 않았다. 그래서 저예산으로 찍자는 역발상이 들었다. 독립영화계의 출중한 감독인 신연식 감독에게 아이

결과보다 과정이 아름다웠던 사람들의
이야기를 담고 싶었다

디어를 얘기했더니 좋다고 하더라. 처음엔 예산 문제 때문에 흑백으로 찍었는데 찍고 보니 인물에 대한 집중이 더 잘 되는 묘미가 있어서 좋았다.

감독은 연출자인데 제작비에도 신경을 많이 썼나보다.

오랫동안 영화계에 있으면서 마케팅, 제작자 역할을 모두 해봤다. 영화에 투자되는 돈은 그냥 돈이 아니다. 그 돈에는 사람들의 사연이 꽉 차 있다. 누군가에겐 생활비고 누군가에겐 등록금이기도 하다. 한 영화가 망하면 그 돈에 매달려 있는 사연이 모두 날아가는 거다. 영화 〈소원〉 이후 내가 결심한 것은 흥행에 성공해 돈을 벌겠다는 게 아니라 돈과 관련된 사람들에게 아픔과 상처, 슬픔을 주지 않아야겠다는 것이었다. 내가 〈동주〉라는 영화를 찍고 싶지만 상업적인 면에서 실패한다면 일단 윤동주 시인에게 미안해질 뿐 아니라 이 영화에 투자했다가 손해를 본 사람들의 사연에 미안해진다. 그런 피해를 최소화하자는 취지였다.

윤동주 역을 맡은 강하늘과 송몽규 역의 박정민. 이 두 배우는 외모도 실존 인물을 닮았다는 평가가 많다.

두 배우들을 본 순간 연출할 맛이 나겠다 싶었다. 두 사람이 나보다 더 열심히 윤동주와 송몽규에 대해 고민하고 설명하며 단 1초라도 놓칠까 봐 집중하는 순간에는 고맙다는 마음이 절로 들었다. 같은 감옥에서 죽은 기구한 운명의 두 사람은 결정적 순간을 하나씩 거치면서 경쟁도 하고, 때로는 외면하면서 서로 성장해간다. 그런 과정이 두 배우의 모습 안에서 투영되면서 영화를 풍부하게 만들어줬다.

극중 윤동주와 송몽규의 모습을 통해 이 시대 청춘들에게 들려주고 싶은 메시지가 있었나

특정 메시지나 '무슨 얘기를 들려줘야겠다'라는 의도는 없었다. 극중에서 몽규는 동주가 시인이 될 수 있도록 도와주고, 동주는 그런 몽규를 보며 열등감과 함께 독립운동에 적극적으로 나서지 않는 스스로를 부끄러워한다. 만일 이 작품을 보고 청년들이 공감을 했다면 진심으로 고마운 일이다. 세상을 살면서 자신이 지금 어디에 있는지 정확히 알기란 쉽지 않다. 윤동주의 시를 보면서 스스로의 내면을 들여다보는 행복을 얻었으면 좋겠고, 내가 나에게 소홀했던 게 무엇인지 그때의 윤동주와 현재의 나를 함께 생각해보면서 스스로를 찾는 데 도움이 될 수 있길 바랄 뿐이다.

한 번도 영화화되지 않았던 윤동주와 송몽규, 두 인물에 대해 이 감독이 어떤 디렉션을 줬는지도 궁금하다.

배우에 대한 감독의 역할은 캐스팅하는 순간 끝난다. 그다음은 그들을 있는 그대로 믿어주고 연기를 잘 펼칠 수 있도록 판을 깔아주는 거다. 고맙게도 두 사람은 치열하게 고민하면서 역할을 만들어갔고, 감독으로서 나는 그들을 그저 다독여준 것밖에 없다.

아무런 보상 없이 이런 프로젝트를 만들어가겠다고 결심하는 열정 자체가 놀랍다. 이준익 감독의 열정은 어디서 나오나?

일단 나는 심심한 걸 못 견딘다. 그리고 현장에서 같이 작업하는 스태프와 배우들의 어울림을 무엇보다 사랑한다. 영화 현장은 정말 재미있고 행복한 곳이다. 영화하는 사람들은 아마 그 매력 때문에 배가 고파도 떠나지 못하는 게 아닐까 싶다. 현대사회의 직업군 중 어떤 것도 이런 매력을 줄 순 없다. 뭔가를 향해 함께 가는 이유와 목적을 가지고 각자의 역할을 해내는 어울림의 재미는 내 기준에서는 최고의 가치다. 억만금을 지니고 있어도 삶이 재미없으면 괜찮은 인생이라고 할 수 있을까. 돈 없고 '가오'가 없어도 재미있으면 승자다. 죽는 날까지 재밌게 사는 놈이 왕이다.

2015년 〈사도〉의 대중적 흥행에 이어 저예산 영화에 도전한 건 흥미로운 행보였다. 이 감독의 다음 계획은 뭘까?

현재 구상하고 있는 작품이 있다. 하나는 조금 쉬운 소재고 다른 하나는 까다로운 소재인데 열심히 머리를 굴리는 중이다. 아직 확정되기 전까진 말을 꺼내기가 조심스럽다. 나는 은퇴도 한 번 해본 감독이니까. 하하.

가장 핫한 트렌드의 최전선

대중문화 트렌드 2017

초판 1쇄 인쇄 | 2016년 12월 12일
초판 1쇄 발행 | 2016년 12월 20일

지은이 | 김헌식, 장서윤, 권석정 외

발행인 | 정은영
책임편집 | 양승순, 장윤정
디자인 | 이유진
사진제공 | JTBC, tvN, SM엔터테인먼트, JYP엔터테인먼트, 쏘스뮤직, RBW, 인터파크,
         러브락, 해피로봇 레코드, (주)류스, 메가박스 외

펴낸곳 | 마리북스
출판등록 | 제 2010-000032호
주소 | (121-904) 서울시 마포구 월드컵북로 400 문화콘텐츠센터 5층 21호

전화 | 02)324-0529, 0530
팩스 | 02)3153-1308
인쇄 | (주)현문자현

ISBN 978-89-94011-66-0 (03320)